Inscrever e apagar

FUNDAÇÃO EDITORA DA UNESP

Presidente do Conselho Curador
Mário Sérgio Vasconcelos

Diretor-Presidente
Jézio Hernani Bomfim Gutierre

Superintendente Administrativo e Financeiro
William de Souza Agostinho

Conselho Editorial Acadêmico
Danilo Rothberg
João Luís Cardoso Tápias Ceccantini
Luiz Fernando Ayerbe
Marcelo Takeshi Yamashita
Maria Cristina Pereira Lima
Milton Terumitsu Sogabe
Newton La Scala Júnior
Pedro Angelo Pagni
Renata Junqueira de Souza
Rosa Maria Feiteiro Cavalari

Editores-Adjuntos
Anderson Nobara
Leandro Rodrigues

Roger Chartier

Inscrever e apagar

Cultura escrita e literatura (séculos XI-XVIII)

Tradução
Luzmara Curcino Ferreira

© 2005 Éditions du Seuil/Gallimard
© 2006 Editora UNESP

Título original: *Inscrire et effacer*

Direitos de publicação reservados à:
Fundação Editora da UNESP (FEU)
Praça da Sé, 108
01001-900 – São Paulo – SP
Tel.: (0xx11) 3242-7171
Fax: (0xx11) 3242-7172
www.editoraunesp.com.br
www.livrariaunesp.com.br
feu@editora.unesp.br

CIP – Brasil. Catalogação na fonte
Sindicato Nacional dos Editores de Livros, RJ

C435L

Chartier, Roger, 1945-
    Inscrever e apagar: cultura escrita e literatura, séculos XI-XVIII / Roger Chartier; tradução Luzmara Curcino Ferreira. – São Paulo: Editora UNESP, 2007.

    Tradução de: Inscrire et effacer: culture écrite et littérature (XIe-XVIIIe siècle)
    Inclui bibliografia
    ISBN 978-85-7139-745-3

    1. Comunicação escrita – Aspectos sociais. 2. Transmissão textual. 3. Impressão – Aspectos sociais. 4. Literatura e sociedade. 5. Livros e leitura – Aspectos sociais. I. Título. II. Título: Cultura escrita e literatura, séculos XI-XVIII.

07.0179   CDD 809
                                                     CDU 82.09

Editora afiliada:

Asociación de Editoriales Universitarias de América Latina y el Caribe

Associação Brasileira de Editoras Universitárias

Sumário

Introdução
Mistério estético e materialidades da escrita 9

Capítulo 1: A cera e o pergaminho
Os poemas de Baudri de Bourgueil 23

Capítulo 2: Escritura e memória
O *librillo* de Cardênio 49

Capítulo 3: A prensa e as fontes
Dom Quixote na oficina de impressão........................... 85

Capítulo 4: Notícias escritas à mão, gazetas impressas
Cymbal e Butter 129

Capítulo 5: Livros falantes e manuscritos clandestinos
As viagens de Dyrcona 163

Capítulo 6: O texto e o tecido
   Anzoletto e Filomela.. 205

Capítulo 7: O comércio do romance
   As lágrimas de Damilaville e a leitora impaciente 251

Epílogo:
   Diderot e seus corsários 285

Índice onomástico 311

Índice temático 325

Nota do tradutor

Neste livro, Roger Chartier adota numerosas fontes literárias, a fim de depreender certas representações de práticas de escrita entre os séculos XI e XVIII. Diante desse quadro, optamos pela adoção de um procedimento geral na tradução das citações de fragmentos dessas obras: traduzimos essas citações com base nas versões em língua francesa apresentadas pelo autor, mas não sem, antes, as cotejarmos com as traduções disponíveis em português, às quais tivemos acesso. No Capítulo 1, por exemplo, transcrevemos os fragmentos citados em latim, nas notas de rodapé, conforme o original francês; já nos Capítulos 2 e 3, transcrevemos, nas notas de rodapé, tanto os fragmentos citados em espanhol quanto os excertos em francês que lhes correspondiam, uma vez que as questões analisadas pelo autor abordavam justamente as diferentes designações de objetos e práticas de escrita apresentadas nas distintas traduções da obra de Cervantes para a língua francesa, ao longo do período histórico considerado.

Gostaríamos de agradecer àqueles que contribuíram com esta tradução: ao professor Sidney Barbosa, pela indicação de traduções brasileiras de romances ingleses e franceses citados nesta obra; aos professores Arnaldo Cortina e Henrique Silvestre Soares, pelas precisões terminológicas concercentes ao domínio da história da leitura e do livro; ao professor Jean Cristtus Portela, pelas observações sobre nuances da língua francesa; e ao professor Carlos Piovezani Filho, pelo rigor e refinamento de suas sugestões.

Somos infinitamente gratos, sobretudo, ao professor Roger Chartier pela leitura minuciosa da tradução, pela constante interlocução e pela pronta disponibilidade com que sempre nos atendeu, solícita e gentilmente, ao longo de todo processo.

Luzmara Curcino Ferreira
FCL/Unesp-Araraquara/Fapesp

Introdução

Mistério estético e materialidades da escrita

O medo do esquecimento obcecou as sociedades europeias da primeira fase da modernidade. Para dominar sua inquietação, elas fixaram, por meio da escrita, os traços do passado, a lembrança dos mortos ou a glória dos vivos e todos os textos que não deveriam desaparecer. A pedra, a madeira, o tecido, o pergaminho e o papel forneceram os suportes nos quais podia ser inscrita a memória dos tempos e dos homens. No espaço aberto da cidade, no refúgio da biblioteca, na magnitude do livro e na humildade dos objetos mais simples, a escrita teve por missão conjurar contra a fatalidade da perda. Em um mundo no qual as escritas podiam ser apagadas, os manuscritos, perdidos e os livros estavam sempre ameaçados de destruição, a tarefa não era fácil. Paradoxalmente, seu sucesso poderia criar, talvez, outro perigo: o de uma proliferação textual incontrolável, de um discurso sem ordem nem limites. O excesso de escrita, que multiplica os textos inúteis e abafa o pensamento sob o acúmulo de discursos, foi considerado um perigo tão grande quanto seu contrário. Portanto, embora temido, o apagamento era, necessário, assim como o esquecimento também o é para a memória. Nem todos os escritos foram destinados a se tornar arquivos cuja proteção os defenderia da imprevisibilidade da história. Alguns foram traçados sobre suportes que permitiam escrever, apagar e depois escrever de novo.

São as múltiplas relações entre inscrição e esquecimento, entre traços duráveis e escritas efêmeras, que este livro deseja elucidar, detendo-se na forma segundo a qual essas relações foram registradas por algumas obras literárias, de diferentes gêneros, lugares e tempos. Trata-se, portanto, para nós, ao abordar essas obras antigas, de cruzar a história da cultura escrita com a sociologia dos textos. Definida por D. F. McKenzie como "a disciplina que estuda os textos como formas conservadas, assim como seus processos de transmissão, da produção à recepção",[1] a sociologia dos textos visa a compreender como as sociedades humanas construíram e transmitiram as significações das diferentes linguagens que designam os seres e as coisas. Ao não dissociar a análise das significações simbólicas daquela das formas materiais que as transmitem, tal abordagem questiona profundamente a divisão que separou, por muito tempo, as ciências da interpretação e da descrição, a hermenêutica e a morfologia.

Ocorre o mesmo com a noção de "cultura gráfica", como a propôs Armando Petrucci. Atribuindo a cada sociedade o conjunto dos objetos escritos e das práticas que os produzem ou empregam, essa categoria convida a compreender as diferenças existentes entre as diversas formas de escrita, contemporâneas umas das outras, e a inventariar a pluralidade de usos dos quais se encontra investida.[2]

---

[1] MCKENZIE, D. F. *Bibliography and the sociology of texts*. Londres: Panizzi Lectures, 1985, The British Library, 1986, p.4: "the discipline that studies texts as recorded forms and the processes of their transmission, including their production and reception". Trad. franc.: MCKENZIE, D. F. *La bibliographie et la sociologie des texts*. Paris: Éditions du Cercle de la Librairie, 1991, p.30.

[2] PETRUCCI, Armando. *La scrittura. Ideologia e rappresentazione*. Turim: Einaudi, 1986, p.XVIII-XXV. Trad. fr. *Jeux de lettres. Formes et usages de l'inscription en Italie 11e-20e siècles*. Paris: Éditions de l'EHESS, 1993, p.7-14.

Os estudos de textos que compõem este livro buscam compreender como algumas obras estão amparadas na "cultura gráfica" de seu tempo ou, ao menos, em alguns de seus elementos para fazer da escrita a matéria de sua própria escrita.

Para assim deslocar a fronteira traçada entre a literatura, tida como domínio específico de criações e experiências, e as produções e práticas mais comuns da cultura escrita, é necessário aproximar o que a tradição ocidental separou durante muito tempo: de um lado, a compreensão e o comentário das obras; de outro, a análise das condições técnicas ou sociais de sua publicação, circulação e apropriação. São várias as razões dessa dissociação: a permanência de uma oposição entre a pureza ideal do conceito e sua inevitável corrupção pela matéria;[3] a definição do direito autoral, que estabeleceu a propriedade do autor sobre um texto considerado sempre idêntico a si mesmo, não importando a forma de sua publicação;[4] ou, ainda, o triunfo de uma estética que julga as obras independentemente da materialidade de seu suporte.[5]

Paradoxalmente, as duas abordagens críticas que se dedicaram de modo mais intenso às modalidades materiais de inscrição dos discursos, em vez de enfraquecer, reforçaram o processo da abstração textual.

A bibliografia analítica mobilizou o estudo rigoroso dos diferentes estados de uma mesma obra (edições, impressões, exempla-

---

[3] IFE, B. W. *Reading and fiction in Golden-Age Spain. A platonist critique and some picaresque replies.* Cambridge: Cambridge University Press, 1985.

[4] ROSE, Mark. *Authors and owners. The invention of copyright.* Cambridge (Mass.)/Londres: Harvard University Press, 1993; LOEWENSTEIN, Joseph. *The author's due. Printing and the prehistory of copyright.* Chicago: Chicago University Press, 2002.

[5] WOODMANSEE, Martha. *The author, art, and the market. Rereading the history of aesthetics.* Nova York: Columbia University Press, 1994.

res), com a intenção de encontrar um texto ideal, depurado das alterações infligidas pelo processo de publicação, e em conformidade com o texto tal como foi escrito, ditado ou sonhado por seu autor.[6] Isso explica, em uma disciplina voltada quase exclusivamente à comparação de objetos impressos, a obsessão pelos manuscritos perdidos e a distinção radical entre a obra em sua essência e os acidentes que a deformaram ou corromperam.

A abordagem desconstrucionista insistiu veementemente na materialidade da escritura e nas diferentes formas de inscrição da linguagem. Mas, em seu esforço para abolir ou deslocar as oposições mais imediatamente evidentes (entre a oralidade e a escrita, entre a singularidade dos atos de linguagem e a reprodutibilidade da escritura), construiu categorias conceituais ("arquiescritura", "iterabilidade") capazes de distanciar da percepção os efeitos produzidos pelas diferenças empíricas, que essas categorias apagam ao presumirem-nas.[7]

Contra tal abstração dos discursos, convém lembrar que a produção, não apenas de livros, mas dos próprios *textos*, é um processo que implica, além do gesto da escrita, diversos momentos, técnicas e intervenções, como as dos copistas, dos livreiros editores, dos mestres impressores, dos compositores e dos revisores. As transações entre as obras e o mundo social não consistem unicamente na

---

[6] GREG, Walter. *Collected papers*. MAXWELL, J. C. Oxford: Clarendon Press, 1966; MCKERROW, R. B. *An introduction to bibliography for literary students*. Oxford: Clarendon Press, 1927; BOWERS, Fredson. *Principles of bibliographical description*. Princeton: Princeton University Press, 1949; *Bibliography and textual criticism*. Oxford: Clarendon Press, 1964; *Essays in bibliography, text, and editing*. Charlottesville: University Press of Virginia, 1975.

[7] Para o conceito de "arquiescritura", DERRIDA, Jacques. *De la grammatologie*. Paris: Éditions de Minuit, 1967, p.75-95. Trad. bras.: DERRIDA, Jacques. *Gramatologia*. São Paulo: Perspectiva, 1973. Para a noção de iterabilidade, *Limited Inc*. Paris: Galilée, 1990, p.17-51. Trad. bras.: *Limited Inc*. Campinas: Papirus, 1991.

apropriação estética e simbólica de objetos comuns, de linguagens e práticas ritualizadas ou cotidianas, como o quer o "novo historicismo".[8] Elas concernem mais fundamentalmente às relações múltiplas, móveis e instáveis, estabelecidas entre o texto e suas materialidades, entre a obra e suas inscrições. O processo de publicação, seja lá qual for sua modalidade, é sempre um processo coletivo que requer numerosos atores e não separa a materialidade do texto da textualidade do livro. Desse modo, é inútil querer distinguir a substância essencial da obra, tida como sempre semelhante a si mesma, e as variações acidentais do texto, consideradas irrelevantes para sua significação. No entanto, as múltiplas variações impostas aos textos por preferências, hábitos ou erros daqueles que os copiaram, compuseram ou revisaram não destroem a ideia de que uma obra conserva uma identidade perpétua, imediatamente reconhecível por seus leitores ou ouvintes.

David Kastan qualificou recentemente de "platônica" a perspectiva segundo a qual uma obra transcende todas as suas possíveis encarnações materiais; e de "pragmática" a que afirma que nenhum texto existe fora das materialidades que o dão a ler ou ouvir.[9] Essa percepção contraditória dos textos divide tanto a crítica literária quanto a prática editorial, opondo os que acham necessário reencontrar o texto tal como seu autor o redigiu, imaginou, desejou, reparando os ferimentos que lhe infligiram a transmissão manuscrita ou a composição tipográfica,[10] àqueles para quem as múltiplas formas

---

[8] GREENBLATT, Stephen. *Shakespearean negotiations. The circulation of social energy in enaissance England*. Berkeley/Los Angeles: University of California Press, 1988, p.1-20.

[9] KASTAN, David Scott. *Shakespeare and the book*. Cambridge: Cambridge University Press, 2001, p.117-8.

[10] Ver, a título de exemplo, a edição de *Dom Quixote* de Francisco Rico. CERVANTES, Miguel de. *Don Quijote de la Mancha*. RICO, Francisco. (Org.). Barcelona: Instituto Cervantes/Crítica, 1998.

textuais nas quais uma obra foi publicada constituem seus diferentes estados históricos, que devem ser respeitados, editados e compreendidos em sua irredutível diversidade.[11]

A mesma tensão entre a imaterialidade das obras e a materialidade dos textos caracteriza as relações dos leitores com os livros dos quais eles se apropriam, mesmo quando não são nem críticos nem editores. Em conferência pronunciada em 1978, intitulada *El libro*, Borges declara: "Eu pensei um dia escrever uma história do livro".

Mas, logo a seguir, diferencia radicalmente seu projeto de qualquer interesse pela formas materiais dos objetos escritos:

> Eu não me interesso pelo aspecto físico dos livros (sobretudo dos livros dos bibliófilos que são habitualmente excessivos), mas sim pelas diversas formas segundo as quais valorizou-se o livro.[12]

Para ele, os livros são objetos sem interesse dos quais as particularidades não importam muito. O que conta é a maneira pela qual o livro, universalmente identificado com a escrita de uma obra, seja qual for sua modalidade específica, foi considerado – e com frequên-

---

[11] Cf. a propósito dos dois *Rei Lear* de 1608 e 1623, TAYLOR, Gary; WARREN, Michael. (Orgs.). *The division of the kingdoms. Shakespeare's two versions of "King Lear"*. Oxford: Oxford University Press, 1983; e cf. a propósito dos três *Hamlet* de 1603, 1604 e 1623. MARCUS, Leah. Bad taste and bad *Hamlet*. In: *Unediting the Renaissance. Shakespeare, Marlowe, Milton*. Londres/Nova York: Routledge, 1996, p.132-76.

[12] BORGES, Jorge Luis. El Libro. In: *Borges oral*. Madri: Alianza Editorial, 1998, p.9-23: "Yo he pensado, alguna vez, escribir una historia del libro. No desde el punto de vista físico. No me interesan los libros físicamente (sobre todo los libros de los bibliófilos, que suelen ser desmesurados), sino las diversas valoraciones que el libro ha recibido". (p.10). Trad. franc.: BORGES, Jorge Luis. *Conférences*. Françoise Rosset (Trad.). Paris: Gallimard, 1985, p.147-58, cit. p.147.

cia desconsiderado –, em relação à fala, "alada e sagrada". Um Borges "platônico", em suma.

Mas quando o próprio Borges, no fragmento da autobiografia que ditou a Norman Thomas di Giovanni, evoca seu encontro com um dos livros de sua vida – o *Dom Quixote* – é o objeto que, primeiro, vem à sua memória:

> Eu ainda me lembro daquelas encadernações vermelhas com os títulos dourados da edição Garnier. Em algum momento a biblioteca de meu pai se dispersou e, quando li *Dom Quixote* numa outra edição, tive a sensação de que não era o verdadeiro. Mais tarde, um amigo conseguiu para mim a edição Garnier com as mesmas gravuras, as mesmas notas de rodapé e as mesmas erratas. Todas essas coisas para mim faziam parte do livro; este era para mim o verdadeiro *Dom Quixote*.[13]

Eternamente, a história escrita por Cervantes será para Borges aquele exemplar de uma das edições que os Garnier exportaram para o mundo de língua espanhola; e foi a leitura de um leitor ainda criança. O princípio platônico pesa pouco diante do retorno pragmático da lembrança.

A contradição de Borges sugere que o enfrentamento entre "platonismo" e "pragmatismo" advém, sem dúvida, de uma falsa

---

[13] BORGES, Jorge Luis; DI GIOVANNI, Norman Thomas. *Autobiografía 1899-1970*. Buenos Aires: El Ateneo, 1999, p.26: "Todavía recuerdo aquellos volúmenes rojos con letras estampadas en oro de la edición Garnier. En algún momento la biblioteca de mi padre se fragmentó, y cuando leí *El Quijote* en otra edición tuve la sensación que no era el verdadero. Más tarde hice que un amigo me consiguiera la edición de Garnier, con los mismos grabados en acero, las mismas notas a pie de página y también las mismas erratas. Para mí todas esas cosas forman parte del libro; considero que ése es el verdadero *Quijote*". Trad. franc.: BORGES, Jorge Luis. Essai d'autobiographie. In: *Livre de préfaces suivi de essai d'autobiographie*. TRIPIER, Michel Seymour. (Trad.). Paris: Gallimard, 1980, p.276-7.

querela ou de uma questão mal colocada. Efetivamente, uma obra sempre é lida ou ouvida em um de seus estados particulares. Segundo os tempos e os gêneros, suas variações são mais ou menos importantes e podem concernir, separada ou simultaneamente, à materialidade do objeto, à grafia das palavras ou aos próprios enunciados.[14] Mas sempre, igualmente, múltiplos dispositivos (filosóficos, estéticos, jurídicos) esforçam-se para reduzir essa diversidade, postulando a existência de uma obra idêntica a si mesma, de modo independente de sua forma. No Ocidente, o neoplatonismo, a estética kantiana e a definição da propriedade literária contribuíram para construir esse texto ideal que os leitores reconhecem inevitavelmente em cada um de seus estados. Mais do que tentar se desvencilhar dessa tensão irredutível ou de resolvê-la, de uma forma ou de outra, o que importa é identificar a maneira pela qual ela é construída em cada momento histórico. E, em primeiro lugar, nas e pelas próprias obras.

Tal é o propósito deste livro, que deseja mostrar como algumas obras se amarraram nos objetos ou nas práticas da cultura escrita de seu tempo.[15] Seus autores transformaram as realidades materiais da escrita ou da publicação em uma fonte estética empregada para fins poéticos, dramáticos ou narrativos. Os processos que dão existência à escrita em suas diversas formas, públicas ou privadas, efêmeras ou duradouras, tornam-se assim o próprio material para a invenção literária. A escolha dos textos comentados nos capítulos a seguir não tem nada de sistemático ou racional e não pretende, de forma alguma, ser completa. Pensando no que escreveu Erich Auerbach a pro-

---

[14] DE GRAZIA, Margreta; STALLYBRASS, Peter. "The Materiality of the Shakespearean Text". *Shakespeare Quarterly*, v.44, n.3, 1993, p.255-83.
[15] Uma perspectiva comparável é adotada no livro de EGIDO, Aurora. *La voz de las letras en el Siglo de Oro*. Madri: Abda Editores, 2003, em particular os capítulos "Lope al pie de la letra", p.51-81, e "La escritura viva en la poesía de Quevedo", p.83-93.

pósito das obras analisadas em seu *Mimesis*, essa escolha se impôs no decorrer de leituras e por algumas preferências:

> O método, que me parece praticável e fecundo, consiste em me deixar guiar por um pequeno número de temas que se apresentam espontânea e gradativamente ao meu espírito, e em confrontá-los em uma série de textos que se tornaram familiares a mim, no curso de minha atividade de filólogo.[16]

Na era do impresso, o ateliê tipográfico é o lugar por excelência onde são multiplicados, em número, os objetos que asseguram, por bem ou por mal, a circulação das obras.[17] Portanto, não é surpresa que Dom Quixote, no momento de sua passagem por Barcelona, tenha

---

[16] AUERBACH, Erich. *Mimésis. La représentation de la réalité dans la littérature occidentale*. Cornélius Heim (Trad.). Paris: Gallimard, 1968, p.543. O livro *Mimesis. Dargestelle Wirklichkeit in der abendländischen Literatur* foi escrito em Istambul entre 1942 e 1945 e publicado em Berna, por C.A. Francke AG Verlag, em 1946. Trad. bras.: Erich Auerbach *Mimesis. Representação da realidade na literatura ocidental*. São Paulo: Perspectiva, 1990.

[17] Ver as perspectivas muito diferentes propostas por EISENSTEIN, Elizabeth L. *The printing press as an agent of change. Communications and cultural transformations in early modern Europe*. Cambridge: Cambridge University Press, 1979. (Versão abreviada em EISENSTEIN, Elizabeth L. *The printing revolution in early modern Europe*. Cambridge: Cambridge University Press, 1983. Trad. franc.: EISENSTEIN, Elizabeth L. *La révolution de l'imprimé dans l'Europe des premiers temps modernes*. Paris: La Découverte, 1991). Trad. bras.: EISENSTEIN, Elizabeth. *A revolução da imprensa nos primórdios da Europa moderna*. São Paulo: Ática, 1997. E JOHNS, Adrian. *The nature of the book. Print and knowledge in the making*. Chicago: Chicago University Press, 1998. Cf. também EISENSTEIN, Elizabeth L. An unacknowledged revolution revisited; e JOHNS, Adrian. How to acknowledge a revolution. AHR forum: how revolutionary was the print revolution? *American Historical Review*, v. 107, n.1, fev. 2002, p.84-128.

desejado visitar uma casa de impressão, na qual entraremos com ele (Capítulo 3). Mas a invenção de Gutenberg, de modo algum, aboliu o papel da cópia manuscrita como suporte de publicação e transmissão de textos.[18] As *nouvelles à la main** (notícias escritas à mão) constituíram-se uma concorrente pertinaz para as gazetas impressas, e os manuscritos clandestinos asseguraram, mais facilmente do que as obras impressas, a circulação de trabalhos pouco respeitosos das autoridades e das ortodoxias.[19] Por isso a atenção dada aqui à comédia de Ben Jonson, *The Staple of News* [O comércio de notícias], que coloca em cena a rivalidade acirrada, mas também a desonestidade comum, entre os impressores de periódicos e os *nouvellistes* (jornalistas) fiéis ao manuscrito (Capítulo 4). Daí, igualmente, um convite à viagem aos *États et Empires de la Lune et du Soleil* [Estados e Impérios da Lua e do Sol], com Cyrano de Bergerac, que, escrevendo no corpo do texto a narrativa de sua própria publicação manuscrita, revela um imaginário da escrita ao mesmo tempo cômico, crítico e nostálgico (Capítulo 5).

Os escritos, como dissemos, não são todos feitos para durar. Entre a Idade Média e o século XVIII, diferentes objetos deram suporte a escritas destinadas a ser apagadas, assim que fossem transcritas ou se tornassem inúteis. É o caso das tabuletas de cera, empregadas durante toda a Idade Média para a composição de textos que,

---

[18] LOVE, Harold. *Scribal publication in Seventeenth-Century England*. Oxford: Oxford University Press, 1993; BOUZA, Fernando. *Corre manuscrito. Una historia cultural del Siglo de Oro*. Madri: Marcial Pons, 2001.

* "Correspondem ao conjunto de artigos manuscritos que fornecem informações da atualidade em ordem cronológica, como política, correio diplomático, calúnias, resumos de obras eruditas ou não eruditas, autorizadas ou interditas". Cf. MOUREAU, François. *Répertoire des nouvelles à la main — dictionnaire de la presse manuscrite clandestine, XVIe-XVIIIe siècles*. Oxford: Voltaire Foundation, 1999. (N.T.)

[19] MOUREAU, François. (Ed.). *De bonne main. La communication manuscrite au XVIIIe siècle*. Paris/Oxford: Universitas/Voltaire Foundation, 1993.

em seguida, eram copiados para o pergaminho. Isso também ocorre, na Idade Moderna, com outras "tabuletas" compostas de pequenas superfícies recobertas por uma camada de material que permite apagar o que estava escrito e anotar, no mesmo instante, sem pena nem tinta, mas com estilete de metal ou plástico resistente, um desenho ou um pensamento, uma fala, alguns versos ou uma carta.[20] Esses modestos objetos da cultura escrita também entraram para a literatura antes mesmo de entrarem para a psicanálise.[21] Na virada dos séculos XI e XII, Baudri de Bourgueil fez de suas tabuletas de cera a matéria de seus poemas (Capítulo 1). No início do século XVII, Cervantes colocou no caminho de Dom Quixote e Sancho o *librillo de memoria* de Cardênio, que serve de primeiro suporte a poemas e cartas que serão depois recopiados. Tanto um quanto outro, o religioso poeta e o escritor desajeitado, associaram intimamente a escrita à memória e ao esquecimento, como se toda inscrição pudesse ou devesse ser apagada, como se a escrita se esforçasse sempre para conjurar sua própria fragilidade (Capítulo 2).

O espelhamento do texto no texto, do escrito na escritura, não implica apenas objetos e técnicas. Ele mobiliza igualmente o registro

---

[20] STALLYBRASS, Peter; CHARTIER, Roger; MOWRY, Frank; WOLFE, Heather. Hamlet's tables and the technologies of writing in Renaissance England. *Shakespeare Quarterly*, 55(4), 2004, p.1-41.

[21] FREUD, Sigmund. Notiz über den 'Wunderblock'. *Internationale Zeitschrift für (ärztliche) Psychoanalyse*, 11, 1, 1925, p.1-5. Trad. fr.: Note sur le 'Bloc magique'. FREUD, Sigmund. *Œuvres complètes, Psychanalyse*, v.XVII, 1923-1925, Paris: Presses Universitaires de France, 1992, p.137-43. Trad. bras.: FREUD, Sigmund. v. XIX – *O ego e o id e outros trabalhos* (1923-1925). Edição standard brasileira das obras completas de Sigmund Freud. Jayme Salomão (Trad.). Rio de Janeiro: Imago, 1976. Cf. DERRIDA, Jacques. Freud et la scène de l'écriture. In: DERRIDA, Jacques. *L'écriture et la différence*. Paris: Le Seuil, 1967, p.293-340. Trad. bras.: DERRIDA, Jacques. *A escritura e a diferença*. São Paulo: Perspectiva, 1995.

de numerosas metáforas que designam a escrita. A produção do texto, de sua composição à publicação ou representação, pode ser pensada em suas correspondências com as diferentes etapas do desenho, fabricação e venda de tecidos. Em sua última comédia veneziana, *Une delle ultime sere di Carnovale* [Uma das últimas tardes de Carnaval], Goldoni propõe uma figura original e melancólica, masculina e manufatureira, das proximidades metafóricas ou materiais que desde os antigos associam texto e têxtil[22] (Capítulo 6). Para Diderot, é a comparação pictórica que faz compreender a força inédita dos romances de Richardson. Compostos como uma série de quadros, obrigam o leitor a estabelecer uma nova relação com as obras, que são fonte de emoções mais puras e guias para toda a existência.[23] A leitura que exige a escrita, emudecida assim em imagem, não pode mais ser aquela dos hábitos antigos; ela supõe uma revolução das práticas e dos sentimentos (Capítulo 7). Os objetos da escrita e os processos de publicação retornam, então, frequentemente de maneira realista ou metafórica, nas próprias obras. Sem dúvida, essa representação literária dos objetos da escrita e dos processos de publicação deve ser compreendida como um desses procedimentos graças aos quais as sociedades tentam controlar a irresistível proliferação da escrita, reduzir a inquietante dispersão dos textos ou, como escreveu Foucault, "furtar-se à pesada e temível materialidade" dos discursos.[24] No momento em que abandonarmos a companhia das obras que aqui selecionamos e comentamos, seguindo o fio do tem-

---

[22] JONES, Ann Rosalind; STALLYBRASS, Peter. *Renaissance clothing and the materials of memory*. Cambridge: Cambridge University Press, 2000.

[23] FRIED, Michael. *Absorption and theatricality. Painting and beholder in the age of Diderot*. Berkeley/Los Angeles/Londres: University of California Press, 1980, trad. fr., *La place du spectateur. esthétique et origines de la peinture moderne*. Paris: Gallimard, 1990.

[24] FOUCAULT, Michel. *L'ordre du discours. Leçon inaugurale au Collège de France prononcée le 2 décembre 1970*. Paris: Gallimard, 1971, p.11. Trad.

po, a *Carta sobre o comércio do livro*, de Diderot, permitirá retornar à tensão fundamental que habita nosso percurso (Epílogo). Engajando-se voluntariamente a serviço dos livreiros parisienses para a afirmação da soberania dos autores sobre suas composições, discutindo as realidades triviais da edição para melhor manifestar a natureza imaterial da obra de arte, Diderot formula, com as coerções e as possibilidades intrínsecas a seu tempo, a questão que Borges também enunciou: "*Art happens* (a arte acontece), declarou Whistler, mas a ideia de que nós nunca decifraremos até o fim seu mistério estético não se opõe ao exame dos fatos que a tornaram possível".[25] Entre esses "fatos", as relações entre a criação literária e as materialidades da escrita não são de menor importância.

Agradecimentos

Este livro deve muito à amizade de Fernando Bouza, José Emilio Burucúa e Peter Stallybrass, que foram, nesses últimos anos, maravilhosos companheiros de ensino e pesquisa, em Madri, Buenos Aires e na Universidade da Pensilvânia.

---

bras.: FOUCAULT, Michel. *A ordem do discurso.* Aula inaugural no Collège de France, pronunciada em 2 de dezembro 1970. Laura Fraga de Almeida Sampaio (Trad.). São Paulo: Loyola, 1996.

[25] BORGES, Jorge Luis; SHAKESPEARE, William. Macbeth. In: *Prólogos con un prólogo de prólogos.* Madri: Alianza Editorial, 1998, p.217-25: "*Art happens (El arte ocurre), declaró Whistler, pero la conciencia de que no acabaremos nunca de descifrar el misterio estético no se opone al examen de los hechos que lo hicieron posible*". Trad. fr.: Jorge Luis Borges. William Shakespeare: Macbeth. In: *Livre de préfaces.* Op.cit., p.210-7. Trad. bras.: Jorge Luis Borges, William Shakespeare: Macbeth. In: *Prólogos. Com um prólogo dos prólogos.* Ivan Junqueira (Trad.) Rio de Janeiro: Rocco, 1985.

Meu reconhecimento também a todos os membros de meu seminário da École des Hautes Études en Sciences Sociales e a Jean Hébrard, que, com seus questionamentos e críticas, obrigou-me a um incessante aprimoramento.

Enfim, gostaria de agradecer a todos aqueles que me deram a oportunidade de apresentar, sob a forma de conferências e comunicações, os rascunhos dos capítulos deste livro.

Nota

As versões preliminares de alguns capítulos deste livro foram publicadas em:

- Écriture et mémoire. Le "librillo" de Cardenio. In: BÉNAT-TACHOT, Louise; VILAR, Jean. (Orgs.). La Question du lecteur (XXXIe Congrès de la Société des Hispanistes Français, mai 2003, Marne-la-Vallée). Marne-la--Vallée, Embaixada da Espanha e Presses Universitaires de Marne-la-Vallée, 2004, p.65-84.
- MCKENZIE, Don. Don Quixote in the printing house. In: THOMPSON, John. (Org.). Books and bibliography. Essays in commemoration of Don McKenzie. Wellington: Victoria University Press, 2002, p.19-35.
- Texte et tissu. Les dessins d'Anzoletto et la voix de la navette. Actes de la Recherche en Sciences Sociales, 154, p.10-23, set. 2004.
- Richardson, Diderot et la lectrice impatiente, MLN, 114, p.647-66, 1999.
- Nota preliminar: La propiedad y el privilegio. Prefácio de DIDEROT, Denis. Carta sobre el comercio de libros. Buenos Aires: Fondo de Cultura Económica, 2003, p.7-29.

Capítulo 1

A cera e o pergaminho
Os poemas de Baudri de Bourgueil

No capítulo XXV da Primeira Parte de *Dom Quixote*, o cavaleiro errante e seu escudeiro atravessam as solidões desoladas da Serra Morena. Dom Quixote é tomado pelo desejo de escrever uma carta à dama de seus pensamentos. Mas como fazê-lo sem papel, ao qual confiar-se-iam os versos epistolares? "Já que não temos papel, seria bom que a escrevêssemos assim como faziam os Antigos, em folhas de árvores ou em tabuletas de cera; ainda que deva ser tão difícil achá-las por aqui quanto o papel."[1]

Veremos no próximo capítulo como o fidalgo ultrapassa esse obstáculo. O que importa aqui é a percepção de Cervantes, em 1605,

---

[1] CERVANTES. *L'Ingénieux Hidalgo Don Quichotte de la Manche*. In: CERVANTES. *Don Quichotte* seguido de *La Galatée*. *Œuvres romanesques, I*, ed. publicada com a organização de Jean Canavaggio, com a colaboração, nesse volume, de Claude Allaigre e Michel Moner. Paris: Gallimard, 2001, p.603; texto em espanhol: CERVANTES, Miguel de. *Don Quijote de la Mancha*. Edição do Instituto Cervantes. RICO, Francisco. (Org.). Barcelona: Instituto Cervantes/Crítica, 1998, p.282: "Y sería bueno, ya que no hay papel, que la escribiésemos, como hacían los antiguos, en hojas de árboles o en unas tabletas de cera, aunque tan dificultuoso será hallarse eso ahora como el papel".

de que as tabuletas de cera pertencem a um passado muito distante, o tempo dos antigos. Pedro Mexía, em 1540, situava-os da mesma forma em *Silva de varia lección*, descrevendo as tabuletas recobertas de cera, as *tablicas enceradas*, como um dos suportes de escrita de *los antiguos*.[2] Assim, opor os modernos, que utilizam papel e pena, aos gregos e romanos, que escreviam na cera com um estilete, é olvidar que, na época medieval, as tabuletas de cera eram o principal instrumento de escrita. Para não nos deixar esquecer, houve um poeta que fez dos objetos e práticas da escrita o tema de suas composições.

Chamava-se Baudri, e sabemos muito pouco sobre ele. Nasceu em Meung-sur-Loire, em 1045 ou 1046. Foi nomeado abade da rica e poderosa abadia beneditina de Saint-Pierre-de-Bourgueil de 1078 a 1082. Deixou-a em 1107 para se tornar arcebispo de Dol e entrou, então, em múltiplos conflitos com seus colegas bispos, com seu capítulo* e com o legado do papa. Nos últimos anos de sua vida, retirou-se para um convento da Normandia que pertencia à diocese de Dol. O abade era um viajante e visitou diversas abadias beneditinas da Normandia e da Inglaterra. Mas também era poeta. Mais que tudo poeta, pois escreveu, em prosa, sobre a vida dos santos, narrações de milagres, uma crônica da primeira Cruzada e um tratado da boa morte. Mas o que lhe dava mais prazer era o jogo com os versos, como o atestam os 256 poemas reunidos no manuscrito da *Biblioteca do Vaticano Reg. Lat. 1351 (V)*, editados e traduzidos por Jean-Yves Tilliette.[3] Breves ou longas, as composições poéticas

---

[2] MEXÍA, Pedro. *Silva de varia lección* [1540]. CASTRO, Antonio. (Ed.). Madri: Ediciones Cátedra, 1989, v.II, 3ª parte, cap. II, "En qué escrivían los antiguos, antes que huviesse papel, y de qué manera", p.17-23.

* Capítulo "ou assembleia de religiosos com voz e competência para decidir sobre matérias relativas à província a que pertencem", cf. HOUAISS, p.612. (N.T.)

[3] BOURGUEIL, Baudri de. *Poèmes*. Jean-Yves Tilliette (Ed.). Paris: Les Belles Lettres, t.I, 1999, e t.II, 2002. Citaremos os poemas de Baudri indicando

de Baudri de Bourgueil constituem uma poesia erudita, escrita em latim e em versos métricos, em múltiplos gêneros: epístola, sátira, cântico, epopeia, epitáfio etc.

Não é sobre essa classificação poética que nos deteremos para entrar na obra de Baudri, descoberta durante a leitura de uma página de Curtius. No capítulo consagrado às metáforas do livro, Curtius cita alguns dos versos que o abade dirige a suas tabuletas enceradas, a seu estilete e a seus escribas.[4] Graças à edição e à tradução de Jean-Yves Tilliette, é possível avaliar, em exata medida, a presença obsessiva da materialidade da escrita nos poemas de Baudri de Bourgueil e, além disso, do processo mesmo da escrita enquanto ele o coloca em verso, da composição à transcrição, da publicação à recepção.

Compor e transcrever

Nos poemas de Baudri, os textos são inscritos em três tipos de materiais: a cera das tabuletas, o pergaminho para carta ou livro e a pedra para os epitáfios. Sua própria escrita, no entanto, salvo raras exceções, está sempre ligada ao estilete e às tabuletas. Em dois poemas que chamaram a atenção de Curtius, depois a de Richard e Mary Rouse,[5] Baudri descreve com precisão o suporte sobre o qual escreve

---

sua numeração conforme essa edição e fornecendo, no rodapé, o texto em latim com o número da página na qual ele se encontra. Uma primeira edição dos poemas de Baudri foi publicada por ABRAHAMS, Phyllis. *Les Œuvres poétiques de Baudri de Bourgueil (1046-1130)*, d'après des documents inédits. Paris, 1878.

[4] CURTIUS, Ernst Robert. *La littérature européenne et le Moyen Âge latin* [1947]. Paris: Presses Universitaires de France, 1956, p.493-4.

[5] H. Richard; ROUSE, Mary A. The vocabulary of wax tablets. In: *Vocabulaire du livre et de l'écriture au Moyen Âge. Actes de la table ronde Paris 24-26 septembre 1987*. WEIJERS, Olga. (Org.). Turnhout: Brepols, 1989, p.220-30.

seus versos. Em *Ludendo de tabulis suis* [12], ele elogia a beleza das oito pequenas tabuletas verdes, unidas entre si por tiras de couro e protegidas em uma bolsa, que o acompanharão até mesmo depois de sua morte:

> Possam nossos jogos comuns prolongar-se eternamente; quero dizer: possa eu nunca me ver privado de minhas tabuletas. Viverei perto de vós; vós vivais perto de mim. Que, no fim, um único túmulo nos acolha. Assim seja.[6]

Sobre essas oito tabuletas, organizadas como um *codex*, Baudri pôde escrever até 112 versos:

> Em altura, as páginas que vos constituem contêm justamente oito versos; em largura, apenas um hexâmetro. No entanto, como vós sois compostas por oito pranchas, isso dá duas vezes dois, mais dez pequenas páginas (com efeito, as duas faces exteriores não são recobertas de cera, o que faz que oito pranchas deem catorze páginas). Assim, elas contêm duas vezes seis versos, mais cem: o grande número de páginas permite chegar a esse resultado.[7]

O objeto querido de Baudri nos faz pensar nas cadernetas com tabuletas de cera verde de Beauvais e Oslo, recenseadas e descritas

---

[6] Texto em latim: "Sed uester mecum ludus perduret in aeuum, / A tabulis nunquam scilicet amouear. / Viuam uobiscum; uos autem, uiuite mecum; / Tandem nos unus suscipiat tumulus. Amen". (T. I, p.37)

[7] Texto em latim: "In latum, uersus uix octo pagina uestra, / In longum uero, uix capit exametrum; / Attamen in uobis pariter sunt octo tabelle, / Quae dant bis geminas paginulasque decem – / Cera nanque carent altrinsecus exteriores: / Sic faciunt octo, quatuor atque decem. / Sic bis sex capiunt, capiunt et carmina centum: / Id quoque multiplices paginulae faciunt". (T. I, p.37)

por Elisabeth Lalou[8] ou nas seis tabuletas florentinas publicadas e estudadas por Armando Petrucci, em 1965.[9] Encadernadas com o verso de um pergaminho, essas seis tabuletas (que, sem dúvida, eram mais numerosas no objeto original) constituem um políptico sobre o qual um mercador toscano do fim do século XIII ou das primeiras décadas do século XIV anotou, sem dúvida durante as feiras de Champagne, as minutas de suas contas, compras de tecidos e empréstimos de dinheiro.

No poema *Ad tabulas* [196], sob a forma de uma conversa com suas tabuletas à maneira dos autores latinos,[10] Baudri promete restaurar as "forças abatidas" de suas "belas damas":

> Eu não sei que indivíduo ou objeto rompeu as tiras que vos emendavam – mas acho que é o envelhecimento que vos causou esse dano. Curarei com delicadeza essa doença que vos aflige, substituirei as tiras eu mesmo. Quanto à cera, ela é antiga e escurecida de fuligem. Essa cera antiga desfigura vossa beleza. Também vossa boa vontade em relação ao escritor é minorada quando colocais

---

[8] LALOU, Elisabeth. Les tablettes de cire médiévale. *Bibliothèque de l'École des Chartes*. t.147, 1989, p.123-40 (lista das tabuletas, número 11 e 13, p.138-9).

[9] PETRUCCI, Armando. *Le Tavolette cerate fiorentine di casa Majorfi*. Roma, 1965.

[10] Um exemplo menos ameno desse "gênero" é dado por OVÍDIO. *Les Amours*, Livro I, 12: "Longe de mim, maldosas tabuletas, madeira fúnebre, e tu também, cera, plena de palavras de recusa... Eu, eu percebi que, de fato, vós mereceis ser chamadas dúbias; o que já não era um bom presságio apenas por esse número" (a palavra "*duplices*", ambígua, estratégica, significa também duas tabuletas associadas em um díptico) [texto em latim: "Ite hinc, difficiles, funebria ligna, tabelae, / Tuque, negaturis cera referta notis..., Ergo ego uos rebus duplices pronomine sensi; Auspicii numerus non erat ipse boni"]. Ovídio. *Les Amours*. BORNECQUE, Henri. (Org.). Revisão de Jean-Pierre Néraudau. Paris: Les Belles Lettres, 2002, p.46-9.

resistência ao estilete como se ele vos fosse odioso. Preparo, então, a cera verde para substituir a negra, de modo a vos tornar mais indulgentes e mais amáveis com o escriba.[11]

As pequenas tabuletas tão amadas por Baudri são um presente: "Aquele que vos ofereceu a mim (quero falar do abade de Sées) ofereceu inteligentemente um pássaro a uma criança triste [12]".[12] De fato, em seus poemas, as tabuletas são um presente frequente, enviado, emprestado ou prometido em nome da amizade. Baudri os recebeu não somente do abade de Sées, mas também de Bernard (*Pro tabulis gratiarum actio* [144]), e Eudes prometeu-lhe enviar outras tão logo tivesse um mensageiro para fazê-lo (*Ad eum qui tabulas ei promiserat* [105]). Ao mesmo tempo, as tabuletas de cera são uma doação frequentemente anunciada ou feita por Baudri: à monja Agnès ("As tabuletas que te prometi, que de tua parte reclamas, eu lhas enviarei tão logo possa. No momento, não as tenho" [138]);[13] a Guiternus, que, como credor obstinado (*improbus exactor*), "extorquiu-lhe" tabuletas, que Baudri teve de tirar das suas (*Ad eum qui tabulas ab eo extorsit* [148]); ou a Raoul du Mans ("Eu teria te enviado belas tabuletas, se quisesses. Não quero enviá-las, mas sim entregá-las pessoalmente a ti" [205]).[14]

---

[11] Texto em latim: "Nescio quis uel quid iuncturam corrigiarum / Discidit; at spero quod senium nocuit. / Huic uestro morbo nostra pietate medebor, / Nostro restituam munere corrigiam. / Cera quidem uetus est, palearum fusca fauilla, / Et turpat uestram cera uetus speciem. / Idcirco minor est scribenti gratia uestra, / Cum uelut offensum reicitis grafium. / Ergo pro nigra uiridantem preparo ceram, / Quo placeat scribe gratia uestra". (T. II, p.122)

[12] Texto em latim: "Qui michi uos misit – hoc est abbas Sagiensis – / Sollers ploranti misit auem puero". (T. I, p.37)

[13] Texto em latim: "Quas tibi promisi tabulas, quas ipsa requiris, / Reddam cum potero, nam modo non habeo". (T. II, p.48)

[14] Texto em latim: "Pulchras misissem tabulas tibi si uoluissem; / Mittere quas nolo, comminus ipse dabo". (T. II, p.138)

Se as tabuletas de cera são tão fortemente desejadas e apreciadas como um presente precioso, a razão disso é simples: é sobre a cera ou, antes, na cera (pois, como destacaram Richard e Mary Rouse, "ones writes in, not on, a wax surface") que os autores inscrevem os textos que, em seguida, serão transcritos por um escriba para o pergaminho. Nada melhor para ilustrar tal prática, comum entre os escritores monásticos do século XII,[15] que as queixas de Baudri em relação a seu escriba, Gérard:

> Já teria escrito poema seguido de poema se ainda houvesse espaço para escrever nas minhas tabuletas. Mas enquanto eu preencho completamente as minhas tabuletas, tu te esquivas sem cessar, tu te demoras para transcrever as palavras traçadas na cera. Para liberar a cera, transcrevas então minha obra; coragem, desprende-te de tua preguiça costumeira (*Ad Girardum scriptorem suum* [9]).[16]

Assim, uma distinção fundamental é estabelecida entre composição e transcrição. Em Baudri, a composição dos poemas é sempre designada pelos verbos *componere*, *cantare* ou *dictare*, sem que esse

---

[15] CLANCHY, M. T. *From memory to written record. England 1066-1307* [1977], 2ª ed. Oxford/Cambridge (Mass.): Blackwell, 1993, p.118-9, indica: "It seems to have been common practice for monastic authors to write on wax and then have a fair copy made on parchment" ["Parece ter sido uma prática comum dos autores monásticos escrever na cera e depois passar a limpo no pergaminho"]. Para uma distinção similar entre cera e papiro no mundo romano, cf. CAVALO, Guglielmo; FEDELE, Paolo; GIARDINA, Andrea. *La circolazione del texto*, t.II. Roma: Salerno, 1989, p.307-41 (em particular, p.313-4).

[16] Texto em latim: "Carmina carminibus nostris superapposuissem, / Si superapposita susciperent tabulae. / Implevi nostras, dum tu pigritare, tabellas, / Dum scriptum in cera lentus es excipere. / Ut uero ceram uacues, opus excipe nostrum; Ut probus a solita te excute pigricia". (T. I, p.34)

último implique que o texto tenha sido ditado em voz alta.[17] No poema que abre a coletânea, *Contra obtrectarores consolatur librum suum* [1], Baudri indica, ao falar de si mesmo, que "esse gênero de versos ele os produzia à noite ou a cavalo",[18] ou seja, em duas situações nas quais escrever é impossível ou pelo menos muito difícil. A composição pode então ser inteiramente mental e memorizada, mas em Baudri ela supõe, com frequência, a escrita traçada na cera, que autoriza rasuras e retoques. O abade poeta do vale do Loire ilustra perfeitamente a afirmação de Richard e Mary Rouse, segundo a qual "a tabuleta de cera, como suporte da escrita, teve uma relação ininterrupta com a civilização ocidental letrada, mais longa que o pergaminho ou o papel, e mais íntima da criação literária".[19]

Nas tabuletas, a escrita é necessariamente efêmera. Para que os poemas possam ser enviados a um amigo ou reunidos em livro (designado como *liber*, *libellus* ou *codex*), é preciso que sejam transcritos no pergaminho. Tal tarefa é vista por Baudri como uma arte – o que supõe uma habilidade específica – e como um trabalho que merece remuneração. O *puer* Gautier, "especialista em caligrafia", é um artista que também respeitou as orientações de Baudri para a ornamentação do manuscrito de seus poemas:

> Ordenei que as letras maiúsculas fossem feitas de metal brilhante, para que o aspecto material, na falta de ideias, valorize o preço do livro (são os árabes, talvez, que trouxeram até aqui o ouro

---

[17] Sobre o sentido dos verbos *"dictare"* ou *"dictitare"* para designar a composição dos textos, independentemente de sua modalidade, cf. CLANCHY, M. T. Op.cit., p.271.
[18] Texto em latim: "Talia dictabat noctibus aut equitans". (T. I, p.3)
[19] H. Richard. ROUSE, Mary A. Op.cit., p.220: "The wax tablet, as a support for the written word, had a longer uninterrupted association with literate Western civilization than either parchment or paper, and a more intimate relationship with literary creation".

graças ao qual brilham as primeiras letras dos textos). Encomendei a pintura das outras iniciais em vermelho ou verde, para que a obra inteira tenha um brilho mais admirável, de modo que, aqueles a quem a riqueza de expressão for incapaz de seduzir, serão ao menos seduzidos pela aparência do manuscrito [1].[20]

E, de fato, como nota Jean-Yves Tilliette, estão aqui as disposições que se encontram no manuscrito da Biblioteca do Vaticano.

No poema *Ad scriptorem suum* [84], em que ele se dirige a Hugues, outro copista do manuscrito, Baudri detalha com precisão o que lhe será pago se trabalhar bem e rapidamente. Como sempre, a remuneração é composta por um salário (*pretium*) e uma série de presentes: um queijo, uma viagem a Roma ("eu também quero te levar a Roma por minha conta, para que nossas conversas suavizem minhas implicâncias. Tu respirarás então o perfume de uma amizade sincera, enquanto eu me deleitarei com o mel de tuas palavras") e o renome ("eu perpetuarei teu nome nos séculos futuros, se meus poemas conseguirem garantir a alguém a perpetuidade").[21] A lógica da doação, que supõe a amizade, cruza aqui a do contrato, que exige o pagamento. Como demonstrou Natalie Zemon Davis, essa é a regra comum nas sociedades antigas, que associam sem contradição compromissos e generosidades, salários e presentes.[22]

---

[20] Texto em latim: "Praecepi fieri capitales aere figuras, / Vt quod non sensus, res tribuat precium – / Ad nos miserunt Arabes huc forsitam aurum, / Materiarum quo signa priora micant. / Introitus alios minio uiridiue colore, / Vt mirabilius omne nitescat opus. / Vt quos allicere sententia plena nequibit, / Hos saltem species codicis alliciat". (T. I, p.3-4)

[21] Texto em latim: "Sumptibus ipse meis uolo te nunc ducere Romam, / Vt leuies nostrum per mutua uerba laborem. / Tunc tibi anceps signum redolebit amoris / Cum iocundabor uerborum melle tuorum." e "Ipse tuum nomen in saecula perpetuabo, / Si ualeant aliquem mea carmina perpetuare". (T. I, p.80)

[22] DAVIS, Natalie Zemon. *The gift in sixteenth-century France*. Madison: The University of Wisconsin Press, 2000. Trad. fr.: *Essai sur le don dans la France du XVIe siècle*. Paris: Le Seuil, 2003.

A distinção é tão clara entre composição e transcrição, entre a mão do autor e a do copista, que sua transgressão dá um valor particular ao escrito. Assim, na carta enviada a uma religiosa chamada Constance, a quem ele propõe um "pacto de amor" (*foedus amoris*) que ligará seus corações ("Que nossos corações sejam unidos, mas nossos corpos separados"), Baudri insiste no fato de que ele mesmo escreveu (*scribere*) o poema epistolar que compôs (*dictare*):

> Sem testemunha, li até o fim meus versos e segui atentamente a pista que desenhavam: tudo o que aí se encontra, foi a mão de um amigo que escreveu. Foi a mão de um amigo que escreveu e foi também um amigo que o compôs: o escriba é também o autor do poema [200].[23]

No entanto, raramente Baudri representa-se escrevendo com a pena e sobre o pergaminho. O estilete metálico que lhe permite traçar as letras na cera de suas tabuletas é o único instrumento de escrita que ele evoca. Na lamentação heroico-cômica dirigida a seu estilete quebrado (*De graphio fracto grauis dolor*, [92]), Baudri descreve meticulosamente a fabricação do objeto que requer "técnica e habilidade", por parte do artesão, e reclama amargamente a perda do estilete (designado como *stilus* ou *graphium*) que utilizou durante nove anos:

> Tu, meu querido estilete, aqui, destruído na minha mão. Que pinça saberá também traçar corretamente teus sulcos na cera? Que estilete será tão bem apropriado a minhas tabuletas?[24]

---

[23] Texto em latim: "Perlege sola meos uersus indagine cauta, / Perlege: quicquid id est, scripsit amica manus; / Scripsit amica manus et idem dictauit amicus, / Idem qui scripsit carmina composuit". (T. II, p.125)

[24] Texto em latim: "Ecce meae manui, mi stile, subtraheris! / Quo perarabo meas tam digno pectine ceras / Tamque meis tabulis qui stilus aptus erit?". (T. I, p.90)

Na vida ideal com que sonha no poema *De sufficientia uotorum suorum* [126], estilete e tabuletas bastam a Baudri para a sua felicidade.[25]

A memória e o canto

A criação poética, que, segundo Mary Carruthers, implica um trabalho de rememoração, permitindo a busca da matéria [*res*] e sua formatação (*collectio*) em nova composição,[26] está, portanto, estreitamente ligada à escrita nas tabuletas de cera. A memória é descrita com frequência como uma coleção de tabuletas (*tabulae memoriae*) – e isso até em Hamlet, que deve apagar das *tables of* [his] *memory* todos os arquivos inúteis para conservar somente as palavras do fantasma: "Remember me"[27] – e, reciprocamente, as tabuletas são o suporte privilegiado, mas nem sempre necessário, da invenção e da composição poéticas, que convocam os materiais para as ideias e os fragmentos de textos classificados na memória.[28]

A memória desempenha um papel essencial na transmissão dos poemas. O poeta é um "cantor" cuja voz e suspiros habitam os cânticos. A maneira comum e previsível de sua "publicação" é, então, uma recitação ou uma declamação, apoiada na memorização

---

[25] Texto em latim: "Et michi sufficerent et stilus et tabulae". (T. I, p.133)
[26] CARRUTHERS, Mary. *The Book of memory. A study of memory in medieval culture*. Cambridge: Cambridge University Press, 1990, trad. fr.: *Le livre de mémoire. La mémoire dans la culture médiévale*. Paris: Macula, 2002, p.48-9.
[27] Cf. STALLYBRASS, Peter; CHARTIER, Roger; MOWRY, Frank; WOLFE, Heather. Hamlet's tables and the technologies of writing in Renaissance England. *Shakespeare Quarterly*, 55(4), 2004, p.1-41.
[28] CARRUTHERS, Mary. *The Book of memory*. Op.cit. Trad. fr.: *Le Livre de mémoire*. Op.cit., p.285-7 e 296-7.

do texto. O exercício tem seus virtuoses, como Godefroid de Reims, poeta morto em 1095, do qual Baudri elogia a arte de recitar (*Ad Godefredum Remensem* [99]):

> Além de tudo, tu possuis, de modo eminente, uma qualidade com a qual superas todos aqueles que leem em público: quando declamas um texto, não importa qual, tua voz o acentua de tal maneira que as palavras que pronuncias, todas sendo o que são, encantam todos os ouvidos. Com efeito, sabes tão bem casar as palavras com a melodia e a melodia com as palavras que não há entre elas a menor dissonância.[29]

A arte de Godefroid é justa tanto com suas próprias obras, presentes em sua memória, quanto em relação às de seus confrades dos quais ele foi ouvinte: "Enfim, o que compões, mas também o que escutas pela primeira vez, sempre és capaz de repetir, imprimindo-lhe o melhor tom".[30]

Tal capacidade remete à aprendizagem de técnicas de memorização exigidas em todas as práticas intelectuais. O jovem Pierre é, assim, admirado por Baudri pela fidelidade de sua memória: "O que lês e escutas repetes com uma memória tão fiel que nem mesmo uma palavra falta em tua recitação (*Ad puerum mirandi ingenii* [113])".[31]

O talento excepcional de Pierre relaciona-se, sem dúvida, ao fato de ele ser capaz de uma restituição integral e literal das palavras, em

---

[29] Texto em latim: "In te praeterea uiget excellentia quaedam, / Cunctis qui recitant qua superemineas. / Quicquid enim recitas, recitas ita uoce sonora / Vt, quicquid dicas, omnibus id placeat; / Nam sic uerba sonis uerbisque sonos moderaris / Quatenus a neutro dissideat neutrum". (T. I, p.105)

[30] Texto em latim: "Denique quod dictas, sed et illud quod semel audis, / Viuaci semper ore referre potes". (T. I, p.105)

[31] Texto em latim: "Quod legis aut audis memori sic mente retractas / Vt recitantem te nil queat effugere". (T. I, p.120)

uma época em que a memória *ad res*, ou seja, para matérias, e não necessariamente para palavras, é em geral suficiente. É um belo talento, mas que também pode conduzir à repetição automática e pouco criativa dos dados memorizados.

A que tipo de memória recorriam os poemas métricos de Baudri e de outros abades poetas? A própria forma dos hexâmetros parece implicar o necessário respeito pelo texto, como o compôs seu autor, para que sua "melodia", dito de outro modo, a alternância regulada das longas e das breves, seja restituída sem erro. No poema que convida Avit a uma breve visita, Baudri evoca o prazer compartilhado da verdadeira declamação em comum:

> Venhas, então, aqui, minha criança; venhas experimentar comigo o encanto do jardim e reconfortar teu coração e o meu, com essa ambientação tão graciosa. Cantarás teus poemas ou poderei cantar os meus e nós combinaremos nossas vozes ao som enternecedor da lira (*Ad Auitum ut ad eum ueniret* [129]).[32]

Mas, pode-se pensar também que, em referência à poesia oral, tanto épica quanto lírica,[33] as formas métricas autorizam uma memorização e uma recitação nas quais é possível substituir uma palavra por outra ou um verso por outro, com a condição de que seja estritamente respeitada a distribuição dos dátilos e dos espondeus que dão ritmo aos hexâmetros. Baudri queria dar a seus poemas uma forma estável e também uma ordem lógica e estética à sua sucessão no *liber*, organizado com tanto cuidado. Infelizmente, não sabemos

---

[32] Texto em latim: "Huc ades ergo, puer, ut iocundemur in orto / Iocundoque situ recreentur pectora nostra. / Vel tua cantabis uel ego mea carmina cantem / Et fidibus lentis aptabimus organa nostra". (T. I, p.138)

[33] Cf. LORD, Albert Bates. *The singers of tales*. Cambridge (Mass.)/Londres: Harvard University Press, 1960.

nada sobre a maneira pela qual eles foram recebidos, memorizados e declamados por seus leitores e seus ouvintes.

Os livros e suas leituras

As tabuletas de cera não são o único suporte de escrita presente nos poemas de Baudri. O pergaminho também o é, sob três formas: o livro, a carta e a correspondência. As palavras *liber* ou *codex* designam tanto a coleção dos próprios poemas, copiados e ornamentados pelos escribas contratados por Baudri, quanto os livros que ele ou os outros leem, folheando e consultando. No poema dirigido a Godefroid de Reims [99], ele descreve sua própria maneira de compor: "Compor poemas mordazes, consequentemente, com o fio amaciado da inteligência, pois, mesmo no momento em que estou compondo, não paro de consultar livros".[34]

A composição mental e memorial, auxiliada pela escrita nas tabuletas de cera, não exclui a presença dos livros, que Baudri podia encontrar na biblioteca de seu monastério. Ele recomenda a consulta a Gérard de Loudun: "Eu, eu sei de um lugar maravilhoso que oferece distração, livros e pergaminhos e todos os objetos necessários ao estudo: esse lugar é Bourgueil".

Gérard é convidado a fazer parte da comunidade beneditina com a qual poderá compartilhar o tesouro dos livros: "O saber disperso pelo vasto mundo, atrás do qual tu corres, está à tua espera, acumulado na biblioteca de nosso claustro (*Ad eundem ut monachus fiat* [77])".[35]

---

[34] Texto em latim: "Nam dictare acuit ebetatum mentis acumen; / Dictando siquidem sepe reuoluo libros". (T. I, p.109)

[35] Texto em latim: "Ipse locum noui qui floridus ocia gignit, / Libros et carta et cuncta studentibus apta" e "Littera quam queris uastum dispersa per orbem / Optat te, nostri complens armaria claustri". (T. I, p.75)

Conservados nas bibliotecas, os livros são também oferecidos, tomados de empréstimo. Tal circulação não se dá sem risco. Baudri emprestou um de seus livros a alguém que o solicitara insistentemente, mas não está certo de que a obra lhe será devolvida: "Pudesse ele ter pronunciado um verdadeiro sacramento no momento em que prometeu que me devolveria Ovídio, que me roubou recorrendo a perversas astúcias! (*Ad eum qui ab eo Ovidium extorsit,* [111])".[36]

O fato de que o livro emprestado seja um manuscrito dos poemas de Ovídio não é irrelevante em uma coleção saturada de citações e imitações dos poetas latinos: Virgílio, Horácio, Juvenal, Pérsio, Lucano e o próprio Ovídio. Essa grande familiaridade de Baudri com as letras latinas sugere que ele havia frequentado uma das escolas catedráticas que, na segunda metade do século XI, incluíram em seus cursos autores antigos. Estes fornecem a Baudri um repertório de situações, figuras e referências traduzidas em versos, o que então nos impede de lê-los como a descrição de realidades efetivamente vividas.[37]

A consulta aos livros deve acompanhar a aprendizagem da escrita feita sobre as tabuletas. Baudri aconselha ao jovem Géraud ler e escrever ao mesmo tempo:

> Ele é minha criança, mais amável que qualquer outra, aquele que aplica seu talento às tabuletas de cera para escrever. Então, se desejas – deseja-o Géraud – ser-me agradável, debruça-te sem descanso sobre os livros e as tabuletas. Folheia os livros, folheia-os mais uma vez; o que ignoras, busca-o, busca-o de novo; produza

---

[36] Texto em latim: "O utinam uerum iurauerit, ut michi reddat / Quem male decepto sustulit Ouidium!". (T. I, p.117)

[37] Cf. TILLIETTE, Jean-Yves. Introduction. In: BOURGUEIL, Baudri de. *Poèmes*. Op.cit., p.XIX-XXII.

uma obra digna de ser declamada diante de teus companheiros (*Ad Geraldum*, 197).[38]

Os conselhos dados a Géraud associam estreitamente os dois modos de apropriação de textos: pela escuta de uma voz que declama, recita ou lê, e pela leitura pessoal do texto escrito.

Os poemas, tanto de Baudri quanto de Géraud, são compostos para serem declamados, cantados e ouvidos. Todavia, essa destinação das obras não impede sua leitura solitária. Em Baudri, o verbo *perlegere* designa a leitura atenta que ele espera de alguns destinatários de seus poemas. É o caso de Emma, religiosa e educadora, da qual espera críticas:

> Confio-te hoje meu pequeno livro, em seu todo, para que leias com atenção e olhes com cuidado ... Possa Emma, com seus lábios de Sibila, atender a meu pedido; possa ela ler profundamente, elogiar, corrigir, completar (*Emme ut opus suum perlegat* [153]).[39]

Tal também acontece com Constance, a quem ele propõe, como vimos, um "pacto de amor", em carta escrita de próprio punho. A senhora Constance, na resposta que imagina Baudri, é a leitora que ele desejava:

> Li vossa carta até o fim, seguindo com fervor a pista que deixou e toquei, com minha mão nua, vosso poema. Alegremente, desenrolei

---

[38] Texto em latim: "Ille mihi puer est, puero iocundior omni, / Qui proprium tabulis applicat ingenium. / Si cupis ergo mihi, cupiasque, Geraude, placere, / Libros et tabulas sedulus insequere. / Volue, reuolue libros, que nescis quere, require, / Fac aliquid dignum quod recites sociis". (T. II, p.124)

[39] Texto em latim: "Sed tibi nunc totum nostrum commendo libellum / Vt studiosa legas, sollicite uideas ... Ore Sibillino respondeat Emma roganti, / Perlegat, extollat, corrigat, adiciat". (T. II, p.59-60)

duas, três e quatro vezes o pergaminho e não podia me cansar de perscrutar cada um dos detalhes. O livro me seduziu, suas palavras não podiam ser mais encantadoras; por essa razão, passei o dia a lê-las e relê-las [201].[40]

Esse poema de Baudri mostra que o mesmo objeto, a carta enviada a Constance, pode ser designado de múltiplas maneiras: como *carta*, *volumen*, *liber* e, mais distante ainda, *pagina*. Para que possamos tomar cuidado com toda leitura radicalmente documental da linguagem poética, essa é uma lembrança útil – e mais em particular ainda para uma época em que a palavra *volumen* não designa mais somente os rolos dos antigos, mas se tornou sinônimo de *liber* e começa a ser empregada como um equivalente a *codex*, nos colofons e catálogos de bibliotecas.[41] Entre as coisas da escrita e as palavras dos poemas, as relações nunca estão isentas de jogo ou livres de variação.

A leitura que Baudri atribui a Constance não é apenas uma leitura solitária, atenta, mas uma leitura que mobiliza o corpo e os sentidos:

> Coloquei a folha sobre meu peito, sobre meu seio esquerdo, o mais vizinho, diz-se, do coração. Se pudesse confiar vossas páginas a meu coração, eu as confiaria, cada uma, a meu coração, não a meu peito. Por fim, esgotada, abandonara meus membros ao sono da noite, mas um amor inquieto não conhece a noite. O que não

---

[40] Texto em latim: "Perlegi uestram studiosa indagine cartam / Et tetigi nuda carmina uestra manu. / Explicui gaudens bis terque quaterque uolumen / Nec poteram refici singula discutiens. / Ille liber mihi gratus erat, gratissima dicta; / Ergo, consumpsi sepe legendo diem". (T. II, p.130)

[41] DOLBEAU, François. Noms de livres. In: *Vocabulaire du livre et de l'écriture au Moyen Âge*. Op.cit., p.79-99.

desejaria? O que não me era permitido desejar? O livro tinha feito nascer a esperança, a noite ofereceu o tempo da distração ... Na hora do sono, o sono me fugia, porque vossa carta, sobre meu peito, queimava-me as entranhas.[42]

A leitura ardente de Constance culmina em uma reviravolta dos sentidos, em uma emoção do coração e do corpo mais esperada de uma leitora de Richardson que de uma monja do século XI, mesmo que devamos lembrar que seu modelo vem dos antigos,[43] e a Constance de Baudri é, antes, um ser de poesia. Suas emoções advertem, porém, contra a tentação de se reduzir a diversidade dos modos de ler de uma época, sejam elas efetivas ou imaginárias, a uma tipologia restrita.

Baudri não diz nada da leitura solitária dos poemas e dos livros. Ela é silenciosa ou feita em voz alta? Isto posto, como o sublinharam Guglielmo Cavallo,[44] Armando Petrucci[45] e Franco Alessio,[46] a

---

[42] Texto em latim: "Composui gremio posuique sub ubere laeuo / Scedam, quod cordi iunctius esse ferunt. / Si possem cordi mandare uolumina uestra, / Cordi mandarem singula, non gremio. / Tandem fessa dedi nocturno membra sopori, / Sed nescit noctem sollicitatus amor. / Quid non sperabam? Quid non sperare licebat? / Spem liber ediderat, ocia nox dederat. / In somnis insomnis eram, quia pagina uestra / Scilicet in gremio uiscera torruerat". (T. II, p.130-1)

[43] Sobre o vocabulário em latim da leitura, retomado por Baudri, ver VALETTE-CAGNAC, Emmanuelle. *La lecture à Rome, Rites et pratiques*. Paris/Berlim: 1997, p.19-28.

[44] CAVALLO, Guglielmo. Testo, libro, lettura. In: *Lo spazio letterario di Roma antica*. Op.cit., p.329-41.

[45] PETRUCCI, Armando. Lire au Moyen Âge. *Mélanges de l'École française de Rome*, t.96, 1984, p.603-16.

[46] ALESSIO, Franco. Conservazione e modelli di sapere nel Medioevo. In: *La memoria del sapere. Forme di conservazione e strutture organizzative dall'Antichità a oggi*. ROSSI, Pietro. (Org.). Roma/Bari: Laterza, 1988, p.99-133.

oposição talvez não tenha a importância que lhe foi atribuída nos seguidos trabalhos de Paul Saenger.[47] Três modalidades de leitura coexistem na época medieval que, conforme Armando Petrucci, caracterizam diferentes leitores ou diferentes práticas do mesmo leitor:

> A leitura silenciosa, *in silentio*; a leitura em voz baixa, chamada murmúrio ou ruminação, que serve de suporte à meditação e de instrumento de memorização; enfim, a leitura pronunciada em voz alta, que exige, como na Antiguidade, uma técnica particular e se aproxima muito da recitação litúrgica e do canto.[48]

Esses diferentes modos de ler podem ser colocados a serviço de diversos fins. Trata-se, primeiro, ao ler, de aumentar os recursos disponíveis para a invenção e a composição. No poema em que esboça a vida ideal, Baudri evoca os instrumentos para um tal acúmulo: "Eu teria incontáveis livros e pergaminhos em que copiaria os extratos que escolhesse, ao ler [126]".[49]

A operação de conservação, aqui confiada à escrita, pode muito bem ser inteiramente mental e distribuir, entre os sistemas alfabéticos, as séries numéricas ou as divisões arquiteturais que estruturam a memória, os elementos que devem ser nela arquivados. O segundo objetivo da leitura é a *meditatio*, que relaciona o texto lido a outros, reencontrados nas "tabuletas da memória". Se a leitura que permite a memorização pode ser silenciosa, feita em voz baixa ou em voz alta, sem que isso importe muito, a leitura que se afasta da linearidade

---

[47] SAENGER, Paul. *Spaces between words. The origins of silent reading*. Stanford: Stanford University Press, 1997.
[48] PETRUCCI, Armando. Op.cit., p.604. Para uma análise paralela das relações entre maneiras de ler e situações de enunciações no mundo romano, cf. VALETTE-CAGNAC, Emmanuelle. *La lecture à Rome*. Op.cit., p.29-71.
[49] Texto em latim: "Nec michi librorum nec desit copia carte / Excerpamque legens carta quod excipiat". (T. I, p.134)

do texto exige concentração e silêncio. Tal leitura é, evidentemente, mais própria aos textos de saber do que aos jogos da poesia, cuja versificação métrica requer uma voz que lê ou interioriza. Baudri, que participa de uma cultura escrita em vias de mutação, mas anterior às transformações dos séculos XII e XIII, não evoca, obviamente, as técnicas que serão as da leitura escolástica. Para ele, a leitura de seus poemas supõe sempre um decifrar lento e atento, capaz de fazer o outro ou o próprio leitor ouvir a melodia dos versos, isso mesmo quando são lidos em silêncio por seus destinatários.

Escrever as mortes

Um último suporte de escrita encontra-se na casa do abade: a pedra que contém inscrições funerárias. O manuscrito dos poemas de Baudri contém 91 epitáfios, dos quais a maioria não foi destinada à gravação, como os seis que ele dedica a Cícero, pertencentes ao gênero "tumular", que imita, inspira e ultrapassa a epigrafia funerária.[50] Baudri pratica igualmente outra escrita mortuária: a das encíclicas fúnebres ou *rotuli*. Seis vezes ele acrescenta seus próprios versos sobre um rolo de pergaminho que circula de uma comunidade a outra, depois da morte de um abade. Em duas ocasiões, ele reclama da prolixidade inútil dos interventores precedentes que afastam o gênero de seus fins (a saber, as orações para o defunto e a compaixão a seus confrades) e desperdiçam uma matéria rara e cara, o pergaminho.

Sobre o rolo mortuário do abade Noël [14], Baudri dirige-se aos próximos redatores, retomando um tema clássico dos *rotuli*:

---

[50] PETRUCCI, Armando. *Le scritture ultime. Ideologia della morte e strategie dello scrivere nella tradizione occidentale.* Turim: Einaudi, 1995, p.67-9; e a reprodução do rolo mortuário para o abade Vital (monastério de Savigny, começo do século XII).

Sobre este rolo, muitos se aplicam a remontar sistematicamente até Adão a filiação de seus discursos ... De nossa parte, nós nos esgotaríamos em composições poéticas, se um longo poema pudesse ajudar o fiel. Mas já que a tagarelice das odes não lhe presta nenhuma ajuda, deixemos de lado, eu vos peço, as odes e sua leveza. Guardando vossa força para a oração, mencioneis abaixo, com uma inscrição breve, vosso lugar de residência e cuideis para que esse frenesi de vossas penas não resulte em um desperdício inútil de pergaminho.[51]

Do mesmo modo, ele reclama dos excessos sobre o rolo de Rainaud du Mans: "Este rolo encíclico contém muitas coisas fora de propósito, as quais, por uma espécie de indulgência com essas bobagens, deixamos passar sem repreensão. Mas foi apenas para economizar a escassez de pergaminho [17]".[52]

É exatamente essa economia que o uso das tabuletas de cera ensejava, quando se tratava de escritas a serem apagadas. E é por isso que, mesmo sem desaparecer totalmente, sua utilização tornou-se marginal quando o papel passou a ser um suporte menos oneroso que o pergaminho. Pelo menos é a isso que, em seu *Tesoro de la lengua castellana* [Tesouro da língua castelhana], lançado em 1611, Covarrubias relaciona, com a descoberta do papel, o abandono da escrita sobre a cera: "Antes que se tivessem inventado o papel e a tinta,

---

[51] Texto em latim: "In rotulo multi, cum sollicitudine quadam, / Dicendi seriem semper moetantur ab Adam ... Nos pro Natali carmen faceremus anheli, / Si multum carmen posset prodesse fideli; / Sed quia non prosunt odarum garrulitates, / Odarum, queso, seponamus leuitates. / Intenti precibus, breuiter loca subtitulate, / Ne calamus uehemens pariat dispendia cartae". (T. I, p.39)

[52] Texto em latim: "Colligit ultra fas rotuaris epistola multa, / Quae, quasi parcentes nugis, transimus inulta. / Et fuit exiguae condignum parcere cartae". (T. I, p.40)

escrevia-se sobre tabuletas enceradas e, com um estilete, abriam-se, na cera, as letras".[53]

De fato, como demonstrado por Elisabeth Lalou, com o desenvolvimento da fabricação do papel, as contabilidades reais e municipais abandonam as tabuletas de cera, e os fabricantes parisienses de tabuletas reorientam sua atividade para a produção de objetos em madeira, que não são mais "tábuas para escrever".[54]

Palavras correspondidas

"As correspondências mútuas se dão entre amigos de grande apreço; é a partilha que liga as amizades", afirma Baudri, em um poema endereçado a Payen [223].[55] Os objetos da escrita, e mais ainda os poemas em forma de carta, são engajamentos ou mostras de amizade que pedem reciprocidade. Para Baudri, enviar um poema a um correspondente é comprometê-lo a *rescribere*, a escrever uma resposta. É o que ele espera de Godefroid de Reims: "Assim um amor compartilhado me obriga a te escrever alguns versos para, desta forma, te obrigar a escrever-me muito (99)".[56]

Contudo, a troca à distância é sempre tida como um substituto menor ou um simples intervalo de espera para o reencontro, a vi-

---

[53] OROZCO, Sebastián de Covarrubias. *Tesoro de la lengua castellana o Española* (1611). MALDONADO, Felipe C. R. (Org.). Revisão de Manuel Camarero. Madri: Editorial Castalia, 1995, p.301: "Cera. Antes que se hubiese hallado el papel y la tinta, escribían en tablas enceradas, y con unos punteros abrían en la cera las letras".

[54] LALOU, Elisabeth. Les tablettes de cire médiévales. Op.cit., p.133 e 129.

[55] Texto em latim: "Inter amicos sunt commertia mutua magni, / Quas res communis iungit amicitias". (T. II, p.151)

[56] Texto em latim: "Ergo alternus amor me scribere pauca coegit / Vt sic te cogam scribere multa michi". (T. I, p.108)

sita, o *colloquium*. Os exemplos abundam sob o estilete de Baudri. À Muriel, monja e poetisa, ele declara:

> Pudesse ele vir, que venha, eu te suplico, esse momento em que poderei usufruir um segundo encontro para conversarmos! Tu me abrirás teu coração, multiplicando as respostas para as minhas questões, e, de minha parte, eu multiplicarei as respostas a tuas questões. Na espera, confiemo-nos um ao outro por meio da troca de versos; que uma lealdade silenciosa seja teu guia e companheiro (*Murieli* [137]).[57]

À sua amiga, a monja Étienne, pede que volte o mais rápido possível:

> Assim, eis o pergaminho, esta carta te envia meus cumprimentos e te pede para voltar, Étienne. Não demores mais. Volte, por favor; assim nós nos veremos e novos encontros nos reacostumarão um ao outro. Que felicidade a Fortuna trará à minha vida de todos os dias, se te trouxer até mim mais cedo do que o previsto! Um único dia sem ti me parece um ano; mil dias em tua companhia, um curto e breve dia (*Ad Stephanun monachum suum* [90]).[58]

A Avit, ele escreve: "Meu caro Avitus, venha ver-me aqui, venha ficar próximo de mim, para provar comigo as delícias de dois encontros, para passar comigo bons momentos [129]".

---

[57] Texto em latim: "O utinam ueniat! Ueniat, rogo, terminus ille, / Lucrer ut alterius commoda colloquii! / Ipsa dares animum respondens plura roganti / Et responderem plura rogatus ego. / Interea nobis nos mutua carmina mandent, / Duxque comesque suus sit taciturna fides". (T. II, p.46)

[58] Texto em latim: "Ergo salutat te praesentis epistola cartae / Et monet ut redeas: Stephane, tolle moras, / Fac, precor, ut mutuo nos uideamus / Nosque reconcilient altera colloquia. / O michi quam laetam reddet fortuna dietam / Te tempestiuum si michi reddiderit. / Sola dies sine te mecum decernitur annus, / Mille dies tecum parua breuisque dies". (T. I, p.87)

E, como sabemos, esses bons momentos serão aqueles dos poemas recitados em conjunto.[59]

No mundo da escrita de Baudri de Bourgueil, a troca mais fundamental continua sendo a das palavras vivas.[60] A metáfora clássica, que designa as palavras como pratos e o poema como um banquete, encontra aqui todo seu sentido.[61] Os poemas cantados em turnos, os livros lidos conjuntamente e as conversações eruditas constituem os mais deliciosos banquetes:

> É disso que estará repleta a mesa de meu sábio amigo; é a isso que ele nos convida, disso que eu desejo estar refeito. Relendo os livros, descobrimos neles sabores variados, capazes de saber àqueles do maná saboroso ... Que rapidamente se precipite sobre essa mesa todo aquele que a ela é convidado: a filosofia aqui se dá de coração. Já que meu amigo convidou-me, eu me precipitarei, deixando para mais tarde todos os outros negócios e obrigações. Expedirei minhas atividades e apressarei meus passos de idoso, para não provocar, por incúria, atrasos e mais atrasos. Não quero ser causa de tristeza para aqueles a quem devo levar alegria com a minha vinda e a minha conversa (*Ad ipsum qui eum invitauerat* [208]).[62]

---

[59] Texto em latim: "Noster Auite, / Huc venias ad me, uenias mecumque moreris / Nos ut nostroryn dykcedube cikkiqyuiryn / Condelectemur, laetum quoque tempus agamus". (T. I, p.138)

[60] Sobre o modelo romano das amizades e sociedades literárias, cf. SALLES, Catherine. *Lire à Rome*. Paris: Les Belles Lettres, 1992, p.111-35.

[61] Cf. JEANNERET, Michel. *Des mets et des mots. Banquets et propos de table à la Renaissance*. Paris: Librairie J. Corti, 1987 (sobre as "metáforas da bibliofagia", p.123-9, e sobre os banquetes dos "*gourmands* gramáticos", p.151-60).

[62] Texto em latim: "His onerabuntur mensae sapientis amici: / Nos inuitat ad has, his cupio refici. Inuenies uarios libros relegendo sapores / Qui superent illud manna saporiferum ... Promptus ad hanc mensam properet quicumque uocatur, / Quo prebet mammas philosophia suas. / Hanc inuitatus ab amico promptus adibo / Postpositis aliis rebus et officiis; / Maturando pedes actus

Em torno das mesas dos banquetes, como sobre os tabletes de cera, *verba volant*, as palavras voam. O pergaminho pode capturá-las e, melhor ainda, a doce lembrança de terem sido partilhadas entre amigos.

---

celerabo seniles, / Ne quas innectam dissimulando moras. / Nolo tristentur quos debeo laetificare / Aduentu propero colloquioque meo". (T. II, p.142)

Capítulo 2

Escritura e memória
O *librillo* de Cardênio

No momento em que acabam de entrar na Serra Morena, no capítulo XXIII da Primeira Parte de *Dom Quixote*, Sancho e seu mestre encontram no caminho "um coxim e uma maleta que lhe estava presa, todos dois, meio podres, totalmente desfeitos".[1] Dom Quixote pede a Sancho que examine o que a maleta abandonada contém. Sancho se dispõe a examiná-la e encontra:

---

[1] Texto em francês: CERVANTES. *L'ingénieux hidalgo Don Quichotte de la Manche.* In: CERVANTES. *Don Quichotte seguido de La Galatée. Œuvres romanesques, I,* edição publicada com a organização de Jean Canavaggio, e colaboração, nesse volume, de ALLAIGRE, Claude; MONER, Michel. Paris: Gallimard, 2001, p.576: "Un coussin et une valise qui lui était attachée, tous deux à demi pourris, et même tout à fait, et en lambeaux". Texto em espanhol: CERVANTES, Miguel de. *Don Quijote de la Mancha.* Edición del Instituto Cervantes. RICO, Francisco. (Org.). Barcelona: Instituto Cervantes/Crítica, 1998, p.251: "Un cojín y una maleta asida a él, medio podridos, o podridos del todo, y deshechos". Trad. bras.: CERVANTES. *O engenhoso fidalgo D. Quixote de la Mancha.* Viscondes de Castilho e Azevedo (Trad.). Adaptada à ortografia vigente e acorde com as edições espanholas mais autorizadas, edição ilustrada de Gustavo Doré. Rio de Janeiro: José Aguilar, 1960.

Quatro camisas de tecido fino da Holanda e roupas tão delicadas quanto limpas; e, num lenço, ele encontra uma boa pequena quantia de escudos de ouro; e mal os tinha visto, gritou: "Bendito seja todo o Céu que nos enviou uma aventura proveitosa!". E, mexendo mais um pouco, descobriu um pequeno caderno de notas, ricamente ornado.[2]

Cervantes escreveu "un librillo de memoria ricamente guarnecido", designando assim um objeto que os tradutores franceses de *Dom Quixote* compreenderam de modo diverso: "Um pequeno livro de lembranças ricamente encadernado"[3] ou "um carnê de notas de viagem, ricamente encadernado".[4] As traduções mais antigas fizeram uma escolha diferente, propondo outra tradução equivalente. Assim, a tradução lançada em 1639 traduz *librillo de memoria* por "tabuletas muito ricamente acomodadas";[5] e a publicada em 1798, por "tabu-

---

[2] Texto em francês: CERVANTES. *Don Quichotte*. Op.cit., p.577: "Quatre chemises de toile fine de Hollande, et du linge aussi délicat que propre; et dans un mouchoir il trouva un bon petit tas d'écus d'or; et à peine les eut-il vus qu'il s'écria: 'Béni soit le Ciel tout entier qui nous a envoyé une aventure profitable!' Et fouillant davantage, il découvrit un petit carnet de notes, richement orné". Texto em espanhol: *Don Quijote de la Mancha*. Op.cit., p.251-2: "Cuatro camisas de delgada holanda y otras cosas de lienzo no menos curiosas que limpias, y en un pañizuelo halló un buen montoncillo de escudos de oro, y así como los vio dijo: – Bendito sea todo el cielo, que nos ha deparado una aventura que sea de provecho! –Y, buscando más, halló un librillo de memoria ricamente guarnecido".

[3] CERVANTES. *L'Ingénieux hidalgo Don Quichotte de la Manche*. Louis Viardot (Trad., 1837). Paris: Garnier-Flamarion, 1969, p.215: "Un petit livre de souvenirs richement rélié".

[4] CERVANTES, Miguel de. *L'Ingénieux hidalgo don Quichotte de la Manche*. Aline Schulman (Trad.) Paris: Le Seuil, 1997, p.215: "Un carnet de voyage, richement relié".

[5] CERVANTES, Miguel de. *Le Valeureux Don Quixote de la Manche*. Paris: 1639, v.I, p.215: "Des tablettes fort richement accommodées".

letas ricamente guarnecidas".⁶ Essa mesma incerteza se encontra nas traduções inglesas, pois, se as mais recentes escolhem os termos *memorandum book, notebook* ou *diary*,⁷ as mais antigas prefeririam outras: *a tablet very costly bound, a little pocket-book richly bound* ou *a pocket-book elegantly bound*.⁸ As hesitações recaem, portanto, ora sobre a natureza do *librillo*, ora sobre o sentido da expressão *ricamente guarnecido*, entendida como a descrição de sua encadernação, ou melhor, de sua ornamentação. Então, qual é o objeto que Dom Quixote e Sancho encontraram em uma maleta perdida em um caminho poeirento da Mancha?

Desejoso de saber algo mais sobre seu proprietário e sobre a razão de seu abandono, já que não podia se tratar de um roubo, porque os *escudos de oro* ainda estavam lá, Dom Quixote abre o *librillo*: "e a primeira coisa que encontra escrita é uma espécie de rascunho, mas com uma bela letra, de um soneto que leu em voz alta, com o objetivo de se fazer ouvir por Sancho".⁹

---

⁶ CERVANTES, Miguel de. *Histoire de l'Admirable Don Quichotte de la Manche*. Paris: 1798, p.251: "Des tablettes richement garnies".

⁷ A recente tradução de Edith Grossman (Miguel de Cervantes. *Don Quixote*. Edith Grossman (Trad.). Nova York: Ecco, Harper Collins, 2003) traz *librillo de memoria* como *small diary*, p.75, e *notebook*, p.177, 199, 201 ou 209.

⁸ CERVANTES, Miguel de. *The history of the valorous and witty knight-errant Don Quixote of the Mancha*. Thomas Shelton (Trad.). Londres: 1652, p.48. *The life and exploits of the ingenious gentleman Don Quixote de la Mancha*. Charles Jarvis (Trad.). Londres: 1747, p.44. *The history of the renowned Don Quixote de la Mancha*. Charles Henry Wilmot (Trad.). Londres: 1774, v.I, p.179. Agradeço a Peter Stallybrass essas referências.

⁹ Texto em francês: CERVANTES. *Don Quichotte*. Op.cit., p.577: "Et la première chose qu'il trouva écrite fut une sorte de brouillon, mais de fort belle écriture, d'un sonnet qu'il lut à haute voix, afin de le faire entendre de Sancho"; texto em espanhol, *Don Quijote de la Mancha*. Op.cit., p.252: "Y lo primero que halló en él, escrito como en borrador, aunque de muy buena letra, fue un soneto, que, leyéndole alto porque Sancho también lo oyese, vio que decía de esta manera".

A leitura da lamentação amorosa feita no poema sugere a Dom Quixote o projeto de escrever, de modo semelhante, uma carta em versos a Dulcineia del Toboso, que lhe será levada por Sancho. Continuando o exame do *librillo* do poeta infeliz, Dom Quixote encontra outro texto: "Dom Quixote vira a folha e diz: 'Essa é em prosa e se parece com uma carta'".[10] Ele a lê em voz alta, o que lhe confirma que seu autor é, com certeza, um amante desdenhado.

E, folheando todo o carnê ou quase, encontra outros versos e outras cartas. Põe-se a ler algumas e outras, não; mas o que continham, quase todas, eram somente queixas, lamentações, desconfianças, prazeres e desprazeres, favores e desdenhos, uns celebrados, outros lamentados.[11]

O mistério da identidade do proprietário dos escudos de ouro, do linho de qualidade e do *librillo* é dissipado no capítulo seguinte, quando Dom Quixote e Sancho encontram Cardênio, um jovem nobre andaluz que, por desespero e furor de amor, havia-se retirado de modo selvagem para a Serra Morena. No momento em que começa a narração de sua triste história, Cardênio pede a Dom Quixote e a

---

[10] Texto em francês: CERVANTES. *Don Quichotte*. Op.cit., p.578: "Don Quichotte tourna le feuillet et dit: 'Ceci est de la prose et ressemble à une lettre'"; texto em espanhol: *Don Quijote de la Mancha*. Op.cit., p.253: "Volvió la hoja don Quijote y dijo: 'Esto es prosa y parece carta'".

[11] Texto em francês: CERVANTES. *Don Quichotte*. Op.cit., p.579: "Et, feuilletant tout le carnet ou presque, il trouva d'autres vers et d'autres lettres. Il put en lire certains et d'autres non; mais ce qu'ils contenaient tout au long n'était que plaintes, lamentations, soupçons, plaisirs et déplaisirs, faveurs et dédains, les uns célébrés, les autres déplorés"; texto em espanhol: *Don Quijote de la Mancha*. Op.cit., p.254: "Y, hojeando casi todo el librillo, halló otros versos y cartas, que algunos pudo leer y otros no; pero lo que todo contenía eran quejas, lamentos, desconfianzas, sabores y sinsabores, favores y desdenes, solenizados los unos y lhorados los otros".

Sancho que não o interrompam, pois, diz ele, "gostaria de abreviar a narração de meus infortúnios; trazê-los à minha memória apenas me serve para acrescentar novos".[12]

Esboça-se assim um dos temas essenciais dos capítulos da Serra Morena: o contraste entre a memória como traço durável do passado, recuperável por uma busca que pode ser dolorosa, semelhante à de Cardênio, e a memória considerada vulnerável, efêmera, apagável, como o é aquilo que se escreve "como uma espécie de rascunho" sobre os *librillos de memoria*.

Na narração de seus amores infelizes, Cardênio lembra que o pai de Lucinda o impediu de visitá-la. O envio de poemas e a troca de bilhetes fizeram, então, mais do que compensar a ausência: inflamaram-lhe o desejo.

> Oh, Céu! Que bilhetes lhe escrevi! Que respostas, tão doces quanto verdadeiras, dela recebi! Que canções compuz e que versos apaixonados, por onde minha alma declarava e traduzia seus sentimentos, penava seus desejos ardentes, entretinha suas lembranças e encantava minha inclinação amorosa.[13]

---

[12] Texto em francês: CERVANTES, *Don Quichotte*. Op.cit., p.587: "Je voudrais abréger le récit de mes infortunes; car de les ramener à ma mémoire ne me sert qu'à en ajouter de nouvelles"; texto em espanhol: *Don Quijote de la Mancha*. Op.cit., p.262: "Querría pasar brevemente por el cuento de mis desgracias, que el traerlas a la memoria no me sirve de otra cosa que añadir otras de nuevo".

[13] Texto em francês: "Cervantèselle! Que de chansons composai-je, et que de vers amoureux, par où mon âme déclarait et traduisait ses sentiments, peignait ses ardents désirs, entretenait ses souvenirs et charmait mon inclination!"; texto em espanhol: *Don Quijote de la Mancha*. Op.cit., p.263: "¡Ay, cielos, y cuántos billetes le escribí! ¡Cuán regaladas y honestas respuestas tuve! ¡Cuántas canciones compuse y cuántos enamorados versos, donde el alma declaraba y trasladaba sus sentimientos, pintaba sus encendidos deseos, entretenía sus memorias y recreaba sus voluntad!".

Os escritos enviados por Cardênio a Lucinda pertencem aos mesmos gêneros que aqueles encontrados em seu *libro de memoria*. Nos dois casos, trata-se de versos e cartas de amor: primeiro, de um amor feliz e fervoroso; em seguida, desesperado e magoado. Por que não supor que, em cada situação, Cardênio redigiu uma "espécie de rascunho" de seus poemas e de suas cartas, antes de escrevê-los à pena para os enviar a Lucinda?

Escrever sem tinta nem papel

No capítulo XXV, embrenhando-se mais ainda na montanha, Dom Quixote, inspirado pelo exemplo de Cardênio, que lhe lembra aquele dos cavaleiros errantes, decide "fazer-se de desesperado, insensato e enfurecido" para imitar a "loucura de lágrimas e de aflição" de Amadis, desdenhado por Oriane, ou o furor de Roland, que enlouqueceu com a mágoa causada pela traição de Angélica. A resposta de Dulcineia a sua carta decidirá sua sorte.[14] O cavaleiro, que se despojou de suas armas e de sua vestimenta para "permanecer totalmente nu como ao nascer", confiará sua carta a Sancho que a levará a galope, no Rocinante.

"Mas como faremos para escrever esta carta?", pergunta-se Dom Quixote. Ao que Sancho acrescenta imediatamente: "E também a carta de câmbio dos burrinhos?",[15] lembrando a promessa de Dom

---

[14] Texto em francês: CERVANTES. *Don Quichotte*. Op.cit., p.598: "Faire ici le désespéré, l'incensé et le furieux"; e p.599: "Folie de pleurs et d'affliction"; texto em espanhol: *Don Quijote de la Mancha*. Op. cit., p.275: "Haciendo aquí del desesperado, del sandio y del furioso"; e 276: "Locura de lloros y sentimientos".

[15] Texto em francês: CERVANTES. *Don Quichotte*. Op.cit., p.603: "Mais comment ferons-nous pour écrire cette lettre?"; "Et la lettre de change des ânons aussi"; texto em espanhol: *Don Quijote de la Mancha*. Op.cit., p.282: "Pero ¿qué haremos para escribir la carta? – Y la libranza pollinesca también – añadió Sancho".

ESCRITURA E MEMÓRIA   55

Quixote, depois do roubo de sua montaria. Evocado uma única vez, na primeira edição de 1605, o roubo do burrinho de Sancho foi objeto de curta narração acrescentada por Cervantes na segunda edição, publicada no mesmo ano de 1605. Para consolar Sancho da perda (que explica por que ele montará Rocinante para ir ter com Dulcineia), Dom Quixote lhe assegura boa recompensa:

> Dom Quixote, vendo suas lágrimas e supondo-lhes a causa, consola Sancho com as melhores razões que lhe foi possível dar e lhe pede para ter paciência, prometendo-lhe dar uma carta de câmbio para que lhe deem três burrinhos de sua casa, dos cinco que ele havia deixado lá.[16]

Recebendo esta "cédula" ou *libranza*, a sobrinha de Dom Quixote terá a obrigação de entregar os três burrinhos a Sancho quando este a apresentar. Mas, antes, é preciso que a carta de câmbio seja escrita, e a coisa não é tão simples na Serra Morena, pois, como declara Dom Quixote: "já que não temos papel, seria bom que a escrevêssemos como faziam os antigos, nas folhas de árvore ou nas tabuletas de cera; ainda que, no momento, deva ser tão difícil encontrá-las quanto o papel".[17]

---

[16] Texto em francês: CERVANTES. *Don Quichotte*. Op.cit., p.576: "Don Quichotte, voyant ses larmes et en apprenant la cause, consola Sancho avec les meilleures raisons qu'il lui fut possible et le pria d'avoir patience, en lui promettant de lui donner une lettre de change pour qu'on lui donnât trois ânes de sa maison, des cinq qu'il y avait laissés"; texto em espanhol: *Don Quijote de la Mancha*. Op.cit., p.1234: "Don Quijote, que vio el llanto y supo la causa, consoló a Sancho con las mejores razones que pudo y le rogó que tuviese paciencia prometiéndole de darle una cédula de cambio para que le diesen tres [asnos] en su casa, de cinco que había dejado en ella".

[17] Texto em francês: CERVANTES. *Don Quichotte*. Op.cit., p.603: "Puisque nous n'avons pas de papier, il serait bon que nous l'écrivions comme faisaient les Anciens, sur des feuilles d'arbre ou des tablettes de cire; encore qu'il doive

É possível que, nessa passagem, Cervantes utilize o capítulo que Pedro Mexía consagra, em sua *Silva de varia lección*, aos suportes de escrita anteriores à invenção do papel. Pedro Mexía faz uma revisão dos textos dos antigos, que empregavam como suporte folhas de palmeira, cascas de árvore, folhas de chumbo, tecidos, papiro e tabuletas de cera ou *tablicas enceradas*, sobre as quais, como Baudri indicará mais tarde, escrevia-se com um estilete, o que serve para Pedro Mexía de ocasião para um argumento etimológico sobre a origem da palavra "estilete", em seu sentido moderno: "Daí vem que aquele que escreve bem, diz-se que tem um bom estilo, graças ao nome desse instrumento".[18]

Como, então, escrever a carta a Dulcineia e a carta de câmbio prometida a Sancho? Vem à memória de Dom Quixote o *librillo de memoria* de Cardênio:

> Mas já me veio ao espírito onde será bom escrever, diria até mais do que bom, e é no caderno de notas que pertencia a Cardênio; e ti, tu terás o cuidado de a fazer transcrever sobre o papel e com bela letra, na primeira cidade que encontrares onde haja um mestre de escola ou então algum sacristão para recopiá-la; mas não a dês a copiar a

---

être aussi difficile d'en trouver à présent que du papier"; texto em espanhol: *Don Quijote de la Mancha*. Op.cit., p.282: "Y sería bueno, ya que no hay papel, que la escribiésemos, como lo hacían los antiguos, en hojas de árboles o en unas tablitas de cera, aunque tan dificultoso será hallarse eso ahora como el papel".

[18] MEXÍA, Pedro. *Silva de varia lección* [1540]. CASTRO, Antonio. (Ed.). Madri: Ediciones Cátedra, 1989, v.II: "En qué escrivían los antiguos, antes que huviesse papel, y de qué manera", p.17-23: "También escrivieron los antiguos en tablicas enceradas muy lisas, en las quales hazían las letras con unos puçoncicos delgados que lhamavan *estilos*; y de aquí quedó que el que bien escrive dizen que tiene buen estilo, tomando el nombre del instrumento".

nenhum escrivão; pois essas gentes têm uma letra de chicanice* que nem mesmo Satã entenderia.[19]

O texto joga aqui com vários contrastes. O primeiro distingue o *papel*, no qual Sancho fará transcrever a carta de câmbio, e o *librillo*, no qual Dom Quixote vai escrever. A oposição pode visar à materialidade do objeto (uma folha separada *versus* um pequeno caderno ou livreto), mas também pode sugerir que as páginas do *librillo* de Cardênio talvez não sejam feitas de papel comum. Um segundo contraste opõe a "bela letra" (*buena letra*), aquela realmente legível por todos que sabem ler, ou seja, os mestres de escola e os homens da

---

* Traduzimos por "letra de chicanice", em respeito à fórmula *lettre de chicanerie* empregada na tradução francesa, para designar *letra procesada* conforme o texto de Cervantes. Já as traduções brasileiras de Dom Quixote que consultamos optaram por traduzir como "letra de processo", cf. CERVANTES, Miguel de. *O engenhoso fidalgo Dom Quixote de la Mancha*. 4ª ed., trad. e notas de Eugênio Amado. Belo Horizonte: Itatiaia, 1997, p.227; e como "letra processada", seguida da nota que a define como "Processual, cortesã, letra difícil, de traço complicado", cf. CERVANTES, Miguel de. *O engenhoso fidalgo Dom Quixote de la Mancha*, Viscondes de Castilho e Azevedo (Trad.). São Paulo: Nova Cultural, 2003, p.160. (N.T.)

[19] Texto em francês: CERVANTES. *Don Quichotte*. Op.cit., p.603-4: "Mais il me revient à l'esprit où il sera bon, et même très bon, de l'écrire, et c'est le cahier de notes qui appartenait à Cardenio; et toi, tu auras soin de la faire transcrire sur du papier et en belle écriture, dans le premier village que tu trouveras où il y ait un maître d'école, ou bien n'importe quel sacristain te la recopiera; mais ne la donne à recopier à aucun greffier; car ces gens-là ont une lettre de chicanerie que Satan lui-même n'entendrait pas"; texto em espanhol: *Don Quijote de la Mancha*. Op.cit., p.282: "Mas ya me ha venido a la memoria dónde será bien, y aun más que bien, escribilla, que es en el librillo de memoria que fue de Cardenio, y tú tendrás cuidado de hacerla trasladar en papel, de buena letra, en el primer lugar que hallares donde haya maestro de escuela de muchachos, o, si no, cualquiera sacristán te la trasladará; y no se la des a trasladar a ningún escribano, que hacen letra procesada, que no la entenderá Satanás".

Igreja; e a letra de chicanice ou *lettre de chicanerie* (fórmula utilizada desde as traduções do século XVII para passar para o francês a expressão, em espanhol, *letra procesada**) que é aquela letra indecifrável dos escribas das chancelarias e escrivães dos tribunais.

A condenação dessa escrita profissional, opaca aos leigos e, por essa mesma razão, suspeita de bruxaria, encontra seu paralelo na cena da segunda parte de *Henrique VI*, de Shakespeare, no momento em que os revoltosos liderados por Jack Cade condenam à morte o clérigo de Chatham porque ele conhecia a *court hand*, um equivalente em inglês da *escritura procesal* dos escrivães espanhóis, o que era prova certa de que ele havia feito um pacto com o diabo:

> O tecedor: – Ele tem no bolso um livro com letras vermelhas.
> Cade: – Mas, então, ele é um bruxo!!!
> O açougueiro: – Muito pior: ele sabe redigir um contrato e escrever processualmente.[20]

Letra de chicanice e estenografia

Na Serra Morena, as duas cartas serão escritas no *librillo* de Cardênio. Sancho inquieta-se, então, com a validade do documento, conforme o qual lhe serão doados os três burrinhos:

---

* Escrita técnica caracterizada pela prática de não "levantar a pena", ou seja, de escrever, ininterruptamente, sem separar as letras, com vistas a tornar mais rápida a prática da escrita. (N.T.)

[20] SHAKESPEARE, William. *2 Henri VI (2 Henry VI)*. Victor Bourgy (Trad.). In: SHAKESPEARE, William. *Œuvres complètes*, ed. bilíngue, GRIVELET, Michel; MONSARRAT, Gilles, texto inglês estabelecido sob a direção de WELLS, Stanley; TAYLOR, Gary (Orgs.). Oxford University Press: Paris, Robert Laffont, Bouquins, 1997, *Histoires*, t.II, IV, 2, p.342-3: "– Weaver: He's a book in his pocket with red letters in't / – Cade: Nay, then he is a conjurer! / – Butcher: Nay, he can make obligations and write court hand".

— Mas, que será da assinatura? – diz Sancho.

— As cartas de Amadis nunca foram assinadas. – respondeu Dom Quixote.

— Sim, é verdade – concorda Sancho. – Mas a carta de câmbio será preciso que ela seja assinada; e, se for copiada, dirão que a assinatura é falsa e eu me encontrarei sem os burrinhos.

— A carta de câmbio irá assinada no próprio caderno. Assim, tão logo minha sobrinha a veja, ela não colocará nenhuma dificuldade para honrá-la. E, no que diz respeito à carta de amor, tu a remeterás por subscrição: "Vosso até a morte, o Cavaleiro da Triste Figura". E pouco importa que ela seja de mão alheia; pois, se me lembro bem, Dulcineia não sabe ler nem escrever e em toda a sua vida não viu nenhuma carta e nenhuma letra de minha mão".[21]

---

[21] Texto em francês: CERVANTES. *Don Quichotte*. Op.cit., p.604: "– Mais qu'en sera-t-il de la signature? dit Sancho. – Jamais les lettres d'Amadis ne furent signées, répondit don Quichotte. – Voilà qui est bien, repartit Sancho; mais la lettre de change, il faudra qu'elle soit signée; et si on la recopie, on dira que la signature est fausse et je me retrouverai sans ânons. – La lettre de change viendra signée dans le carnet même; ainsi, dès que ma nièce la verra, elle ne fera point de difficulté pour l'honorer. Et pour ce qui est de la lettre d'amour, tu y mettras pour souscription: 'À vous jusqu'à la mort, le chevalier de la Triste Figure'. Et peu importe qu'elle soit d'une autre main; car, s'il m'en souvient bien Dulcinée ne sait ni lire ni écrire, et n'a vu de sa vie lettre ni écriture de ma main"; texto em espanhol: *Don Quijote de la Mancha*. Op.cit., p.282: "Pues ¿qué se ha de hacer con la firma? – dijo Sancho. – Nunca las cartas de Amadís se firman – respondió don Quijote. – Está bien – respondió Sancho. – pero la libranza forzosamente se ha de firmar, y esa, si se traslada, dirán que la firma es falsa y quedaréme sin pollinos. – La libranza irá en el mesmo librillo firmada, que en viéndola mi sobrina no pondrá dificultad en cumplilla. Y en lo que toca a la carta de amores, pondrás por firma 'Vuestro hasta la muerte, el Caballero de La Triste Figura'. Y hará poco al caso que vaya de mano ajena, porque, a lo que yo me sé acordar, Dulcinea no sabe escribir ni leer y en toda su vida ha visto letra mía ni carta mía".

A necessidade da assinatura autografada, autenticando um documento investido de valor de comanda e de obrigação[22] é assim associada à prática, habitual também nas sociedades do Antigo Regime, de delegação de escrita[23] – aqui confiada ao escriba que copiará a carta de Dom Quixote.

Depois que Dom Quixote finaliza a redação da carta a Dulcineia no *librillo de memoria*, retorna, entrelaçada ao ato de escrita, a questão da memória sem livro nem leitura.

> Ele chamou Sancho e lhe disse que queria recitar-lhe a carta para que ele a aprendesse de cor, caso a perdesse no caminho; pois, com sua má sorte, podia-se esperar de tudo. Ao que Sancho respondeu: "Escreva-a, meu senhor, duas ou três vezes no carnê e dê-ma; eu saberei guardá-la bem, pois achar que vou aprendê-la de cor é loucura: eu tenho tão péssima memória que, constantemente, esqueço como me chamo".[24]

---

[22] FRAENKEL, Béatrice. *La signature. Genèse d'un signe.* Paris: Gallimard, 1992.

[23] PETRUCCI, Armando. Scrivere per gli altri. *Scrittura e Civiltà*, XIII, 1989, p.475-87.

[24] Texto em francês: CERVANTES. *Don Quichotte.* Op.cit., p.607: "Il appela Sancho et lui dit qu'il voulait la lui lire, pour qu'il l'apprît par cœur si jamais il la perdait en chemin; car de sa malchance on pouvait tout craindre. À quoi Sancho répondit: 'Écrivez-la, monsieur, deux ou trois fois dans le carnet et donnez-la-moi: je saurai bien la garder; car penser que je vais l'apprendre par cœur, c'est folie: j'ai si mauvaise mémoire que, bien souvent, j'oublie comment je m'appelle'"; texto em espanhol: *Don Quijote de la Mancha.* Op.cit., p.286: "Llamó a Sancho y le dijo que se la quería leer porque la tomase de memoria, si acaso se le perdiese por el camino, porque de su desdicha todo se podía temer. A lo cual respondió Sancho: – Escríbala vuestra merced dos o tres veces ahí en el libro, y démele, que yo le llevaré bien guardado; porque pensar que yo la he de tomar en la memoria es disparate, que la tengo tan mala, que muchas veces se me olvida cómo me llamo".

Cervantes joga aqui com a diferença entre duas memórias: a do indivíduo, que pode ser falha, e a cultural e coletiva, que constitui o repertório utilizável por todos, compreendendo também, ou talvez sobretudo, o dos analfabetos. Sancho, que pode esquecer até mesmo seu nome e se diz incapaz de memorizar a carta de Dom Quixote (o que a Sequência da história demonstrará), é, no entanto, um homem com uma memória cujos princípios são tecidos por provérbios e fórmulas (*refranes* e *sentencias*) e, como se sabe desde o capítulo XX da Primeira Parte, pode recitar os contos transmitidos pela tradição oral de sua cidade. Seguindo a tipologia aristotélica de Pedro Mexía, que distingue entre a memória dos espíritos sutis (*los agudos de ingenio*) e a dos rudes (*los rudos*), Sancho ilustra, por excelência, a memória própria a estes últimos, que "recebem e aprendem com dificuldade, mas conservam melhor".[25]

O pedido que Sancho faz a Dom Quixote, de escrever duas ou três vezes a carta a Dulcineia no *librillo*, é um traço cômico, como se, pelo fato de copiar várias vezes o mesmo texto no mesmo objeto, pudesse melhor garantir sua sobrevivência. Mas a insistência de Sancho pode assim sugerir que, ao escrever sobre o pequeno livro ou carnê de Cardênio, a carta pudesse ser apagada e, para conservá-la, de modo seguro, fosse preciso recopiá-la em várias páginas. Se for esse o caso, resta a questão da própria materialidade de tal *librillo*.

As duas cartas, imitação paródica de cartas dos romances de cavalaria, para a primeira, e decalque cômico de uma carta de câmbio, para a segunda, são lidas por Dom Quixote a Sancho – e pelo

---

[25] MEXÍA, Pedro. *Silva de varia lección*. Op.cit., v.II, tercera parte, capítulo VII: "Quán excelente cosa es la memoria", p.49: "Aristótiles dize que comúnmente los agudos de ingenio son ... muy prestos en el tomar y flacos en el retener; y los rudos, por el contrario: con dificultad lo reciben y aprenden, pero sostenlo más.

leitor, graças a Cervantes. Uma vez acabada a leitura da carta de câmbio dos três burrinhos, Sancho torna a se preocupar com sua autenticidade:

> – É preciso – diz Sancho – assiná-la, meu senhor.
> – Definitivamente, não é preciso assiná-la – respondeu Dom Quixote. – Basta que eu coloque minha rubrica, que vale tanto quanto minha assinatura, e isso será o bastante para três burrinhos e mesmo para trezentos.[26]

O sinal desenhado é, assim, creditado com o mesmo valor que a assinatura prometida antes.

Nas traduções do século XVII, *librillo de memoria* traduziu-se, de modo estável, como *tablettes*, em francês, e como *tables*, em inglês. Uma delas, publicada em Londres em 1687, mostra a liberdade permitida, então, ao tradutor. Introduzindo no texto suas próprias preocupações, ele condena a expressão *court hand* e traduz *letra procesada*, ou escrita das chancelarias e dos tribunais, como *shorthand*, ou escrita estenográfica, totalmente ausente do texto de Cervantes. Nessa versão inglesa, Dom Quixote aconselha, então, que Sancho evite não somente o *lawyer* ou homem da lei, "pois o próprio Diabo seria incapaz de ler a 'letra de chicanice' escrita por especialistas dos tribunais", mas também as escritas abreviadas: "tome cuidado, mais

---

[26] Texto em francês: CERVANTES. *Don Quichotte*. Op.cit., p.608: "– Elle est fort bien, dit Sancho. Signez-la, monsieur. – Point n'est besoin de la signer, répondit don Quichotte; il suffit que j'y mette mon paraphe, qui vaut autant que la signature, et ce sera assez pour trois ânes, et même pour trois cents"; texto em espanhol: *Don Quijote de la Mancha*. Op.cit., p.287: "– Buena está – dijo Sancho – fírmela vuestra merced. – No es de menester firmarla – dijo don Quijote –, sino solamente poner mi rúbrica, que es lo mesmo que firma, y para tres asnos y aun para trecientos, fuera bastante".

particularmente, com aqueles que transcrevem sermões, pois detesto mortalmente a escrita estenográfica".[27]

Assim, essa tradução de *Dom Quixote* faz alusão a um dos usos dos numerosos métodos de escrita rápida publicados na Inglaterra do século XVII: a transcrição estenográfica dos sermões, realizada no exato momento em que estão sendo ministrados, para que posteriormente eles sejam reconstituídos em *long hand* [na íntegra], em uma edição feita em geral sem o consentimento do pregador. Entre a escrita e a oralidade, a relação não é, pois, apenas aquela da transmissão de um texto escrito pela voz – tal como a leitura de cartas feita por Dom Quixote. Ela pode ser a de uma transcrição da fala viva – aquela do pregador na igreja, mas também do orador político ou dos atores no palco de teatro. Embora essa prática quase não tenha deixado traços diretos, o tipo de escrita pode, às vezes, ser reconstruído com base em edições impressas. Numerosos sermões publicados na Inglaterra no século XVII indicam sobre sua página de título que o texto foi *taken by characterie*, ou seja, feito com base em uma estenografia. A palavra *characterie* é, aqui, o equivalente dos termos *stenography*, *tachigraphy* ou *brachigraphy*, que designam as diferentes escritas rápidas. No caso de algumas peças de teatro, as anomalias ou as variantes do texto impresso podem ser compreendidas como erros provocados pela má transcrição da obra, em razão de um ou outro método de escrita rápida apresentado na Inglaterra a partir de 1580.[28] Assim, o tradutor inglês de 1687 aproveita o texto de Cervantes para dizer o quanto detesta essa técnica que permite a

---

[27] CERVANTES, Miguel de. *The history of the most renowned Don Quixote of Mancha*. Londres, 1687, p.117: "For the Devil himself will never be able to read Court-Hand"; "more especially beware of one that writes Sermons; for I hate Short-Hand mortally". Referência indicada por Peter Stallybrass.

[28] Sobre os métodos e os usos da estenografia, cf. DAVIDSON, Adele. 'Some by stenography'? Stationers, shorthand, and the early Shakespearean Quartos. *The Papers of the Bibliographical Society of America*, v.90, n.4, 1996,

reprodução não autorizada das obras, contra a vontade de seus autores, e possibilita que circulem versões muito corrompidas delas. Na Espanha de Lope de Vega, como na França de Molière, a estenografia não parece ter essa importância, já que, nos textos que evocam a impressão das peças com base em uma transcrição de memória, nunca se faz alusão ao uso de escrita rápida por ladrões de palavras.[29]

Tendo decidido seguir a melancolia de Amadis mais do que o furor de Roland, Dom Quixote é tomado, no capítulo XXVI, por um desejo inesgotável de escrever os méritos de sua amada e a dor causada por sua ausência:

> E assim ele passava o tempo passeando pelo pequeno prado, compondo e gravando sobre as cascas das árvores e sobre a areia fina uma infinidade de versos, todos de acordo com sua tristeza e, alguns, em homenagem a Dulcineia.[30]

---

p.417-49; *King Lear* in an age of stenographical publication. *Papers of the Bibliographical Society of America*, v.92, 1998, p.297-324; Michael Mendle. News and the pamphlet culture of mid-seventeenth-century England. In: *The politics of information in early modern Europe*. DOLEY, Brendan; BARON, Sabrina A. (Orgs.). Londres/Nova York: Routledge, 2001, p.56-79, em particular p.63-7.

[29] CHARTIER, Roger. Coppied only by the eare: le texte de théâtre entre la scène et la page au XVIIe siècle". In: NORMAN, Larry F.; DESAN Philippe; STRIER, Richard. (Orgs.). *Du Spectateurs au Lecteur. Imprimer la scène aux XVIe et XVIIe siècles*. Fasano/Paris: Schena Editore/Presses de l'Université de Paris, Sorbonne, 2002, p.31-53.

[30] Texto em francês: CERVANTES. *Don Quichotte*. Op.cit., p.612: "Et ainsi passait-il le temps en se promenant dans la petite prairie, et en composant et gravant sur l'écorce des arbres et sur le sable fin quantité de vers, tous accommodés à sa tristesse et, pour certains, à la louange de Dulcinée"; texto em espanhol: *Don Quijote de la Mancha*. Op.cit., p.292: "Y, así, se entretenía paseándose por el pradecillo, escribiendo y grabando por las cortezas de los árboles y por la menuda arena muchos versos, todos acomodados a su tristeza, y algunos en alabanza de Dulcinea".

A referência a Pedro Mexía e à escrita sobre cascas de árvores reatualiza o tema do apaixonado que transcreve na natureza os versos que contam sua paixão. Orlando faz o mesmo em *As you like it* [Como você quiser], no momento em que deposita nos galhos de árvores os poemas para Rosalinda.[31] A escrita sobre a areia tem precedentes mais trágicos. Em *Titus Andronicus* [Tito Andrônico], é com um bastão que Lavínia, estuprada e mutilada, traça sobre a areia o nome de seus carrascos.[32] Os poemas de Dom Quixote, escritos nas cascas das árvores, dos quais três são citados na história, permitem um jogo comum a Cervantes, aquele da referência a documentos supostamente autênticos; neste caso, os traços subsistentes das composições do cavaleiro, "os únicos que se pôde encontrar inteiros e copiar".[33]

---

[31] SHAKESPEARE, William. *Comme il vous plaira (As You like It)*, trad. fr.: de Victor Bourgy. In: SHAKESPEARE, William. *Œuvres complètes*. Op.cit., *Comédies*, t.II, III, 2, p.584-93. Trad. bras. William Shakespeare. Como gostais. In: SHAKESPEARE, William. *Obras completas*. Nova versão, anotada, de F. Carlos de Almeida Cunha Medeiros e Oscar Mendes. *Comédias*, v.II. Rio de Janeiro: José Aguilar, 1969, p.499-565.

[32] SHAKESPEARE. William. *The most lamentable Roman Tragedy of Titus Andronicus / La très lamentable tragédie romaine de Titus Andronicus*. Jean-Pierre Richard (Trad.). In: SHAKESPEARE, William. *Tragédies*, t.I, edição publicada e organizada por Jean-Michel Déprats, com participação de Gisèle Vernet. Paris: Gallimard, Bibliothèque de la Pléiade, 2002, p.1-195. Trad. bras. SHAKESPEARE, William. Tito Andrônico. In: SHAKESPEARE, William. *Obras completas*. Nova versão, anotada, de F. Carlos de Almeida Cunha Medeiros e Oscar Mendes. *Tragédias*, v.I. Rio de Janeiro: José Aguilar, 1969, p.227-84.

[33] Texto em francês: CERVANTES. *Don Quichotte*. Op.cit., p.613: "Les seules qu'on put retrouver entières et recopier"; texto em espanhol: *Don Quijote de la Mancha*. Op.cit., p.293: "No se pudieron sacar en limpio ni enteros más de estas tres coplas".

Sancho, o memorioso

O reencontro de Sancho com o cura e o barbeiro é marcado pelo próprio entrecruzamento do livro de memórias, como suporte epistolar, com a memória do livro, nesse caso, da escrita por quem não sabe ler. No momento de mostrar a carta endereçada a Dulcineia ao cura, o qual se propõe a transcrevê-la, Sancho percebe com pavor a ausência do *librillo* de Cardênio; logo, da carta de câmbio a seu favor:

> Sancho Pança colocou a mão em seu peito para procurar o carnê, mas não o encontra, nem poderia encontrar, mesmo se estivesse procurando até agora, pois Dom Quixote o tinha guardado consigo ao invés de remetê-lo, e ele mesmo tinha esquecido de pedi-lo.[34]

O cura acalma Sancho, desesperado com o esquecimento da *cédula* assinada por seu mestre, afirmando que, de qualquer modo, ela não teria nenhum valor jurídico:

> O cura o consola dizendo que, tão logo encontrasse seu mestre, lhe faria revalidar a doação pedindo para copiar, no papel, a ordem de entrega, assim como é de uso e costume, porque aquelas que se faziam sobre os carnês nunca eram aceitas nem honradas.[35]

---

[34] Texto em francês: CERVANTES. *Don Quichotte*. Op.cit., p.614: "Sancho Pança mit la main en son sein pour y chercher le carnet; mais il ne le trouva point ni n'aurait pu le trouver, l'eût-il cherché jusqu'à maintenant, car don Quichotte l'avait gardé avec lui au lieu de le lui remettre, et lui-même avait oublié de le lui demander."; texto em espanhol: *Don Quijote de la Mancha*. Op.cit., p.295: "Metió la mano en el seno Sancho Panza, buscando el librillo, pero no le halló, ni le podía hallar si le buscara hasta ahora, porque se había quedado don Quijote con él y no se le había dado, ni él se le acordó de pedírsele".

[35] Texto em francês: CERVANTES. *Don Quichotte*. Op.cit., p.615: "Le curé le consola en lui disant que, dès qu'il retrouverait son maître, il lui ferait renouveler la donation en lui demandant de recopier l'ordonnance sur papier, ainsi

Uma carta de câmbio (aqui designada pelo termo *libranza*) é válida somente se é escrita sobre papel; não tem nenhum poder de obrigação se é anotada em um *librillo de memoria*. O cura lembra assim a diferença entre um objeto privado, próprio ao indivíduo, e um documento público, garantia de um compromisso contratual. Mas essa diferença remete igualmente, como dissemos, à possível oposição entre a folha de papel e outro suporte, ou seja, a "tabuleta de cera", cujo material é sem dúvida diferente.

Na ausência do texto escrito, Sancho gaba-se de poder recitar a carta a Dulcineia, que o cura poderá então transcrever. Mas sua memória o trai e, da missiva em versos, ele já esqueceu quase tudo ou dela se lembra, no máximo, de modo muito aproximativo:

– Deus do céu, senhor licenciado, os diabos me levem se me recordo o que quer que seja da carta; ainda que, no começo, ela dissesse: *"Subterrânea"* e alta senhora.

– Ela não devia dizer *subterrânea* – replica o barbeiro – mas *sobre-humana* ou *soberana* Senhora.

– É isso – diz Sancho. – Depois, se me lembro bem, ela continuava assim: "O chagado e privado de sono e flechado pelo amor beija as mãos de Vossa Graça, bela senhora ingrata e irreconhecível"; e dizia não sei o quê de saúde e de enfermidade que ele lhe desejava e discorria do destino até acabar assim: "Vosso até a morte, o Cavaleiro da Triste Figura".[36]

---

qu'il est d'usage et coutume, parce que celles qui se faisaient sur des carnets n'étaient jamais acceptées ni honorées."; texto em espanhol: *Don Quijote de la Mancha*. Op.cit., p.296: "Consolóle el cura, y díjole que en hallando a su señor haría revalidar la manda y que tornase a hacer la libranza en papel, como era uso y costumbre, porque las que se hacían en libros de memoria jamás se aceptaban ni cumplían".

[36] Texto em francês: CERVANTES. *Don Quichotte*. Op.cit., p.615-6: "Dieu du ciel, monsieur le licencié, les diables m'emportent si je me rappelle quoi que

Cervantes caracteriza com grande sutilidade a memória de Sancho. Apesar de ele se lembrar das fórmulas (por exemplo, dos provérbios ou da subscrição que fecha a carta), sua memória não é tal que, como aquela dos letrados exercida à base de técnicas de artes mnemônicas, permita conservar no espírito seja a literalidade dos textos lidos ou ouvidos, seja as matérias das quais tratam; neste caso, a *memoria ad res*.[37] A memória de Sancho, totalmente relacionada com a oralidade, confunde as palavras [*sobajada* (sobejada) com *soberana*, *llago* (eu chago) com *llagado* (chagado)] mal compreendidas ou mal memorizadas, aproxima inesperadamente passagens distantes e é indiferente ao sentido.

---

ce soit de la lettre; encore qu'au commencement elle disait: *"Souterraine"* et haute dame. – Elle ne devait pas dire *souterraine*, répliqua le barbier, mais *surhumaine* ou *souveraine* dame. – C'est cela, dit Sancho. Puis, si je me souviens bien, elle continuait ainsi: 'le blessé et privé de sommeil et le féru baise à Votre Grâce le mais, ingrate et fort méconnaissable belle dame' ; et ele disait je ne sais quoi de santé et de maladie qu'il lui envoyait et elle discourait de la sorte, jusqu'à s'achever ainsi: 'A vous jusqu'à la mort, le chevalier de la Triste Figure'"; texto em espanhol: *Don Quijote de la Mancha*. Op.cit., p.296: "– Por Dios, señor licenciado, que los diablos lleven la cosa que de la carta se me acuerda, aunque en el principio decía: "Alta y sobajada señora". – No diría, – dijo el barbero –, sobajada, sino sobrehumana o soberana señora. – Así es – dijo Sancho –. Luego, si mal no me acuerdo, proseguía, si mal no me acuerdo: "el llago y falto de sueño, y el ferido besa a vuestra merced las manos, ingrata y muy desconocida hermosa", y no sé qué decia de salud y de enfermedad que le enviaba, y por aquí iba escurriendo hasta que acababa en 'Vuestro hasta la muerte, el Caballero de la Triste Figura'".

[37] Cf. CARRUTHERS, Mary. *The Book of memory. A study of memory in medieval culture*. Cambridge: Cambridge University Press, 1990. Trad. fr.: *Le livre de la mémoire. La culture de la mémoire au Moyen Âge*. Paris: Macula, 2003; e BOUZA, Fernando. *Comunicación, conocimiento y memoria en la España de los siglos XVI y XVII*. Salamanca: Publicaciones del Seminario de Estudios Medievales y Renacentistas, 1999.

Daí toda uma série de efeitos cômicos para o leitor que conhece a carta e para o cura e o barbeiro, que podem, com todo o direito, acreditar que a carta não é de modo algum a que Sancho recita. A memória de Sancho é também uma memória que procede por repetições e retomadas, como mostra o texto espanhol ao redobrar o enunciado: "Luego, si mal no me acuerdo, proseguía, si mal no me acuerdo" (Depois, se não me falha a memória, ela continuava assim, se não me falha a memória.). Essa maneira de dizer, que subentende aqui o esforço de rememoração, é também aquela que organiza a recitação dos contos.

No capítulo XX, Cervantes contrasta claramente a distância que separa o modo de contar de Sancho e as expectativas do leitor, que são aquelas de Dom Quixote. Ao contar a história do pastor Lope Ruiz e da pastora Torralba, Sancho multiplica os retornos ao começo, as relativas, as incisas, os parênteses, e interrompe constantemente sua história com referências à situação na qual seu mestre e ele mesmo se encontram no presente. Dom Quixote espera uma narração linear, sem retomadas, repetições ou digressões:

> Se é assim que contas a tua história, Sancho, diz Dom Quixote, repetindo duas vezes o que estás a dizer, não terminarás em dois dias; digas tudo na sequência e contes como um homem sensato; senão, não digas nada.

Sancho responde que não saberia fazer de outro modo:

> Da maneira como eu conto, responde Sancho, contam-se todas as fábulas na minha região. Não sei contar de outro modo e não é bom, meu senhor, que me peças para fazer de novas maneiras.

Resignado, e talvez tendo achado graça, Dom Quixote aceita finalmente essa maneira de narrar, tão estranha a seu modo de ler:

"Diga como quiseres, replica Dom Quixote, e já que o destino deseja que eu não possa fazer outra coisa senão te ouvir, continua".[38]

As definições dos dicionários

Encontrado no caminho, já quase inteiramente escrito e, no entanto, capaz de acolher duas novas cartas, uma em verso, outra de câmbio, o *librillo de memoria* de Cardênio não revela facilmente sua identidade. É preciso, sem dúvida, sair da Serra Morena para melhor compreendê-la. Mais de cem anos depois da publicação da história, no início do século XVIII, o *Diccionario de la Real Academia Española* [Dicionário da Real Academia Espanhola] propõe uma definição para esse objeto:

> Pequeno livro que temos o hábito de levar no bolso, cujas folhas são cobertas com um revestimento e são brancas. Ao livrinho

---

[38] Texto em francês: CERVANTES. *Don Quichotte*. Op.cit., p.543-4: "Si c'est ainsi que tu racontes ton histoire, Sancho, dit don Quichotte, en répétant deux fois ce que tu es en train de dire, tu ne finiras pas en deux jours; dis-le tout à la suite, et raconte-la en homme sensé; sinon, ne dis rien. – De la façon dont je la conte, répondit Sancho, se content dans mon pays toutes les fables. Je ne sais pas conter autrement, et il n'est pas bon, monsieur, que vous me demandiez de faire des modes nouvelles. – Dis comme tu voudras, répliqua don Quichotte, et puisque le sort veut que je ne puisse faire autrement que t'écouter, continue"; texto em espanhol: *Don Quijote de la Mancha*. Op.cit., p.213: "Si de esa manera cuentas tu cuento, Sancho – dijo don Quijote –, repitiendo dos veces lo que vas diciendo, no acabarás en dos días: dilo seguidamente y cuéntalo como hombre de entendimiento y si no, no digas nada. – De la misma manera que yo lo cuento, – respondió Sancho – se cuentan en mi tierra todas las consejas, y yo no sé contarlo de otra, ní es bien que vuestra merced me pida que haga usos nuevos. – Di como quisieres – respondió don Quijote –, que pues la suerte quiere que no pueda dejar de escucharte, prosigue".

incluímos uma pena de metal na ponta da qual se insere uma fina grafite de lápis, com o qual se anota, no pequeno livro, tudo o que não se quer confiar à fragilidade da memória, e se apaga em seguida, para que as folhas possam servir novamente. Fazem-se essas folhas também em marfim.[39]

As características do objeto são, portanto, claramente precisadas. Trata-se de um livreto em formato de bolso cujas folhas são revestidas com uma cobertura que permite escrever com um estilete – o qual é preso na capa do livro – e reutilizar as mesmas páginas depois de tê-las apagado. Mais seguro que a memória, já que fixa por escrito o que ela pode esquecer, o *librillo de memoria* não é, no entanto, uma biblioteca ou um arquivo durável. O que nele se encontra escrito, supõe-se, será copiado em outro suporte, de maneira a liberar suas páginas para que estas possam se apresentar virgens novamente. O *Diccionario* dá como exemplo a frase do capítulo XXIII de *Dom Quixote*: "Y buscando más, halló un libro de memoria, ricamente guarnecido". O *librillo* de Cardênio torna-se, assim, o exemplo por excelência do objeto descrito na definição.

Antes de aceitar essa interpretação dos acadêmicos espanhóis do século XVIII, é preciso perguntar se ela era pertinente no começo do século anterior. O *Tesoro de la lengua castellana* [Tesouro da língua castelhana], de Covarrubias, de 1611, não tem o verbete *librillo de memoria*. No entanto, o termo aparece em duas outras definições. Em *Librero*, lê-se "libro de memoria, pugilare", como se existisse

---

[39] *Diccionario de la lengua castellana ... Compuesto por la Real Academia Española*, t. Quatro, Madri, 1734, p.400: "Libro de memoria. El librito que se suele traher en la faltriquera, cuyas hojas están embetunadas y en blanco y en él se incluye una pluma de metal, en cuya punta se inxiere un pedazo agudo de piedra lápiz, con la cual se anota en el librito todo aquello que no se quiere fiar a la fragilidad de la memoria: y se borra después para que vuelvan a servir las hojas, que también se suelen hacer de marfil".

uma possível equivalência entre a tabuleta de cera dos antigos, que se designava pela palavra em latim *pugilare*, e o *libro de memoria*. No verbete *memorioso*, a comparação é ainda mais manifesta ao enfatizar o reemprego de uma mesma superfície de escrita: "libro de memoria, pugillares latine, vel palimpsestus". Apagável, reutilizável, o *librillo de memoria* é o palimpsesto dos contemporâneos. Ele é descrito, mas sem o emprego exato do termo, em outra entrada de Covarrubias, no artigo *barniz*, ou verniz, do qual é dito que se trata de uma espécie de goma ou cola com a qual se revestem tábuas, ferro em chamas e "tabuletas para escrever" identificadas às *tabelle gypsata, seu dealbata*, do latim, ou ao *palimpsestos*, do grego.[40] Portanto, é provável que as folhas do *librillo* de Cardênio não fossem de papel – ou ao menos não fossem de um papel comum que obrigasse a escrever com pena e tinta, sem a possibilidade de apagar. Os "rascunhos" das cartas para Lucinda, ardentes depois desesperadas, podem ter sido escritos e reescritos sobre páginas recobertas com um verniz (*barniz* ou *betún*) que permitia arrependimentos, rasuras e retoques.[41]

---

[40] OROZCO, Sebastián de Covarrubias. *Tesoro de la Lengua Castellana o Española* (1611). MALDONADO, Felipe C. R. (Org.). Revisão de Manuel Camarero. Madri: Editorial Castalia, 1995, p.167: "Barniz. Es una especie de goma ... Y della y del aceite de linaza o de olivo, se hace el compuesto que vulgarmente llamamos barniz, con que se da lustre a toda pintura y se barniza el hierro al fuego, las tablas en blanco para escribir, *latine tabelle gypsata seu dealbata, graece palimpsestos*".

[41] É a hipótese contida em RIVERA, Alicia Marchant. *Literatura e historia de la cultura escrita*. Prácticas bibliófilas y escrituarias en el Quijote de Cervantes. Universidade de Málaga, 2003, p.59-61. Cf. também. GÓMEZ, Antonio Castillo. La escritura representada. Imágenes de lo escrito en la obra de Cervantes. *Volver a Cervantes, Actas del IV Congreso Internacional de la Asociación de Cervantistas, Lepanto 1/8 de octubre de 2000*. VISTARINI, Antonio Bernat (Org.). Palma: Universitat de les Illes Balears, 2001, p.311-25.

As tabuletas do príncipe da Dinamarca

No momento em que Cardênio abandonava suas "tabuletas" na Serra Morena, em um palco de teatro em Londres outro jovem queria apagar as suas. O espectro lhe havia dito *Remember me*, e o jovem príncipe obedecia a essa ordem deixando apenas subsistir, nas *tables* de sua memória, essa única injunção:

> Lembrar-me de ti. / Sim, das tábuas de minha memória / Apagarei toda reminiscência fútil e trivial, / Todos os ditados dos livros, todas as ideias, todas as impressões passadas / Que a juventude e a observação nelas haja copiado, / E somente teu mandamento viverá, / No livro e no volume de meu cérebro, / Expurgado de todo assunto mais frívolo.[42]

Imaginar a memória como uma biblioteca de tabuletas na qual se encontram conservados citações, modelos e sentenças colecionados ao longo das leituras não tem nada de original. Novo é o fato de que a metáfora antiga e medieval se materializa em um objeto que Hamlet saca de sua vestimenta:

---

[42] SHAKESPEARE, William. *The tragical history of Hamlet, Prince of Denmark / La tragique Histoire d'Hamlet, Prince de Danemark*. Jean-Michel Déprats (Trad.). In: SHAKESPEARE, William. *Tragédies*, t.I, DÉPRATS, Jean-Michel. (Org.), em cooperação com Gisèle Vernet, Paris: Gallimard, Bibliothèque de la Pléiade, 2002, p.671-991. O texto é aquele do in-quarto de 1604 [Ato I, cena V], v.98-104, p.734-7: "Remember thee, / Yea, from the table of my memory / I'll wipe away all trivial fond records, / All saws of books, all forms, all pressures past, / That youth and observation copied there, / And thy commandment all alone shall live, / Within the book and volume of my brain, / Unmix'd with baser matter". Trad. bras.: SHAKESPEARE, William. Hamlet, princípe da Dinamarca. In: SHAKESPEARE, William. *Obras completas*. Nova versão, anotada, de F. Carlos de Almeida Cunha Medeiros e Oscar Mendes. *Tragédias*, v.1. Rio de Janeiro: José Aguilar, 1969, p.529-619.

Meus carnês, é bom que eu neles anote, / Que se pode sorrir e sorrir e ser um traidor. / Ao menos, estou certo, isto se passa na Dinamarca. / É isto, meu tio que estais aqui. Presente no meu lema, / Que será: "Adeus, adeus, lembre-se de mim."[43]

Sobre o palco, o ator que interpreta o papel de Hamlet está, então, munido de um livreto ou carnê que pode ser colocado no bolso, no qual se pode escrever estando de pé, fora de casa, sem o embaraço de um tinteiro e sem a necessidade de uma mesa, e o qual permite apagar (*to wipe away*) o que foi escrito antes e escrever novamente na mesma página.

Tal objeto existia na Inglaterra elisabetana.[44] Entre 1577 e 1628, segundo as datas dos exemplares conservados, dois *makers of writing tables* londrinos, que eram também encadernadores, Frank Adams e Robert Triplet, editaram grandes quantidades de livretos designados *Writing Tables with a Kalender for XXIII years*. Em um formato empregado tanto ordinariamente quanto sob a forma de um objeto alongado, os cadernos impressos, que portavam elementos clássicos dos almanaques (um calendário, datas de feiras, distâncias entre cidades, uma tabela de pesos e medidas, uma tabela de multiplicação para números romanos, um quadro das moedas em circulação), eram associados às folhas virgens das quais algumas eram recobertas com um material feito de massa, cola e verniz, que permitia apagar e reescrever. Na edição de 1604 dessas *writing tables*, apresentada por Robert Triplet, na página datada de 13 de dezembro do calendário, são dadas informações quanto ao emprego das *writing tables*:

---

[43] Ibidem, v.107-11, p.736-7: "My tables, meet it is I set it down, / That one may smile, and smile, and be a villain / At least I am sure it may be so in Denmark. / So, uncle, there you are, Now to may word, / It is 'Adieu, adieu, remember me'".

[44] STALLYBRASS, Peter; CHARTIER, Roger; MOWERY, Frank; WOLFE, Heather. Hamlet's tables and the technologies of writing in Renaissance England. *Shakespeare Quarterly*, 55(4), 2004, p.1-41.

Para limpar as tabuletas, uma vez escritas, pegue um pequeno pedaço de esponja ou um tecido de linho limpo e sem nenhuma impureza, embeba-o em água e escorra-o bem, apague o que escreveu esfregando muito levemente a superfície das tabuletas e, então, a escrita desaparecerá. Depois de quinze minutos, pode-se escrever de novo sobre a mesma página. Não coloque as folhas umas sobre as outras enquanto ainda estiverem muito úmidas, depois de terem sido apagadas.[45]

Foram conservados cerca de vinte exemplares, correspondendo a dezoito edições. Mas, como para todas as obras de grande circulação a taxa de sobrevivência é inversamente proporcional à importância de sua produção, é concebível calcular que, consideradas as edições totalmente desaparecidas e a tiragem mínima de 1.200 exemplares de cada edição, circularam na Inglaterra entre os anos 1570 e 1620, aproximadamente, cem mil exemplares das *writing tables* de Adams e Triplet. A trupe de artistas de Lord Chamberlain, da qual Shakespeare fazia parte, pôde, sem dificuldade, adquirir um desses exemplares que, então, tornou-se acessório teatral nas mãos de Hamlet.

A própria existência concreta desse objeto e sua presença nas indicações cênicas ou nos diálogos de numerosas peças elisabetanas sugerem a especificidade de seu uso. As *writing tables* acolhem as escritas imediatas, feitas em um espaço aberto, com estilete de metal. Anotar um pensamento, transcrever uma ordem, copiar uma palavra ou uma fórmula, tomar emprestado um texto, tais são as situações de

---

[45] TRIPLET, Robert. *Writing tables with a kalendar for XXIII Years*. Londres, 1604: "To make cleane your Tables, when they are written on. Take a little peece of a Spunge, or a Linnen cloath, being cleane without any soyle: wet it in water, and wring it hard, & wipe that you have written very lightly, and it will out, and within one quarter of an howre you may wryte in the same place againe: put not your leaves together, whilest they be wet with wyping".

escrita ligadas ao uso das *writing tables* ou *table books* que os atores utilizam nos palcos ingleses.

Os textos encontrados nos exemplares conservados, tanto sobre as páginas apagáveis quanto sobre as que não o são, indicam outras utilizações: a cópia de receitas médicas, o balanço de contas e a menção de datas de feiras. O que reúne todos esses tipos de escrita é o fato de serem transitórios, apagados no momento em que sua utilidade tiver desaparecido ou tão logo tenham sido copiados em um suporte mais durável. Pode-se, então, pensar que essas tabuletas serviram para anotar, estenograficamente ou não, os sermões dos pregadores ou as peças representadas no teatro, para acolher as citações coletadas ao longo de leituras antes de sua triagem e redistribuição nas rubricas dos cadernos de lugares-comuns ou, ainda, para receber os rascunhos de textos em seguida passados a limpo no papel. Apesar de suas afirmações, é precisamente um lugar-comum o que Hamlet inscreve em suas *tables*, antes da recomendação de seu pai traído e assassinado: "Que se pode sorrir e sorrir e ser um traidor".[46] Foram rascunhos de suas cartas e poemas o que Cardênio redigiu em seu *librillo de memoria*, antes de Dom Quixote o reutilizar para escrever uma carta de amor e uma carta de câmbio, que somente uma pena profissional deverá transcrever.

Mas será possível e legítimo aproximar um objeto do outro, as *tables* de Hamlet e o *librillo* de Cardênio? Sem dúvida, uma vez que a existência das *writing tables* não se limita aos cinquenta anos durante os quais, em Londres, Adams e Triplet publicaram as suas, primeiro por conta própria, depois por encomenda da *English Stock* da *Stationers' Company*, cujos lucros eram divididos entre seus donos. Desde o início do século XVI, os registros das alfândegas inglesas mencionam a importação de *table books* ou *writing tables*, as quais,

---

[46] Cf. GOYET, Francis. *Le sublime du "lieu commun". L'invention rhétorique à la Renaissance*. Paris: Honoré Champion, 1996, p.568-9.

pode-se supor, foram produzidas no continente europeu e, mesmo depois da colocação no mercado inglês das *tables* de Frank Adams, as importações continuaram a alimentar as lojas de vendas de livros e papéis de todos os gêneros.[47] É possível pensar então que, no continente, os livretos com páginas apagáveis eram utilizados antes ou ao mesmo tempo que as *tables* de Hamlet. Em 1611, dois dicionários os indicam claramente. O *Queen Anna's new world of words* [Novo mundo das palavras da rainha Ana], de John Florio, define a palavra italiana *cartella, cartelle* como *leaves of writing tables*,[48] e o dicionário franco-inglês de Cotgrave fornece a equivalência *tablettes, writing tables*.[49] Os dicionários franceses do fim do século XVII (o de Richelet, em 1680, o de Furetière, em 1690, o *Dictionnaire* da Academia francesa, em 1693) reforçam a ideia de uma similitude entre os dois objetos, já que indicam que as "tabuletas" são feitas de um papel "preparado" sobre o qual se escreve com um lápis ou um "toque" – ou seja, um estilete de metal – e, ao menos na definição de Richelet, as tabuletas podem ser, às vezes, associadas a um almanaque. A Espanha, ela também, não teria conhecido a escrita apagável e seus suportes?

Os *librillos de memoria* entre a Espanha e as Índias

Vários indicadores mostram que sim. Primeiro, os inventários aristocráticos ou principescos mencionam com frequência a presença de

---

[47] Essas indicações foram cordialmente fornecidas por Peter Blayney.
[48] FLORIO, John. *Queen Anna's new world of words*, Londres, 1611: "Cartella, a kind of sleeked pasteboard to write upon and may be blotted out againe. Also leaves of writing table". Cf. OWENS, Jessie Ann. *Composers at work. The craft of musical composition 1450-1600*. Oxford: Oxford University Press, 1997, p.74-107.
[49] COTGRAVE, Randle. *A dictionarie of the French and English tongues*. Londres, 1611.

libros de memoria suntuosamente ornados (ricamente *guarnecidos*, como aquele de Cardênio), acompanhados do estilete (*clavo, palo, patillo de oro*), que serve, assim como indica o inventário dos bens importados da França, em 1615, por Anne da Áustria, "para escrivir en libros de memoria".[50] É evidente, então, que sobre tais livros não se escreve com tinta e pena, mas, sim, como nas *writing tables*, com uma ponta de metal.

Certamente, nem todos os *librillos de memoria* são tão preciosos. A prova disso é o pequeno comércio empreendido, no final do século XVI, por um certo Jorge Noé, mensageiro engajado no navio *Almiranta*, que cruza o Atlântico. Em 1583, ele morre em San Juan de Ulúa, no México. No inventário de seus bens são encontradas três dúzias de pequenos *libretes de memoria* e dois *libros de memoria* antigos, ao lado de mercadorias de mercearia. Assevera-se que, além disso, Jorge Noé encomendou de um mercador flamengo de Vera Cruz 24 outros *libretes de memoria*. Como atesta o preço relativamente baixo dos *libretes* no momento de sua venda em leilão, o material transportado para a Nova Espanha, por Noé, parece ser algo comum e de larga circulação, mais próximo das *writing tables* de Adams e Triplet que das joias dos poderosos da Espanha.[51]

Assim como no teatro inglês, com as *table books* e as *writing tables*, as *comedias* espanholas levam para o palco os *libros de memoria* e lhes atribuem os mesmos usos, quais sejam, transcrever imediatamente as falas ouvidas, escrever os pensamentos fugidios, redigir textos curtos, e isso nos próprios lugares onde as ideias foram ouvidas ou concebidas, ou seja, na praça, na rua, na carruagem. A tipologia de alguns empregos do termo *libros de memoria*, por Lope de Vega, refere-se a

---

[50] Fernando Bouza consagra algumas páginas aos *libros de memoria* em seu livro *Palabra e imagen en la corte. Cultura oral y visual de la nobleza en el Siglo de Oro*. Madri: Abada Editores, 2003, p.48-58.

[51] Esse documento, extraído do Arquivo Geral de Índias em Sevilha (Contrato, 221, nº2), foi cordialmente comunicado por Pedro Rueda.

três registros.⁵² Primeiro, à própria materialidade do objeto levado ao palco pelos personagens. Assim, Célia, em *Ay, verdades, que en amor*, declara: "Libro tengo de memoria" (Tenho livros de memória). Em seguida, à imagem que designa a memória como uma tabuleta envernizada que, contra a ideia tradicional que define a memória como um conservatório ou um arquivo, insiste sobre sua fragilidade e sua impotência. É dessa forma que André, o doméstico, em *Amar, servir y esperar* [Amar, servir e esperar], afirma que: "a memória não é de bronze, mas sim como uma tabuleta envernizada que facilmente se apaga e sobre a qual se escreve de novo".⁵³

Por fim, tem-se a metáfora que identifica a inconstância do coração feminino com a escrita sobre as tabuletas apagáveis. Desse modo, na Primeira Parte de *El príncipe perfecto* [O príncipe perfeito], Beltrão declara:

> Um sábio disse um dia que o amor de uma mulher era como uma tabuleta envernizada de superfície virgem, na qual elas têm o hábito de depositar a memória. Apagando com um pouco de saliva o primeiro nome que escrevem, aquele que vem em seguida é escrito por cima. Semelhante a uma tabuleta branca é a alma das mulheres. Se hoje és tu que estás escrito, amanhã elas te apagarão. Não é preciso mais que um dia, meu senhor, pois o amor delas é feito de verniz, para que possam colocar Pedro lá onde estava escrito Juan.⁵⁴

---

⁵² BOUZA, Fernando. *Palabra e imagen en la corte*. Op.cit., p.53-6.
⁵³ Texto em espanhol: "No es bronce la memoria / sino tabla con barniz, / que se borra fácilmente / y encima se sobre escrive".
⁵⁴ Texto em espanhol: "Dixo una vez un letrado, / que era el amor de muger / como tabla de barniz / en cuyo blanco matiz, memoria suelen poner. / Que borrando con saliva / lo primero que se escrive / aquello que después vive / hazen que encima se escriva. / Como blanca tabla están / las almas de las mujeres. / Si oy el escrito eres, / mañana te borrarán. / Con sólo faltar un día / como es de barniz su amor, / pondrán don Pedro, señor, / adonde don Iuan dezía".

Ao contrário da Inglaterra, privilegiada pela conservação de mais ou menos vinte calendários de Adams e Triplet, os *librillos de memoria* ainda aguardam para ser descobertos nas bibliotecas e arquivos. O acervo da Universidade de Princeton possui um, composto por dezesseis folhas recobertas por um material que permite apagar a escrita. Ele foi utilizado em diferentes momentos nos séculos XVI e XVII para o registro de nascimentos e batizados que depois seriam copiados a tinta – o que, sem dúvida, não era a destinação primeira de um objeto feito para as escritas de outra ordem.[55]

Todos os indícios convergem para atestar a existência, nas Espanhas do Século de Ouro, de livretos cujas páginas podiam ser reutilizadas e permitiam escrever em lugares e ocasiões em que o emprego da pena, da tinta e do papel comum teria sido difícil ou até mesmo impossível. Cardênio possuía um. Assim como Hamlet.

As palavras frágeis

O entrelaçamento entre *librillo* e memória reaparece no final do capítulo XXX, no momento em que Dom Quixote pergunta a Sancho qual foi a reação de Dulcineia ao receber a carta que ele lhe havia escrito e fora feita pelo escriba. Sancho deve revelar o que seu mestre já sabe: "Meu senhor, respondeu Sancho, para dizer a verdade, ninguém a copiou, pois eu não levei carta nenhuma".[56]

---

[55] Princeton University Library, Rare Books, Manuscript Collection, CO938 (n 8). Agradecemos Don Skemer, curador dessa coleção, por nos ter indicado e permitido a consulta desse *librillo de memoria*, escrito em língua espanhola e, sem dúvida, com poucas diferenças daquele que possuía Cardênio.

[56] Texto em francês: CERVANTES, *Don Quichotte*. Op.cit., p.671: "Monsieur, répondit Sancho, pour dire la vérité, personne ne m'a copié la lettre, car je n'en ai porté aucune."; texto em espanhol: *Don Quijote de la Mancha*. Op.cit., p.356: "Señor – respondió Sancho –, si va a decir la verdad, la carta no me la trasladó nadie, porque yo no llevé carta alguna".

Mas acrescenta que sua memória, sem livro, característica de uma cultura oral, pôde suprir a ausência do livro de memória, dispensando-lhe dar meia-volta e percorrer novamente o caminho:

> É o que teria se passado, respondeu Sancho, se não a tivesse aprendido de cor no momento em que o senhor leu a carta para mim? E o fiz de tal modo que a repeti a um sacristão que a copiou fielmente, como jamais fizera em sua vida conforme ele mesmo declarou, e tão bem que, apesar de ter lido muitas outras cartas de excomunhão, nunca tinha visto uma tão bela.[57]

A Dom Quixote, que lhe pergunta se ele ainda sabe de cor a carta, Sancho declara que a apagou de sua memória: "Não, meu senhor, respondeu Sancho, pois, depois de tê-la ditado, vi que não me serviria para mais nada retê-la e por isso acabei por esquecê-la".[58]

Em *Dom Quixote*, as palavras nunca estão protegidas dos riscos do desaparecimento: os manuscritos interrompem-se, assim como

---

[57] Texto em francês: CERVANTES. *Don Quichotte*. Op.cit., p.671: "C'est ce qui se serait passé, répondit Sancho, si je ne l'avais aprise par cœur lorsque voux me l'avez lue, monsieur; de sorte que je l'ai répétée à un sacristain qui me l'a recopiée si fidèlement qu'à ce qu'il m'a déclaré, jamais de sa vie, et bien qu'il ait lu bien des lettres d'excommunication, il n'en avait vu d'aussi belle"; texto em espanhol: *Don Quijote de la Mancha*. Op.cit., p.357: "Así fuera – respondió Sancho –, si no la hubiera yo tomado en la memoria cuando vuestra merced me la leyó, de manera que se la dije a un sacristán, que me la trasladó del entendimiento tan punto por punto, que dijo que en todos los días de su vida, aunque había leído muchas cartas de descomunión, no había visto ni leído tan linda carta como aquella".

[58] Texto em francês: CERVANTES. *Don Quichotte*. Op.cit., p.671: "Non, monsieur, répondit Sancho; car, après l'avoir dite, j'ai vu qu'il ne me servirait plus à rien de la retenir et j'en suis venu à l'oublier."; texto em espanhol: *Don Quijote de la Mancha*. Op.cit., p.357: "No señor – respondió Sancho –, porque después que la di, como vi que no había de ser de más provecho, di en olvidalla".

aquele que conta as aventuras do cavaleiro errante,[59] os poemas escritos nas árvores se perdem, os escritos nas páginas dos livros de memória podem se apagar, e a própria memória é falha. Do mesmo modo, em *Hamlet*, a história narrada por Cid Hamet Benengeli é marcada pelo esquecimento, como se todos os objetos e todas as técnicas encarregadas de conjurá-lo não pudessem nada contra ele.

O esquecimento é, no entanto, um recurso contra semelhante fragilidade da memória –, essa fragilidade que a duquesa evoca no momento em que, pela última vez, no capítulo XXXIII da Segunda Parte, é mencionado o *librillo* de Cardênio, esquecido na Serra Morena. Dirigindo-se a Sancho, ela lhe diz:

> Agora que estamos sozinhos e aqui ninguém nos escuta, gostaria que o senhor governador esclarecesse algumas dúvidas que a história que há impressa agora do grande Dom Quixote fez nascer em mim. Uma dessas é a de que o bom Sancho, não tendo nunca visto Dulcineia, quero dizer, Senhora Dulcineia del Toboso, nem tendo jamais enviado a carta do Senhor Dom Quixote, já que ela havia continuado no livro de notas na Serra Morena, como se atreveu a inventar sua resposta?[60]

---

[59] CERVANTES. *Don Quichotte*. Op.cit, p.456: "Mas o mais vergonhoso de toda esse negócio é que, nesse exato ponto, o autor dessa história deixa essa batalha em suspenso, dando como desculpa não ter encontrado outros escritos sobre as explorações de Dom Quixote a não ser essas já contadas por ele"; texto em espanhol: *Don Quijote de la Mancha*. Op.cit., p.104: "Pero está el daño de todo esto que en este punto y término deja pendiente el autor desta historia esta batalla, disculpándose que no halló más escrito destas hazañas de don Quijote, de las que deja referidas".

[60] Texto em francês: CERVANTES. *Don Quichotte*. Op.cit, p.1147: "Maintenant que nous sommes seuls, et que nul ici ne nous entend, j'aimerais que monsieur le gouverneur m'ôtât de certains doutes qu'a fait naître en moi l'histoire que l'on a maintenant imprimée du grand don Quichotte. L'un de ces doutes, c'est que le bon Sancho n'ayant jamais vu Dulcinée, je veux dire madame Dulcinée du Toboso, ni ne lui ayant jamais remis la lettre du seig-

"Agora impressa", a história do escudeiro e de seu mestre resistirá ao tempo e, como declara Sansão Carrasco: "Quanto a mim, tenho na cabeça que não haverá nenhuma nação e nenhuma língua que não a traduza".[61] O bacharel tinha razão.

---

neur don Quichotte, puisqu'elle était restée dans le livre de raison en Sierra Morena, comment a-t-il osé imaginer sa réponse?"; texto em espanhol: *Don Quijote de la Mancha*. Op.cit., p.904: "Ahora que estamos solos y que aquí no nos oye nadie, querría yo que el señor gobernador me asolviese ciertas dudas que tengo, nacidas de la historia que del gran don Quijote anda ya impresa. Una de las cuales dudas es que pues el buen Sancho nunca vio a Dulcinea, digo, a la señora Dulcinea del Toboso, ni le llevó la carta del señor don Quijote, porque se quedó en el libro de memoria en Sierra Morena, cómo se atrevió a fingir la respuesta".

[61] Texto em francês: CERVANTES. *Don Quichotte*. Op.cit., p.921: "Quant à moi, j'ai dans l'idée qu'il n'y aura ni nation ni langue qui ne la traduise."; texto em espanhol: *Don Quijote de la Mancha*. Op.cit., p.647-8: "y a mí se me trsluce que no ha de haber nación ni lengua donde no se traduzga."

Capítulo 3

A prensa e as fontes
Dom Quixote na oficina de impressão

Em 1615, a oficina madrilense de Juan de la Cuesta imprime para o livreiro Francisco de Robles a Segunda Parte do *Engenhoso Cavaleiro Dom Quixote de la Mancha* (*Segunda Parte del Ingenioso Cavallero Don Quixote de la Mancha*). Dez anos depois de suas primeiras andanças, Dom Quixote retorna aos caminhos da Espanha. Entre os capítulos LXI e LXVI, Sancho e seu mestre encontram-se em Barcelona, para onde Dom Quixote decidiu ir, em vez dos combates em Saragoça. O bandido das grandes distâncias, Roque Guinart, encontrado no caminho, os expôs a jogos e brincadeiras de Dom Antônio Moreno e seus amigos. Para evitarem ser motivo de piada das crianças que seguiam seu cortejo ridículo, Dom Quixote decide ir a pé e sem tamanha escolta:

> É assim que, com Sancho e dois outros serviçais que lhe havia dado Dom Antônio, ele saiu para passear.[1] Ora, acontece que, pas-

---

[1] Texto em francês: CERVANTES. *L'Ingénieux hidalgo Don Quichotte de la Manche.* In: CERVANTES, Miguel de. *Don Quichotte;* seguido de *La Galatée, Œuvres romanesques. I,* CANAVAGGIO, Jean. (Org.), com a cola-

sando em certa rua, Dom Quixote elevou os olhos e viu escrito sobre uma porta, em letras bem grandes: "Aqui imprimem-se livros". Ficou, com isso, todo contente, pois, até então, nunca tinha visto uma oficina de impressão e desejava saber o que era.[2]

Não é a primeira vez que uma narração ficcional situa-se em um ateliê tipográfico, como mostram as histórias contadas em torno da lareira de uma oficina de impressão, em *Beware the Cat* [Cuidado com o gato], de William Baldwin.[3] Mas, em Cervantes, a presença da oficina é mais do que uma simples decoração. Ela introduz, no próprio livro, o lugar e as operações que tornam sua publicação

---

boração, nesse volume, de ALLAIGRE, Claude; MONER, Michel. Paris: Gallimard, 2001, p.1357: "C'est ainsi qu'avec Sancho et deux autres serviteurs que lui donna don Antonio il sortit se promener"; texto em espanhol: CERVANTES, Miguel de. *Don Quijote de la Mancha*. RICO, Francisco. (Org.). Barcelona: Instituto Cervantes/Crítica, 1998, p.1142: "Y, así, él y Sancho, con otros dos criados que don Antonio le dio, salieron a pasearse". Trad. Bras.: CERVANTES. *O engenhoso fidalgo D. Quixote de la Mancha*. Viscondes de Castilho e Azevedo (Trad.). Adaptada à ortografia vigente e acorde com as edições espanholas mais autorizadas, Ed. ilustrada de Gustavo Doré. Rio de Janeiro: José Aguilar, 1960.

[2] Texto em francês: CERVANTES. *Don Quichotte*. Op.cit., p.1357: "Or, il advint qu'en passant ar certaine rue, don Quichotte leva les yeux et vit écrit sur une porte, en fort grandes lettres: *Ici on impime des livres*. Il en fut tout réjoui, car il n'avait jamais vu d'imprimerie jusqu'alors, et il désirait savoir ce que c'était"; texto em espanhol: *Don Quijote de la Mancha*. Op.cit., p.1142: "Sucedió, pues, que yendo por una calle alzó los ojos don Quijote y vio escrito sobre una puerta, con letras muy grandes: 'Aquí se imprimen libros', de lo que se contentó mucho, porque hasta entonces no había visto emprenta alguna y deseaba saber cómo fuese".

[3] BALDWIN, William. *A Marvelous Hystory intituled, Beware the Cat*. Londres, 1570. Para uma edição moderna, *Beware the Cat: the first English novel*, by William Baldwin, introdução e texto de RINGLER, William A.; FLACHMANN, Michael. San Marino (Califórnia): Huntington Library, 1988. Agradeço a Joshua Phillips por ter-me indicado esse texto.

possível. Se o trabalho efetuado nas oficinas é o que dá existência à ficção, no capítulo LXII da Segunda Parte de *Dom Quixote*, os termos são invertidos, já que o mundo prosaico da impressão torna-se um dos lugares graças aos quais, como escreve Borges: "Cervantes se apraz ao confundir o objetivo e o subjetivo, o mundo do leitor e o mundo do livro".[4]

O livro, corpo e alma

Entrando na oficina de impressão, Dom Quixote "viu como aqui se reproduzia, ali se corrigia, lá se compunha, do outro lado se revisava, com todos os instrumentos de trabalho de que dispõem as grandes casas de impressão".[5]

De imediato, Cervantes inicia seu leitor na divisão e multiplicidade das tarefas necessárias para que um texto venha a ser um livro: a composição das páginas pelos compositores (*componer*), a revisão das primeiras folhas impressas a título de provas (*corregir*), a retificação, pelos compositores, dos erros identificados nas páginas corrigidas (*enmendar*) e, finalmente, a impressão dos moldes, ou seja, do conjunto de páginas destinadas a ser impressas de modo idêntico,

---

[4] BORGES, Jorge Luis. Magies partielles du 'Quichotte. In: *Enquêtes*. Trad. do espanhol de Paul e Sylvia Bénichou. Paris: Gallimard, 1957, p.65-9; texto em espanhol, Magias parciales del *Quijote*. In: BORGES, Jorge Luis. *Otras inquisiciones* [1952]. Madri: Alianza Editorial/Biblioteca Borges, 1997. p.74-9: "Cervantes se complace en confundir lo objetivo y lo subjetivo, el mundo del lector y el mundo del libro" (p.76).

[5] Texto em francês: CERVANTES. *Don Quichotte*. Op.cit. p.1357: "Vit comment ici l'on tirait, là on corrigeait, là-bas on composait, ailleurs on révisait, avec tous les procédés qu'offrent les grandes imprimeries"; texto em espanhol: *Don Quijote de la Mancha*. Op.cit., p.1142-3: "Y vio tirar en una parte, corregir en otra, componer en esta, enmendar en aquella, y finalmente, toda aquella máquina que en las emprentas grandes se muestra".

do mesmo lado de uma folha de impressão, pelos operários encarregados da prensa (*tirar*).

A acuidade dessa descrição do trabalho na oficina é confirmada pelo primeiro manual da arte de imprimir jamais composto em língua vulgar (se não se considera a tradução alemã, publicada em 1634, do livro de Jérôme Hornschuch, *Orthotypographia* [Ortotipografia], lançado em Leipzig, em 1608).[6] Esse tratado em castelhano composto diretamente, sem manuscrito prévio, com os tipos móveis, foi impresso em um número muito pequeno de exemplares (apenas dois são conhecidos), aproximadamente em 1680, por um tipógrafo que foi impressor em Madri e Sevilha, Alonso Víctor de Paredes.[7] No décimo capítulo do livro, intitulado "De la Corrección", ele distingue quatro tipos de revisores: os graduados nas universidades, que conhecem gramática, teologia e direito, mas, não sendo impressores, ignoram todas as técnicas da profissão; os mestres impressores suficientemente iniciados na língua latina; os compositores mais especializados, mesmo os que não sabem latim, pois podem pedir ajuda ao autor ou a uma pessoa instruída; e, por fim, os ignorantes, que mal sabem ler, que nem mesmo são impressores e foram contratados pelas viúvas de impressores ou de livreiros.

Todos (menos os últimos, muito incapazes) têm as mesmas tarefas. Antes de mais nada, o revisor deve identificar os erros dos

---

[6] HORNSCHUCH, Jérôme. *Orthotypographia; Instruction utile et nécessaire pour ceux qui vont corriger des livres imprimés et conseils à ceux qui vont les publier* (*Orthotypographia, Hoc est Instructio operas typographicas correcturis, et Admonitio scripta sua in lucem edituris utilis et necessaria*), [1608], traduzido do latim por Susan Baddeley, com introdução e notas de Jean-François Gilmont. Paris: Éditions des Cendres, 1967.

[7] PAREDES, Alonso Víctor de. *Institución y Origen del Arte de la Imprenta y Reglas generales para los componedores*. Edição e prólogo de Jaime Moll. Madri: El Crotalón, 1984 (reeditado em Madri/Calambur: Biblioteca Litterae, 2002, com uma "Nueva noticia editorial" de Victor Infantes).

compositores, seguindo as provas impressas do texto, partindo da leitura em voz alta da cópia original (*escuchar por el original*). Em seguida, ele atua como censor e tem por obrigação recusar a impressão de qualquer livro no qual descubra alguma coisa que a Inquisição proibiu ou que contrarie a fé, o rei ou a coisa pública (*algo prohibido por el Santo Tribunal, ò que sea, ò parezca mal sonãte contra la Fe, contra nuestro Rey, ò contra la Republica*); e isso mesmo se a obra foi aprovada e autorizada. Enfim, e sobretudo, o revisor é aquele que dá a forma final ao texto, acrescentando-lhe a pontuação necessária (*la apuntación legitima*) e reparando-lhe as negligências (*descuidos*) do autor ou os erros (*yerros*) dos compositores. Tal responsabilidade exige que o revisor, seja quem for, possa compreender, além da caligrafia da cópia original, a própria intenção do autor (*entender el concepto del Autor*) de modo a transmiti-la adequadamente ao leitor.[8]

Alguns anos mais tarde, Joseph Moxon dividirá essa tarefa entre o compositor e o revisor. Para ele,

> a ambição de um compositor deve ser a de tornar inteligível ao leitor o sentido desejado pelo autor e fazer que seu trabalho seja elegante aos olhos e agradável na leitura. Se a cópia está escrita em uma língua conhecida, ele deve então lê-la com atenção, de modo a entrar no sentido desejado pelo autor e, consequentemente, deve considerar como organizar seu trabalho da melhor maneira possível, desde a página de título até o corpo do livro, ou seja, como distribuir os parágrafos, a pontuação, as quebras de linha, os itálicos etc., em conformidade, do modo mais preciso possível, com o gênio do autor e, também, com a capacidade do leitor.[9]

---

[8] Ibidem, fólio, 42-frente, 45-frente.
[9] MOXON, Joseph. *Mechanic exercises on the whole art of printing* (1683-4). DAVIS, Herbert; CARTER, Harry (Orgs.). Londres: Oxford University Press, 1958. p.311-2: "A good Compositor is ambitious as well to make the meaning of his Author intelligent to the Reader, as to make his Work show

Todas as decisões tomadas pelo compositor são, todavia, submissas às intervenções do revisor, que está implicado de maneira decisiva no processo de publicação do texto, uma vez que

> examina a pontuação, os itálicos ou as maiúsculas colocados pelo compositor, assim como toda falta por este cometida, seja por erro ou por imprecisão de julgamento.[10]

De modo idêntico, o advogado no Conselho do Rei, Melchor de Cabrera Nuñez de Guzman, dividira as tarefas entre o compositor e o revisor nas memórias que publicou, em 1675, para defender as isenções e as imunidades fiscais dos impressores, sustentando que a arte da impressão é uma arte liberal e não mecânica, pois em toda profissão "a parte intelectual e especulativa é muito superior à operação manual".[11] Para ele, o compositor deve "compreender o sentido

---

graceful to the Eye and pleasant in reading. Therefore, if his copy be written in a language he understands, he reads his Copy with Consideration; that so he may get himself into the meaning of the author, and consequently considers how to order his Work the better both in the title page, and in the matter of the Book: As how to make Indenting, Pointing, Breaking, Italicking etc. the better sympathize with the Authors Genius, and also with the capacity of the reader".

[10] Ibidem. p.247: "He examines the Proof and considers the Pointing, Italicking, Capittalling, or any error that may through mistake, or want of Judgment, be committed by the Compositor".

[11] GUZMÁN, Melchor de Cabrera Nuñez de. *Discurso legal, histórico y político en prueba del origen, progresos, utilidad, nobleza y excelencias del Arte de la Imprenta; y de que se le deben (y a sus Artífices) todas las Honras, Exempciones, Inmunidades, Franquezas y Privilegios de Arte Liberal, por ser, como es, Arte de las Artes*. Madri, 1675, fólio, 17-verso: "Porque es en ella (la imprenta) muy superior la parte intelectual, y especulativa, a la operación manual". Agradeço a Fernando Bouza por ter-me indicado e apresentado esse texto do qual existe uma edição fac-símile publicada por Amalia Serra Rueda. Madri:

e o discurso". Deve ser especialista em língua castelhana e deve saber calibrar a cópia, "porque os livros não são compostos na ordem do texto, mas na ordem dos moldes". Deve ser capaz de pontuar corretamente o texto "para que ele seja claramente inteligível", distinguir as frases e colocar acentos, parênteses, pontos de interrogação e de exclamação, onde for necessário,

> porque, frequentemente, na falta desses elementos, necessários e importantes para a inteligibilidade e compreensão do que se escreve ou se imprime, a expressão dos escritores torna-se confusa; porque, na sua falta, o sentido se transforma, se altera e se diferencia.[12]

Porém, como para Moxon o corretor pode julgar as decisões do compositor, pois é mais conhecedor do assunto do que este, ele deve

> saber, ao menos, a gramática (houve e há aqueles que eram ou são graduados em diversas disciplinas), a ortografia, a etimologia, a pontuação, o lugar dos acentos. Deve ter conhecimento das ciências e boa caligrafia das fontes gregas e hebraicas e das pautas de música; deve dominar a eloquência, a arte e a elegância para conhecer e corrigir

---

Singular, 1993. Sobre as memórias redigidas a partir de 1636 por Melchor de Cabrera em defesa das isenções fiscais dos impressores, cf. SAN VINCENTE, Miguel María Rodríguez. Argumentos historico-jurídicos para la defensa de la inmunidad fiscal del libro español en el siglo XVII. *Cuadernos bibliográficos*, 44, 1982, p.5-31.

[12] Ibidem, fólio, 15-frente e verso: "El componedor percibe el concepto, y discurso ... Contar bien cualquiera original; porque los Libros no se componen consecutivo, sino alternando el original... Hacer interrogación, admiración, y paréntesis; porque muchas veces la mente de los Escritores se confunde, por falta de estos requisitos, necesarios, è importantes para el entendimiento, y comprensión de lo que se escribe, ò imprime; porque cualquiera que falte, muda, trueca, y varia el sentido".

os barbarismos, os solecismos e as outras faltas que se encontram em latim, em castelhano e em outras línguas.[13]

Para Paredes, Cabrera, Moxon e, antes deles, Cervantes, a produção textual supõe diferentes etapas, técnicas e intervenções. Entre o gênio do autor e a capacidade do leitor, para retomar os termos de Moxon, a operação de publicação não separa a materialidade do texto e a textualidade do livro.[14] Paredes exprime essa dupla natureza do livro, objeto e obra, invertendo uma metáfora clássica. No momento em que são numerosos os textos que descrevem os corpos e os rostos como livros,[15] ele considera o livro uma criatura humana porque, como o homem, tem um corpo e uma alma.

---

[13] Ibidem, fólio, 15-verso: "El Corrector ha de saber, por lo menos Gramática (ay, y ha habido graduados en diversas Ciencias) Ortografía, Etimología, Puntuación, colocación de acentos; Ha de tener noticia de las Ciencias, y buenas letras, de los caracteres Griegos, y Hebreos; de reglas de Música, para sus Libros; Ha de ser dotado de locución, Arte, y elegancia para conocer, y enmendar barbarismos, solecismos, y los demás defectos que se hallan en el Latín, Romance, y otras Lenguas". Semelhante definição de tarefas e de competências é encontrada, em 1619, no memorial apresentado pelo revisor de impressão Gonzalo de Ayala e pelo advogado Juan de Valdes, segundo a qual se estabelece a diferença entre impressores e livreiros no que diz respeito à pertença da impressão, e não da livraria, às artes liberais, cf. INFANTES, Víctor. La apologia de la imprenta de Gonzalo de Ayala: un texto desconocido en un pleito de impresores del Siglo de Oro. *Cuadernos bibliográficos*, 44, 1982, p.33-47.

[14] Cf. MASTEN, Jeffrey. Pressing subjects or, the secret lives of Shakespeare's compositors. In: *Language machines*: technologies of literary and cultural production. MASTEN, Jeffrey. (Org.), STALLYBRASS, Peter; VICKERS, Nancy. Nova York/Londres: Routledge, 1997. p.75-107.

[15] Cf. CURTIUS, Ernst Robert. *La littérature européenne et le Moyen Âge latin* (1947). Trad. do alemão de Jean Bréjoux. Paris: Presses Universitaires de France, 1957. p.522-6. Trad. bras. Curtius, Ernest Robert. *Literatura europeia e Idade Média latina*. São Paulo: Edusp/Hucitec, 1996.

Relaciono a fabricação do livro à de um homem, que tem uma alma racional, criada por Nosso Senhor com todas as graças que sua Majestade Divina lhe quis dar e, com a mesma onipotência, deu a essa alma um corpo elegante, belo e harmonioso.[16]

Se o livro pode ser comparado ao homem é porque Deus criou o ser humano do mesmo modo que uma obra é criada. Cabrera oferece a forma mais elaborada dessa comparação ao considerar o homem o único livro impresso entre os seis que Deus escreveu. Os outros cinco são o "Céu estrelado", comparado a um imenso pergaminho cujos astros são o alfabeto, o "Mundo", que é o compêndio e a tabela da totalidade da Criação, a "Vida", identificada com um registro que contém os nomes de todos os eleitos, o próprio "Cristo", que é ao mesmo tempo *exemplum* e *exemplar* – um exemplo proposto a todos os homens e o exemplar que deve ser reproduzido – e, enfim, a "Virgem", o primeiro de todos os livros. Esses cinco livros são criações do Espírito de Deus, da "Mente Divina" que preexistiu àquela do Mundo, dos séculos e da Terra. Entre os livros de Deus – todos aqueles mencionados pelas Escrituras ou pelos padres da Igreja, e todos esses, segundo Cabrera, referentes a um ou a outro objeto da cultura escrita de seu tempo –, o homem é uma exceção, pois resulta de um trabalho de impressão:

Deus colocou na prensa sua imagem e sua matriz para impressão, para que a cópia saísse conforme a forma que ela deveria ter ...

---

[16] PAREDES, Alonso Víctor de. *Institución y origen del arte de la imprenta.* Op.cit., fólio, 44-verso: "Asimilo yo un libro à la fabrica de un hombre, el cual consta de anima racional, con que la crió Nuestro Señor con tantas excelencias como su Divina Majestad quiso darle; y con la misma omnipotencia formó al cuerpo galán, hermoso, y apacible".

e quis, ao mesmo tempo, se alegrar com cópias tão numerosas e tão variadas de seu misterioso Original.[17]

Paredes retoma a comparação. Para ele, no entanto, a alma do livro não é somente o texto tal qual fora composto, ditado e imaginado por seu criador. Ela é esse texto, apresentado em uma disposição adequada,

> Um livro perfeitamente acabado contém uma boa doutrina, apresentada adequadamente pelo impressor e pelo revisor. É isso que considero a alma do livro. Uma bela impressão sob a prensa, limpa e cuidada, é o que faz que eu possa compará-la a um corpo gracioso e elegante.[18]

Se o corpo do livro é o resultado do trabalho dos impressores, sua alma não é confeccionada apenas pelo autor, mas recebe sua forma de todos aqueles, como o mestre impressor, os compositores e os revisores que cuidam da pontuação, da ortografia e da *mise en page* (paginação). Assim, Paredes recusa toda separação, antecipadamente, entre a substância essencial da obra, sempre considerada idêntica a ela mesma, independentemente de sua forma, e as variações

---

[17] GUZMÁN, Melchor de Cabrera Nuñez de. *Discurso legal, histórico y político*. Op.cit., fólio, 3-verso e 6-frente, citação fólio, 4-verso: "Puso Dios en la prensa su Imagen, y Sello, para que la copia saliese conforme à la que avía de tomar ... y quiso juntamente alegrarse con tantas, y tan varias copias de su misterioso Original".

[18] PAREDES, Alonso Víctor de. *Institución y origen del arte de la imprenta*. Op. cit., fólio, 44-verso: "Un libro perfectamente acabado, el cual constando de buena doctrina, y acertada disposición del Impresor, y Corrector, que equiparo al alma del libro; y impreso bien en la prensa, con limpieza, y aseo, le puedo comparar al cuerpo airoso y galán".

acidentais do texto, que resultam do trabalho na oficina de impressão e não teriam, então, importância para a significação da obra.[19]

O burrinho de Sancho

Um episódio da história editorial de *Dom Quixote*, impresso no final de 1604 na oficina de Juan de la Cuesta e lançado com a data de 1605, ilustra a realidade e também os riscos da colaboração própria a todo processo de publicação. No capítulo XXV da história, na primeira edição do livro, Sancho menciona brevemente o roubo de seu burrinho "Bendito seja aquele que acaba de nos aliviar do trabalho de ter de descarregar a carga do cinzento".

E, de fato, quatro capítulos adiante, Sancho segue a pé seu mestre, montado a cavalo:

> Dom Quixote monta, então, o Rocinante, e o barbeiro se acomoda em sua montaria, enquanto Sancho continua a pé. Isso lhe traz à memória a perda do burrinho e a privação que ele sofria desde então.

---

[19] Para a recusa da oposição entre "essência substantiva" e "acidental" e um exemplo do efeito das formas tipográficas (formato, disposição na página, pontuação) sobre os sentidos, cf. o estudo pioneiro de MCKENZIE, D.F. Typography and meaning. The case of William Congreve. In: BARBER, Giles; FABIA, Bernhard. (Orgs.). *Buch und Buchhandel in Europa im achtzehnten Jahrhundert*, Hamburgo: Hauswedell, 1981, p.81-125; retomado em MCKENZIE, D.F. *Making meaning. "Printers of the Mind" and other essays*. MCDONALD, Peter; SUAREZ, S.J. Michael F. (Orgs.). Amherst/Boston: University of Massachusetts Press, 2002. p.198-236.

Mas, sem explicação, o burrinho reaparece no capítulo XLII:

> Somente Sancho Pança se preocupava com a demora para o começo da hora do repouso e, só ele, se instalava melhor que todo mundo, ao deitar-se sobre os arreios de seu burrinho.[20]

Tomando consciência dessa anomalia, imediatamente apontada por seus críticos, Cervantes redige, para a segunda edição de *Dom Quixote*, também publicada em 1605 (prova do sucesso da obra), duas breves narrações. A primeira conta o roubo do burrinho por Ginês de Passamonte, um impostor e ladrão, que fora libertado graças a uma confusão promovida por Dom Quixote; a segunda descreve a recuperação de sua montaria, por parte de Sancho, que reconhece o ladrão em seu disfarce de cigano e o persegue, quando, então, encontra seu querido cinzento.[21] Na segunda edição, a narração do roubo foi inserida no capítulo XXIII, pouco depois da entrada dos

---

[20] Texto em francês: CERVANTES. *Don Quichotte*. Op.cit. p.601, 656 e 803: capítulo XXV: "Béni soit celui que vient de nos ôter la peine de débâter le grison", capítulo XXIX: "Don Quichotte monta alors sur Rossinante et le barbier s'accommoda sur sa monture, tandis que Sancho restait à pied. Cela lui remit en mémoire la perte de l'âne et la privation qu'il en éprouvait depuis lors", capítulo XLII: "Seul Sancho Pança se désespérait du retard qu'on mettait à aller se reposer; et lui seul s'installa mieux que tout le monde, en se couchant sur les harnais de son âne"; texto em espanhol: *Don Quijote de la Mancha*. Op.cit., p.280, 339 e 499: "Bien haya quien nos quitó ahora del trabajo de desenalbardar al rucio", "Luego subió don Quijote sobre Rocinante, y el barbero se acomodó en su cabalgadura, quedándose Sancho a pie, donde de nuevo se le renovó la pérdida del rucio, con la falta que entonces le hacía", "Sólo Sancho Panza se desesperaba con la tardanza del recogimiento, y sólo él se acomodó mejor que todos, echándose sobre los aparejos de su jumento".

[21] CERVANTES. *Don Quichotte*. Op.cit. p.575-6 e 669-70; texto em espanhol: *Don Quijote de la Mancha*. Op.cit. p.1233-5.

dois heróis na Serra Morena; a outra, no capítulo XXX, no momento em que deixam a montanha em companhia de Cardênio, Doroteia, o barbeiro e o cura, vindos para tirar Dom Quixote de sua loucura silvestre. Tudo parecia, então, estar em ordem, mas, infelizmente, a primeira frase do capítulo XXV não foi corrigida e dizia: "Dom Quixote, despedindo-se do cabreiro e montando no Rocinante, ordena a Sancho de lhe seguir, o que este fez *montando seu asno*, de muito mau grado".[22]

Assim, Sancho esteve o tempo todo montado em seu burrinho que, no entanto, lhe havia sido furtado. Na edição de Roger Velpius, publicada em Bruxelas, em 1607, um revisor mais atento desaparece com a incoerência, no momento em que ela ainda permanece intacta na terceira edição madrilense, saída das prensas de Juan de la Cuesta, em 1608.

As tribulações do burrinho desaparecido, no entanto ainda presente, lembram, antes de tudo, que, longe de estarem presos a uma forma que lhes seria dada de uma vez por todas, os textos são móveis, instáveis, maleáveis. Suas variantes resultam de uma pluralidade de decisões ou de erros, distribuídos ao longo de seu processo de publicação. Como demonstra o exemplo de *Dom Quixote*, a negligência do autor, a indiferença dos compositores, a falta de atenção dos revisores, todos estes são elementos que contribuem para os diferentes e sucessivos estados de uma mesma obra. Como a edição de textos ou a crítica literária devem considerar essas incoerências e anomalias? Para Francisco Rico, é necessário encontrar o texto

---

[22] Texto em francês: CERVANTES. *Don Quichotte*. Op.cit., p.594: "Don Quichotte prit congé du chevrier et, remontant sur Rossinante, commanda à Sancho de le suivre, ce que celui-ci fit *sur son baudet*, de fort mauvaise grâce"; texto em espanhol: *Don Quijote de la Mancha*. Op.cit., p.270: "Despidióse del cabrero don Quijote y, subiendo otra vez sobre Rocinante, mandó a Sancho que le siguiese, el cual lo hizo, con su jumento, de muy mala gana".

que Cervantes compôs, imaginou, desejou e o qual o trabalho na oficina tipográfica necessariamente modificou.[23] Trata-se, portanto, segundo o modelo dos filólogos clássicos, que perpassa toda a tradição manuscrita de uma obra, de estabelecer o texto mais provável[24] e confrontar os diferentes estados impressos para recuperar o que o autor escreveu ou quis escrever e, por vezes, encontra-se subvertido em todas as edições.

Em outra perspectiva, aquela da crítica shakespeariana, por exemplo, as formas sob as quais uma obra foi publicada, por mais estranhas que pareçam, devem ser consideradas em suas diferentes encarnações históricas.[25] Todos os estados do texto, mesmo os mais inconsistentes e bizarros, precisam ser compreendidos e, eventualmente, editados, pois, resultando tanto de gestos de escrita como de práticas da oficina, eles constituem a obra tal como foi transmitida a seus leitores. Essa existe apenas sob as formas materiais, simultâneas ou sucessivas, que lhes dão existência. A busca de um texto puro e primeiro, que existiria antes ou além de suas múltiplas materialidades, é vã. Editar uma obra não é reencontrar um *ideal copy text*, mas explicitar a preferência dada a um ou a outro de seus estados,

---

[23] RICO, Francisco. "Historia del texto" e "La presente edición". In: CERVANTES, Miguel de. *Don Quijote de la Mancha*. Op.cit., p.CXCII-CCXLII e CCLXXIII-CCLXXXVI.

[24] A título de exemplo magistral, ver BOLLACK, Jean. *Œdipe roi de Sophocle. Le texte e ses interprétations*. Lille: Presses Universitaires de Lille, 1990, t.I, *Introduction. Texte. Traduction*, p.XI-XXI e 1-178.

[25] Cf. a título de exemplos, GRAZIA, Magreta de; STALLYBRASS, Peter. The materiality of the Shakespearean text. *Shakespeare Quarterly*, v.44, n.3, 1993, p.255-83; MARCUS, Leah S. *Unediting the Renaissance. Shakespeare, Marlowe, Milton*. Londres/Nova York: Routledge, 1996; e ORGEL, Stephen. What is a text. In: KASTAN, David Scott; STALLYBRASS, Peter. (Orgs.). *Stating the Renaissance*. Reinterpretations of Elizabethan and Jacobean drama. Nova York/Londres: Routledge, 1991. p.83-7.

assim como as escolhas feitas quanto à sua apresentação: divisões, pontuação, grafia, ortografia.[26]

A decisão nunca é tranquila. Veja-se um exemplo shakespeariano, aquele de *Love's Labour's Lost* [Trabalhos de amor perdido]. Em 1598, na primeira edição da comédia, publicada em formato in-quarto, casais de apaixonados são feitos e desfeitos do começo ao fim da peça. As primeiras trocas galantes ligam Biron e Catarina (e não Rosalina) e Dumaine e Rosalina (e não Catarina). É apenas no terceiro ato – segundo as divisões da peça introduzidas pelos editores do século XVIII – que cada um dos jovens senhores de Navarra se apaixona por aquela que será a senhora de seus pensamentos até o fim da comédia. Em 1623, a reedição da peça em um in-fólio que reúne, pela primeira, vez as *Comedies, Histories, & Tragedies* de Shakespeare, "Published according to the true original copies", segundo a página de título, propõe outra situação: Biron e Rosalina, assim como Dumaine e Catarina, são atraídos um pelo outro desde seu primeiro encontro.

Como interpretar essa diferença? Reparação de uma negligência de Shakespeare, que teria invertido os nomes originais dados aos personagens? Correção de um erro cometido por um dos compositores do in-quarto? Ou é preciso considerar a versão da primeira edição como a mais fiel a uma intenção dramática do autor, já que o deslocamento abrupto da paixão amorosa é um tema presente em outras peças shakespearianas (a começar pelos amores de Romeu) e a inconstância dos jovens "lordes" de Navarra justificaria a dureza manifestada pelas jovens senhoras da França, no último ato da comédia? A tensão entre a preferência estética

---

[26] MCKENZIE, D.F. *Bibliography and the sociology of texts*. The Panizzi Lectures 1985. Londres: The British Library, 1986. p.29-30. Trad. fr.: MCKENZIE, D.F. *La bibliographie et la sociologie des textes*. Paris: Editions du Cercle de la Librairie, 1991, p.63-5.

e a tradição textual, tal como a enuncia Stephen Greenblatt, atesta a dificuldade da escolha:

> Apesar de a versão publicada aqui [em Norton Shakespeare e, antes, na edição de Oxford] estar fundamentada no texto que é consenso quase geral entre os especialistas [isto é, o texto da edição *in-fólio*], é muito possível que o texto da edição in-quarto forneça a expressão mais adequada das relações amorosas de *Love's Labour's Lost*.[27]

Portanto, de um lado, o respeito editorial pelo texto mais coerente, tal como foi aceito pela tradição iniciada em 1623, mas, de outro, a atração e a nostalgia por uma versão bem mais excitante...

O episódio do burrinho de Sancho propõe outra lição. As incoerências textuais encontradas em *Dom Quixote*, das quais este é apenas um exemplo, sublinham o parentesco que estabelece a escrita de Cervantes com as práticas da oralidade. Como o destaca Francisco Rico: "Cervantes revoluciona a ficção concebendo-a, não ao estilo artificial da literatura, mas ao estilo da prosa da vida doméstica".

Nesse sentido:

> *Quixote* é menos *escrito* do que *dito*, redigido sem submissão às coerções da escrita, nem às de sua época, como as habilidades barrocas requisitadas pelos estilos então em moda, nem, naturalmente, às nossas.[28]

---

[27] GREENBLATT, Stephen. Textual note. In: *The Norton Shakespeare based on the Oxford edition* Stephen Greenblatt General Editor. Nova York/Londres: W.W. Norton & Company, 1997. p.738-40: "Although the version printed here is based on the near consensus among recent textual scholars, Q (in-quarto) may provide the most accurate rendition available of the romantic relations in *Love's Labour's Lost*".

[28] RICO, Francisco. Prólogo. In: SAAVEDRA, Miguel de Cervantes. *Don Quijote de la Mancha*. Nova edição comentada e supervisionada por Silvia

Pela primeira vez, um romance é escrito segundo o ritmo e a sintaxe da língua falada, contra as regras da gramática e as convenções estéticas. Mais ainda, a narração, que multiplica as digressões, os parênteses, as associações livres de palavras, de temas, de ideias, é composta, não segundo os princípios da retórica letrada, mas segundo os códigos que regem a palavra viva da conversação. As omissões, confusões e negligências pouco importam para tal modo de escrita, que constrói a narração como se ela fosse uma forma de dizer.[29]

A glória e o lucro

É tempo de encontrar Dom Quixote na oficina de impressão barcelonense. Ele aí encontra um "autor" que traduziu para o castelhano um livro italiano intitulado *A bagatela*. No diálogo que se estabelece entre eles, Cervantes retoma três temas clássicos de seu tempo. Primeiro, uma referência divertida ao sucesso dos poemas de Ariosto: "Sei um pouco de toscano e gabo-me de cantar algumas estâncias de Ariosto", declara Dom Quixote.[30]

Iriso e Gonzalo Pontón. Barcelona: Galaxia Gutenberg/Círculo de Lectores, 1998. p.22 e 20 "Cervantes revoluciona la ficción concibiéndola no en el estilo artificial de la literatura, sino en la prosa doméstica de la vida" e "El Quijote no está tanto escrito como dicho, redactado sin someterse a las constricciones de la escritura: ni las de entonces, con las mañas barrocas requeridas pro los estilos en boga, ni, naturalmente, las nuestras".

[29] Para outros exemplos desse tratamento da escrita, em particular em Milton, ver: MCKENZIE, D.F. Speech-Manuscript-Print. In: OLIPHANT, D.; BRADFORD, R. (Orgs.). *New directions in textual studies*. Austin: Harry Ransom Humanities Research Center, 1990. p.86-109, retomada In: *Making meaning*. Op.cit. p.237-58.

[30] Texto em francês: CERVANTES, *Don Quichotte*. Op.cit., p.1358: "Je sais un peu de toscan et me flatte de chanter quelques stances de l'Arioste"; texto em espanhol: *Don Quijote de la Mancha*. Op.cit., p.1143: "Yo sé algún tanto

Em seguida, o efeito cômico produzido pela admiração de Dom Quixote pelas traduções mais triviais: "Eu apostaria com certeza que, quando em toscano se diz *piace*, vós dizeis em castelhano *apraz*, e quando se diz *più*, dizeis *mais*, e traduzíeis *su* por *acima* e *giù* por *abaixo*".[31]

Por fim, o debate sobre a utilidade das traduções. Para mim, diz Dom Quixote,

> ao que me parece, traduzir de uma língua a outra, desde que não se tratem das duas línguas rainhas, o grego e o latim, é como olhar pelo avesso as tapeçarias de Flandres: por mais que se distingam suas figuras, essas estão repletas de fios que as envolvem e por isso não se veem lisas e coloridas como do lado direito.[32]

---

del toscano y me precio de cantar algunas estancias del Ariosto". Cf. Maxime Chevalier. *L'Arioste en Espagne (1530-1650). Recherches sur l'influence du 'Roland furieux'*. Bourdeaux: Instituto de Estudos Ibéricos e Ibero-Americanos da Universidade de Bordeaux, 1966.

[31] Texto em francês: CERVANTES, *Don Quichotte*. Op.cit., p.1358: "Je parierais gros que là où le toscan dit *piace* vous dîtes *il plaît* en castillan, et là où il dit *più* vous dites *plus*, e vous traduisez *su* par *en haut* et *giù* par *en bas*"; texto em espanhol: *Don Quijote de la Mancha*. Op.cit., p.1143-4: "Yo apostaré una buena apuesta que adonde diga en el toscano piache, dice vuesa merced en el castellano 'place', y adonde diga più dice 'más', y el su declara con 'arriba' y el giù con 'abajo'".

[32] Texto em francês: CERVANTES, *Don Quichotte*. Op.cit., p.1358: "À ce qu'il me semble, traduire d'une langue dans une autre, dès lors qu'il ne s'agit pas de deux langues reines, la grecque et la latine, c'est comme regarder au rebours les tapisseries de Flandres: bien que l'on en distingue les figures, elles sont pleines de fils qui les voilent, et ne se voient point avec l'uni et la couleur de l'endroit"; texto em espanhol: *Don Quijote de la Mancha*. Op.cit., p.1144: "Me parece que el traducir de una lengua en otra, como no sea de las reinas de las lenguas, griega y latina, es como quien mira los tapices flamencos por el revés, que aunque se veen las figuras, son llenas de hilos que las escurecen y no se veen con la lisura y tez de la haz".

Além desses jogos com um saber comum, o diálogo alimenta-se de referências às práticas da impressão e da livraria. Interrogando o tradutor, Dom Quixote lembra as duas maneiras de publicar em livro, na Espanha do Século de Ouro e na Europa moderna:

> Mas, diga-me, meu senhor, esse livro é impresso por vossa conta ou já vendestes o privilégio a algum livreiro? É por minha conta que o imprimo, respondeu o autor, e acredito ganhar ao menos mil ducados com esta primeira impressão, que será de dois mil exemplares, e estes serão vendidos, em uma queima, a seis reais cada um.[33]

Imprimindo *por su cuenta*, o tradutor conservou, para ele mesmo, o privilégio que lhe fora outorgado e comissionou ao impressor barcelonês a impressão dos 2 mil exemplares da edição que venderá, seja pelo intermédio dos livreiros, seja diretamente – o que não é algo excepcional, como mostrou Fernando Bouza.[34]

Ao encomendar a impressão de 2 mil exemplares para a primeira edição de seu livro, o tradutor de *A bagatela* não o faz sem uma certa

---

[33] Texto em francês: CERVANTES, *Don Quichotte*. Op.cit., p.1358-9: "Mais dites-moi, monsieur, ce livre est-il imprimé à votre compte, ou en avez-vous déjà vendu le privilège à quelque libraire? C'est à mon compte que je le fais imprimer, répondit l'auteur, et je pense gagner au moins mille ducats avec cette première impression, qui sera de deux mille exemplaires, et ceux-ci vont être vendus en une flambée à six réaux chacun"; texto em espanhol: *Don Quijote de la Mancha*. Op.cit., p.1144: "Pero dígame vuestra merced: este libro ¿imprímese por su cuenta o tiene ya vendido el privilegio a algún librero? – Por mi cuenta lo imprimo – respondió el autor –.y pienso ganar mil ducados, por lo menos, con esta primera impresión, que ha de ser de dos mil cuerpos, y se han de despachar a seis reales cada uno en daca las pajas".
[34] BOUZA, Fernando. Aun en lo material del papel y impresión'. Sobre la cultura escrita en el Siglo de Gracián. *Libros libres de Baltasar Gracián*. Exposição bibliográfica, tendo como comissário Angel San Vincente Pino, Saragoça, Governo de Aragón, 2001, p.11-50.

presunção. Essa tiragem é a mais elevada de todas aquelas imaginadas por Paredes, que indica que em um dia de trabalho uma prensa pode imprimir dois moldes (ou seja, as páginas correspondentes aos dois lados de uma folha para impressão) a 1.500, 1.750 ou a 2 mil exemplares.[35] O detalhe serve para Cervantes destacar a enorme confiança do tradutor ou o deslumbramento do público pelas traduções, superior àquele que demonstra ter pelas histórias originais. É preciso lembrar que, de fato, o mais provável é que Juan de la Cuesta tenha imprimido apenas 1.750 exemplares para a segunda edição de *Dom Quixote*, em 1605, o que é, aliás, uma tiragem superior à média[36] e, sem dúvida, mais elevada que aquela da primeira edição.[37]

Uma observação do tradutor opõe duas "economias da escrita": "Eu não imprimo meus livros para adquirir renome mundial, pois já sou conhecido por minhas obras. O que quero é lucro, pois, sem ele, a boa reputação não vale um centavo".[38]

A oposição entre *fama* e *provecho*, renome e lucro é um lugar-comum na Espanha do Século de Ouro. Mas aqui vem associada a

---

[35] PARES, Alonso Víctor de. *Institución y Origen del Arte de la Imprenta*. Op.cit., fólio, 43-verso.

[36] RICO, Francisco Historia del texto. In: CERVANTES, Miguel de. *Don Quijote de la Mancha*. Op.cit., p.CXCIV.

[37] MICHAEL, Ian. How *Don Quixote* came to Oxford: the two Bodleian copies of *Don Quixote*, Part I (Madri: Juan de la Cuesta, 1605). In: SOUTHWORTH, Eric; THOMPSON, Colin. (Orgs.). *Culture and society in Habsburg Spain*. Studies presented to R.W. *Truman by his pupils and colleagues on the occasion of his retirement*, Nigel Griffin, Clive Griffin. Londres: Tamesis, 2001. p.95-120.

[38] Texto em francês: CERVANTES, *Don Quichotte*. Op.cit., p.1359: "Moi, je ne fais pas imprimer mes livres pour acquérir de la renommée dans le monde, car j'y suis déjà connu par mes ouvrages; ce que je veux, c'est du profit, car, sans lui, la bonne renommée ne vaut pas un liard"; texto em espanhol: *Don Quijote de la Mancha*. Op.cit., p.1145: "Yo no imprimo mis libros para alcanzar fama en el mundo, que ya en él soy conocido por mis obras: provecho quiero, que sin él no vale un cuatrín la buena fama".

uma percepção aguda do mundo literário. Os tradutores são, de fato, os primeiros "autores" a receber pelo seu manuscrito, não somente exemplares de sua obra destinados a ser oferecidos a seus protetores, mas também uma remuneração monetária.[39] Há uma primeira etapa da profissionalização do trabalho de escrita ligada a uma atividade aparentada com a cópia. Aliás, a mesma palavra *trasladar* designa, no castelhano do século XVII, as duas atividades, copiar e traduzir, assim como indica a definição de Covarrubias.[40] Preocupado em ganhar dinheiro com seu livro, o tradutor não pretende ceder seu privilégio a um livreiro que obteria todo o lucro com o eventual sucesso da obra.

Contra o modelo clássico de escrita, que supõe o desinteresse, seja pela condição social do escritor, seja pela proteção de um mecenas, o tradutor de *A bagatela* afirma que é possível viver de sua pena, e mais, viver bem. Ele conta com aquilo que Cervantes julga ser impossível em seu "Prólogo ao leitor", na Segunda Parte de *Dom Quixote*:

> Uma das mais fortes tentações [do demônio] é a que consiste em colocar na cabeça de um homem que ele pode compor e publicar um livro do qual obterá tanto glória quanto riqueza e tanto riqueza quanto glória.[41]

---

[39] Ver, por exemplo, os contratos assinados entre os livreiros parisienses e o tradutor Nicolas de Herberay por suas traduções de *Amadis de Gaule*, em 1540 e 1542, e de Palmerin, em 1543, publicados por Annie Parent. *Les métiers du livre à Paris au XVIe siècle (1535-1560)*. Genebra: Droz, 1974. p.300-304.

[40] OROZCO, Sebastián de Covarrubias. *Tesoro de la Lengua Castellana o Española* (1611). In: MALDONADO, Felipe C.R. (Org.). Revisão de Manuel Camarero. Madri: Editorial Castalia, 1995: "Trasladar: Vale algunas veces interpretar alguna escritura de una lengua en otra; y también vale copiar" (p.933).

[41] Texto em francês: CERVANTES, *Don Quichotte*. Op.cit. p.898: "L'une des plus fortes tentations [du démon] est celle qui consiste à mettre dans la tête d'un homme qu'il peut composer et publier un livre dont il tirera autant de gloire que d'argent et autant d'argent que de gloire"; texto em espanhol: *Don*

Trata-se aqui de uma esperança vã. Os livros não podem dar, ao mesmo tempo, glória e dinheiro. Para todos aqueles que não têm nem posição social nem riqueza, como o próprio Cervantes, somente a generosidade dos protetores – nesse caso, o conde de Lemos, vice-rei de Nápoles, e o bispo de Toledo, Bernardo de Sandoval y Rojas – pode assegurar uma vida decente.

Dom Quixote mostra-se cético em relação às esperanças do tradutor muito confiante:

> Fazeis muito mal a vossa conta! – respondeu Dom Quixote. Não conheceis, me parece, as tramas dos impressores e os arranjos que têm entre si. No momento em que vos encontrardes sobrecarregado com dois mil exemplares, asseguro-lhe, sentirás o corpo tão moído que não poderás mais, e mais ainda se o livro não for de muito interesse e picante.[42]

O texto joga aqui com outro lugar-comum do Século de Ouro: a avidez e a desonestidade dos impressores, sempre prontos a dissimu-

---

Quijote de la Mancha. Op.cit., p.619: "Una de las mayores [tentaciones del demonio] es ponerle a un hombre en el entendimiento que puede componer y imprimir un libro con que gane tanta fama como dineros y tantos dineros cuanta fama".

[42] Texto em francês: CERVANTES. *Don Quichotte*. Op.cit., p.1359: "Vous faites bien mal votre compte! Répondi Don Quichotte. Vous ne connaissez pas, ce me semble, les manigances des imprimeurs et les arrangements qu'ils ont entre eux. Lorsque vous vous verrez chargé de deux mille exemplaires, je vous le promets, vous vous sentirez le corps si moulu que vous n'en pourrez mais, et plus encore si le livre n'a pas beaucoup d'intérêt et de piquant"; texto em espanhol: *Don Quijote de la Mancha*. Op.cit., p.1145: "¡Bien está vuesa merced en la cuenta! – respondió don Quijote. Bien parece que no sabe las entradas y salidas de los impresores y las correspondencias que hay de unos a otros. Yo le prometo que cuando se vea cargado de dos mil cuerpos de libros vea tan molido su cuerpo, que se espante, y más si el libro es un poco avieso y nonada picante".

lar, pela falsificação de seus livros contábeis e por sua cumplicidade, a verdadeira tiragem das edições que lhes são encomendadas, o que lhes permite vender certo número de exemplares mais rapidamente e a melhor preço que o autor.[43]

Cervantes já empregou esse tema em uma de suas *Novelas exemplares*: o *Licenciado Vidriera*. "Vosso negócio me agradaria muito se não houvesse nele um defeito", declara Tomás ao livreiro da loja na qual está encostado (com "mil cuidados" já que, depois de ter comido um marmelo encantado por uma amante desprezada, acredita ser de vidro). Ao livreiro, que lhe pede para esclarecer qual pode ser esse defeito, o licenciado responde:

> As delicadezas no trato dispensado pelos livreiros, no momento em que compram o privilégio de um livro, e o papel que simulam para seu autor, caso este o imprima por sua conta, pois, ao invés de mil e quinhentos exemplares, imprimem três mil, e quando o autor crê que são vendidos seus livros, são aqueles do livreiro que o estão sendo.[44]

---

[43] As trapaças dos impressores quanto à tiragem real das edições feitas por conta de um autor são denunciadas no primeiro manual sobre a arte tipográfica destinado aos confessores que Juan Caramuel Lobkowitz, abade do monastério de Emaús, em Praga, depois bispo de Satriano e Campagna, redigiu em latim e publicou na sua *Theologia moralis fundamentalis*, t.IV, *Theologia praeterintentionalis*, Lyon, 1664, p.185-200. Para uma edição recente desse texto, que cita Cervantes apoiando-o em sua denúncia, cf. CARAMUEL, Juan. *Syntagma de Arte Typographica*, edição, tradução e glosa de Pablo Andrés Escapa. Salamanca: Instituto de Historia del Libro y de la Lectura, 2004. p.134-43.

[44] CERVANTES. Nouvelle du licencié de verre. In: CERVANTES. *Nouvelles exemplaires* seguidas de *Persilès*, *Œuvres romanesques*. t.II, CANAVAGGIO, Jean. (Org.). Com a colaboração, nesse volume, de Claude de Allaigre e Jean-Marc Pelorson. Paris: Gallimard, 2001, p.209-34 (cit. p.222): "Les simagrées que font les libraires lorsqu'ils achètent le privilège d'un li re, et le tour qu'ils jouent à son auteur, si d'aventure celui-ci l'impime à son compte,

As péssimas maneiras dos livreiros constituem um dos temas favoritos de todos os escritores que estigmatizam o processo de impressão, denunciado porque corrompe ao mesmo tempo a integridade dos textos, deformados por compositores ignorantes, a significação das obras, propostas a leitores incapazes de compreendê-las, e a ética do comércio das letras, degradada por aquele dos livros.[45] "Deus vos dê boa sorte, meu senhor" são as últimas palavras de Dom Quixote dirigidas ao tradutor, cuja presunção torna-o inconsciente dos perigos que o aguardam.[46]

Dom Quixote, leitor de Cid Hamet e de Avellaneda

Na oficina barcelonesa, dois livros estão em processo de impressão

---

car au lieu de quinze cents exemplaires, ils en impriment trois mille, et quand l'auteur croit qu'on vend ses livres, ce sont ceux du libraire qui se vendent"; texto em espanhol, Miguel de Cervantes, "Novela del licenciado vidriera". In: CERVANTES, Miguel de. *Novelas ejemplares*, edição, prólogo e notas de Jorge García López. Barcelona: Crítica, 2001. p.285: "Arriméose un día con grandísimo tiento, porque nos e quedase, a las tiendas de un librero, y díjole: – Este oficio me contentar mucho, si no fuera por una falta que tiene. Preguntóle el librero se la dijese. Respondióle: – Los melindres que hacen cuando compran un privilegio de un libro y de la burla que hacen a su autor si acaso le imprime a su costa, pues en lugar de mil y quinientos, imprimen tres mil libros, y cuando el autor piensa que se venden los suyos, se despachan los ajenos". Trad. brasileira: CERVANTES, Miguel. O licenciado Vidriera. In: *Novelas exemplares*. 2ª ed., trad. Darly Nicolana Scornnaienchi. São Paulo: Abril Cultural, 1971.

[45] Cf. BOUZA, Fernando. Para qué imprimir. De autores, públicos, impresores y manuscritos en el Siglo de Oro. *Cuadernos de Historia Moderna*, 18, 1997, p.31-50.

[46] Texto em francês: CERVANTES. *Don Quichotte*. Op.cit., p.1359: "Dieu vous donne bonne chance, monsieur"; texto em espanhol: *Don Quijote de la Mancha*. Op.cit., p.1145: "Dios le dé a vuesa merced buena manderecha – respondió don Quijote".

e correção durante a visita de Dom Quixote. O primeiro tem como título *Luz da alma (Luz del alma)*. Segundo Francisco Rico, e contrariamente ao comentário clássico, não se trata de uma alusão ao livro com o mesmo título, que fora impresso por Felipe de Meneses, em Salamanca, em 1556, e reeditado até 1590. A referência a um livro tão antigo, habitado por um humanismo cristão de inspiração erasmiana, não é compatível com os engajamentos vigorosamente contrarreformistas de Cervantes na última fase de sua vida. Em 1609, ele entra para a confraria dos Escravos do Santíssimo Sacramento e, em 1613, recebe o hábito da terceira ordem de São Francisco. *Luz da alma* é, portanto, mais provavelmente uma referência genérica ao tipo de obras religiosas que dominam a produção impressa espanhola no começo do século XVII ou, ainda, uma alusão a um livro que é um dos *best-sellers* do momento: as *Obras de Ludovico Blesio* (*i.e.* Louis de Blois, abade do monastério de Liesse).

Como nota Francisco Rico, esse livro, que teve mais de uma dúzia de edições entre 1596 e 1625, foi várias vezes impresso pelo editor das duas partes de *Dom Quixote*. Juan de la Cuesta o imprime para Diego Guillén, em 1604, ao mesmo tempo e com os mesmos caracteres que a primeira parte do romance de *Quixote*. Ele o reimprime, em 1608 e 1611, para Francisco de Robles, que é o editor de *Dom Quixote*, e em 1613, das *Novelas exemplares*. Portanto, Cervantes conhecia a obra, sem dúvida alguma, de tê-la visto, tal como Dom Quixote, na oficina de impressão.[47] Daí, sua observação, que sem a menor dúvida é preciso compreender seriamente: "Ainda que haja muitos livros desse gênero, são esses que é preciso imprimir, pois

---

[47] Seguimos aqui a brilhante demonstração de RICO, Francisco. *Visita de imprentas. Páginas y noticias de Cervantes viejo.* Discurso pronunciado por Francisco Rico em 10 de maio de 1996 por ocasião de recebimento do título de *Doutor Honoris Causa* da Universidad de Valladolid. Na casa do lago, 1996.

numerosos são os pecadores que se alternam e é necessário luzes para iluminar tantos cegos".[48]

A segunda obra encontrada por Dom Quixote é mais interessante ainda:

> Indo mais adiante, viu que se revisava igualmente um outro livro, do qual perguntou o título e lhe responderam que se chamava a *Segunda Parte do Engenhoso Fidalgo Dom Quixote de la Mancha*, composto por um certo nativo das Tordesilhas. Já tive conhecimento desse livro, diz Dom Quixote.[49]

Ele não é o único porque o leitor da Segunda Parte sabe, se leu o Prólogo, da existência desta sequência apócrifa do romance de Cervantes, lançada em 1614, cuja página de título anuncia o *Segundo tomo del Ingenioso hidalgo Don Quijote de la Mancha, que contiene su tercera salida; y es la quinta parte de sus aventuras* (Segunda parte do *Engenhoso fidalgo Dom Quixote de la Mancha*, que contém sua

---

[48] Texto em francês: CERVANTES. *Don Quichotte*. Op.cit., p.1359: "Quoiqu'il y ait beaucoup de livres de ce genre, ce sont ceux qu'il faut imprimer, car nombreux sont les pécheurs que l'on croise, et il faut bien des lumières pour éclairer tant d'aveugles."; texto em espanhol: *Don Quijote de la Mancha*. Op.cit., p.1145: "Estos tales libros, aunque hay muchos deste género, son los que se deben imprimir, porque son muchos los pecadores que se usan y son menester infinitas luces para tantos desalumbrados".

[49] Texto em francês: CERVANTES. *Don Quichotte*. Op.cit., p.1359: "Allant plus avant, il vit que l'on corrigeait également un autre livre, dont il demanda le titre, et on lui répondit qu'il s'appelait da *Seconde Partie de l'ingénieux hidalgo don Quichotte de la Manche*."; texto em espanhol: *Don Quijote de la Mancha*. Op.cit., p.1145-6: "Pasó adelante y vio que asimismo estaban corrigiendo otro libro, y, preguntando su título, le respondieron que se llamaba da *Segunda parte del ingenioso hidalgo don Quijote de la Mancha*, compuesta por un tal, vecino de Tordesillas. –Ya yo tengo noticias deste libro – dijo don Quijote".

terceira partida; e constitui a quinta parte de suas aventuras).[50] A "terceira partida" é uma alusão às últimas páginas do *Quixote*, que indicavam que

> o autor dessa história achou por bem colocar todo seu interesse e zelo na pesquisa das andanças empreendidas por Dom Quixote em sua terceira partida, da qual não pôde encontrar um rastro sequer, em lugar nenhum, ou ao menos não de escritos autênticos; somente a fama conservou na memória das pessoas da Mancha que Dom Quixote, na terceira vez que deixara sua casa, encontrou-se em Saragoça, onde fez parte de um famoso torneio realizado nessa cidade.[51]

Quanto à "quinta parte", esta faz referência à divisão em quatro partes do livro publicado em 1605, que não era então a primeira parte

---

[50] AVELLANEDA. Alonso Fernández de. *El ingenioso hidalgo Don Quijote de la Mancha.* SALINERO, Fernando Garcia. (Org.). Madri: Clásicos Castalia, 1971. Cf. RILEY, Edward C. Three versions of *Don Quijote, Modern Language Review*, 68, 1973, p.807-19; trad. esp.: In: RILEY, Edward C. *La rara invención. Estudios sobre Cervantes y su posteridad literaria.* Barcelona: Crítica, 2001. p.131-51.

[51] Texto em francês: CERVANTES. *Don Quichotte.* Op.cit., p.883: "L'auteur de cette histoire a eu beau mettre tout son empressement et son zèle à rechercher les exploits que fit don Quichotte à sa troisième sortie, il n'a pu nulle part en trouver trace, du moins par des écrits authentiques; seule la renommée a conservé dans la mémoire des gens de la Manche que don Quichotte, la troisième fois qu'il quitta sa maison, se rendit à Saragosse, où il prit part à un fameux tornoi qui eut lieu dans cette ville"; texto em espanhol: *Don Quijote de la Mancha.* Op.cit., p.591: "El autor de esta historia, puesto que con curiosidad y diligencia ha buscado los hechos que don Quijote hizo en su tercera salida, no ha podido hallar noticia de ellas, a lo menos por escrituras auténticas: solo la fama ha guardado, en las memorias de la Mancha, que don Quijote la tercera vez que salió de su casa fue a Zaragoza, donde se halló en una famosas justas que en aquella ciudad se hicieron".

de um díptico. A obra apresenta-se composta por "el Licenciado Alonso Fernández de Avellaneda, natural de la villa de Tordesillas" e impressa em Tarragona, por Felipe Roberto. A análise das fontes empregadas na produção do livro sugere que o endereço tipográfico colocado na página de título dissimula, de fato, o lugar real da impressão, que seria o da oficina de Sebastián de Cormellas, em Barcelona. A oficina de impressão visitada por Dom Quixote não seria, então, a de Pedro Malo, como por vezes se pensou,[52] mas a de Cormellas,[53] descrita por Cervantes partindo de seu próprio conhecimento da oficina na qual *Dom Quixote* fora impresso, aquela de Juan de la Cuesta, em Madri.[54]

No próprio texto da Segunda Parte de Cervantes, a primeira menção da obra de Avellaneda (cuja identidade real nunca pôde ser esclarecida com certeza)[55] aparece no capítulo LIX, no momento em que dois dos clientes do albergue, onde Dom Quixote e Sancho pararam para descansar, evocam ao mesmo tempo o romance de 1605 e, em seguida, o de 1614. Um deles, Dom Juan, propõe, então:

> Por vossa vida, Dom Jerônimo, ao esperar que venha o jantar, leiamos outro capítulo da Segunda Parte de Dom Quixote de

---

[52] Para a identificação da oficina de impressão visitada por Dom Quixote como a de Pedro Malo, cf. ILLLUCH, Luís C. Viada. L'estampa barcelonina d'En Pere i d'En Pau malo davant de la rectoria del Pi: una conjectura cervàntica. *Bulletí de la Biblioteca de Catalunya*, IV, 1925, p.225-37. Agradeço a Manuel Peña a indicação deste artigo.

[53] Essa hipótese, defendida por Francisco Rico in *Visitas de imprentas*. Op.cit., p.48-9, destaca que nesse mesmo ano de 1614, data do lançamento da continuação de Avellaneda, Sebastián de Cormellas imprimiu de modo semelhante uma nova edição das *Obras de Ludovido Blesio*.

[54] Cf. MICHAEL, Ian. How *Dom Quixote* came to Oxford. Op.cit., p.97.

[55] Cf. CANSECO, Luis Gómez. Introducción. In: AVELLANEDA, Alonso Fernández de. *El Ingenioso hidalgo Don Quijote de la Mancha*. Op.cit., p.29-59: "Pesquisa en torno a Avellaneda".

la Mancha [Este retruca:] Por que quereis, senhor Dom Juan, que leiamos essas extravagâncias? Pois aquele que leu a Primeira Parte da história de Dom Quixote de la Mancha não se agradaria de ler a Segunda.[56]

O diálogo entre os dois nobres lembra ao leitor a passagem na qual o bacharel Carrasco, Dom Quixote e Sancho discutem a recepção das andanças do cavaleiro errante, como as consignou o historiador árabe Cid Hamet Benengeli (o suposto autor da narrativa, a partir do capítulo IX da Primeira Parte) e as imprimiu na prensa madrilense de Juan de la Cuesta.[57] Carrasco menciona o grande sucesso do livro, de que já foram impressos mais de 12 mil exemplares,[58] mas também as críticas que lhe foram dirigidas:

> Alguns reprovaram o autor pelos erros e pelas falhas de memória deliberadas, como o esquecimento de contar quem era o ladrão que roubara o cinzento de Sancho, do qual, aliás, nem fizera

---

[56] Texto em francês: CERVANTES. *Don Quichotte*. Op.cit., p.1328-9: "Pourquoi voulez-vous, seigneur don Juan, que nous lisions ces extravagances? Car celui qui a lu la Première partie de l'histoire de don Quichotte de la Manche ne saurait prendre plaisir à lire la seconde"; texto em espanhol: *Don Quijote de la Mancha*. Op.cit., p.1110-1: "Por vida de vuestra merced, señor don Jerónimo, que en tanto que traen la cena leamos otro capítulo de la segunda parte de Don Quijote de la Mancha. – Para qué quiere vuestra merced, señor don Juan, que leamos estos disparates, si el que hubiere leído la primera parte de la historia de don Quijote de la Mancha no es posible que pueda tener gusto en leer esta segunda?".
[57] CERVANTES. *Don Quichotte*. Op.cit. Segunda Parte, cap. III, p.919-27; texto em espanhol: *Don Quijote de la Mancha*. Op.cit., p.646-56.
[58] O número é com certeza plausível já que, entre 1605 e 1615, o livro teve três edições em Madri (duas em 1605, uma em 1608), duas ou três edições em Lisboa em 1605, duas edições em Valência (todas duas em 1605), duas edições em Bruxelas (em 1607 e 1611) e uma edição em Milão (em 1610). Cf. MICHAEL, Ian. How *Dom Quixote* came to Oxford. Op.cit., p.116-7.

menção na história. Tudo o que se pode deduzir, de fato, é que o roubaram, quando o vemos aparecer pouco depois montado sobre esse mesmo asno, sem que o tivesse encontrado.[59]

O lapso cometido na primeira edição, e mal reparado nas seguintes, é assim transformado em um tema da própria narração. Sancho volta a esse lapso no capítulo seguinte. Ele faz a narração do roubo e da recuperação de seu burrinho e responde a Sansão Carrasco que o lembrou, ao mencionar, dessa vez, a incoerência mantida na segunda edição, em que o erro permanece:

no fato de que, antes mesmo de ter encontrado seu burrinho, o autor nos diz que Sancho se deslocava montado sobre o cinzento em questão: "Sobre esse ponto, replica Sancho, não sei o que responder, a não ser isso de que o historiador tenha se enganado ou, então, que se trate de uma negligência do impressor".[60]

Bem antes da visita de Dom Quixote, a oficina na qual os livros são compostos, impressos e corrigidos (por vezes, muito mal) aparece

---

[59] Texto em francês: CERVANTES. *Don Quichotte*. Op.cit., p.926: "Certains ont reproché à l'auteur des erreurs et des défaillances de mémoire délibérées, car il oublie de raconter qui était le voleur qui déroba le grison de Sancho, dont il n'est d'ailleurs pas fait mention dans l'histoire. Tout ce que l'on peut en déduire, en effet, c'est qu'on le lui a volé, alors qu'on le voit apparaître peu après à cheval sur ce même baudet, sans qu'il l'ait retrouvé"; texto em espanhol: *Don Quijote de la Mancha*. Op.cit., p. 655: "Algunos han puesto falta y dolo en la memoria del autor, pues se le olvida de contar quien fue el ladrón que hurtó el rucio a Sancho, que allí no se declara, y solo se infiere de lo escrito que se le hurtaron, y de allí a poco le vemos a caballo sobre el mismo jumento, sin haber parecido".
[60] Texto em francês: CERVANTES. *Don Quichotte*. Op.cit., p.928: "Dans le fait qu'avant même d'avoir retrouvé son âne l'auteur nous dit que Sancho se déplaçait à cheval sur le grison en question: 'Sur ce point, répliqua Sancho,

na narração, no momento em que Cervantes atribui ao cronista árabe ou aos operários da oficina de impressão sua própria negligência.

O fato de que os personagens de *Dom Quixote* leiam e comentem o livro que conta sua própria história constitui para Borges uma das "magias" do romance. Para ele, esse dispositivo narrativo é um dos instrumentos mais eficazes para que sejam confundidos o mundo do livro e o mundo do leitor. O mesmo acontece em *Hamlet*, quando a representação do *Homicídio de Gonzaga* pelos comediantes que acabaram de chegar da cidade reproduz, diante da corte de Elseneur, a própria história do homicídio do velho Hamlet, assassinado por seu irmão e traído por sua esposa. Borges se interroga:

> Por que nos inquietamos com o fato de que Dom Quixote seja leitor do *Quixote* e Hamlet espectador de *Hamlet*? Acredito ter-lhe encontrado a causa: tais inversões sugerem que se os personagens de uma ficção podem ser leitores ou espectadores, nós, seus leitores ou seus espectadores, podemos ser personagens fictícios.[61]

Os protagonistas de *Dom Quixote* leram as primeiras aventuras do fidalgo, mas conhecem igualmente a obra publicada em 1614,

---

je ne sais que répondre, hormis que l'historien se soit trompé, ou bien qu'il s'agisse d'une negligence de l'imprimeur'"; texto em espanhol: *Don Quijote de la Mancha*. Op.cit., p.657: "El yerro [está] en que antes de haber parecido el jumento dice el autor que iba a caballo Sancho en el mismo rucio – A eso – dijo Sancho – no sé que responder, sino que el historiador se engañó, o ya sería descuido del impresor".

[61] BORGES, Jorge Luis. Magies partielles du "Quichotte. In: *Enquêtes*. Op.cit., p.68-69; texto em espanhol: Magias parciales del Quijote [1952]. In: BORGES, Jorge Luis. *Otras inquisiciones*. Op.cit., p.79: "¿Por qué nos inquieta que Don Quijote sea lector del *Quijote* y Hamlet espectador de *Hamlet*? Creo haber dado con la causa: tales inversiones sugieren que si los caracteres de una ficción pueden ser lectores o espectadores, nosotros, sus lectores o espectadores, podemos ser ficticios".

que conta a sequência da história. Retornemos ao albergue, para onde Dom Jerônimo e Dom Juan levaram um exemplar do livro de Avellaneda. Ao ouvir Dom Juan dizer que aquilo de que mais desgosta nessa obra é o fato de Dom Quixote ser descrito como desapaixonado (*desenamorado*) de Dulcineia, o cavaleiro errante entra na conversa, "cheio de cólera e de despeito", desmente a afirmação insultante e se apresenta aos dois "fidalgos". Cervantes desenvolve, então, um jogo atordoante com o livro editado um ano antes da publicação de sua própria Segunda Parte, na qual o pretenso licenciado de Tordesilhas descreve, entre outras, a lastimosa participação de Dom Quixote na corrida de arcos de Saragoça.

Dom Quixote refuta as afirmações mentirosas de Avellaneda, insistindo que está e continuará firme em seu amor por Dulcineia. E faz mais. Declara que os fatos que a continuação descreve como acontecidos nunca acontecerão. Ele não foi a Saragoça e para lá não irá: "Não colocarei meus pés em Saragoça e, com isso, denunciarei para o mundo a mentira desse historiador moderno. Assim as pessoas verão que não sou o Dom Quixote do qual ele fala".[62]

Cervantes "falsifica" a narração de Avellaneda, ao designar como um futuro que não virá a ser o que o continuador já contava como um passado realizado. E, de fato, Dom Quixote não irá a Saragoça, mas a Barcelona, onde o encontramos.

Antes de se pôr a caminho, Dom Quixote folheia o livro de Avellaneda que havia sido colocado em suas mãos por um dos no-

---

[62] Texto em francês: CERVANTES. *Don Quichotte*. Op.cit., p.1332: "Je ne mettrai pas les pieds à Saragosse, et je dénoncerai ainsi à la face du monde le mensonge de ce moderne historien, et les gens verront que je ne suis pas le don quichotte dont il parle"; texto em espanhol: *Don Quijote de la Mancha*. Op.cit., p.1115: "No pondré los pies en Zaragoza y así sacaré a la plaza del mundo la mentira dese historiador moderno, y echarán de ver las gentes como yo no soy el don Quijote que él dice".

bres. Em uma irônica inversão, ele acusa esse autor de negligência e incoerência:

> A terceira [coisa digna de censura], que o confirma como o mais ignorante, é que o autor se engana e se distancia da verdade no ponto mais importante da história, pois diz que a mulher de Sancho Pança, meu escudeiro, se chama Mari Gutiérrez, e não é assim que ela se chama, e sim Teresa Pança. E aquele que se engana, nessa parte tão importante da história, pode-se recear que se engane em todo o restante.[63]

A crítica ridícula dirigida ao continuador da história é, ao mesmo tempo, uma forma empregada por Cervantes para zombar de seus próprios detratores – tal como Lope de Vega – no caso do roubo do burrinho, do qual tinham feito "o ponto mais importante da história"; e também dele mesmo, já que, na Primeira Parte, a mulher de Sancho aparece com vários nomes, Juana Gutiérrez, Mari Gutiérrez, Juana Pança e, na Segunda, ela se torna Teresa Pança e, finalmente, Teresa Sancha.[64]

---

[63] Texto em francês: CERVANTES. *Don Quichotte*. Op.cit., p.1329-30: "La troisième [chose digne de blâme], qui le confirme le plus comme ignorant, c'est qu'il se trompe et s'écarte de la vérité sur le point le plus important de l'histoire, car il dit ici que la femme de Sancho Pança, mon écuyer, s'appelle Mari Gutiérrez, et ce n'est pas ainsi qu'elle s'appelle, mais Teresa Pança; et celui qui se trompe dans cette partie si importante de l'histoire, on peut bien craindre qu'il ne se trompe dans tout le restant"; texto em espanhol: *Don Quijote de la Mancha*. Op.cit., p.1112: "La tercera, que más le confirma por ignorante, es que yerra y se desvía de la verdad en lo más principal de la historia, porque aquí dice que la mujer de Sancho Panza mi escudero se llama Mari Gutiérrez, y no llama tal, sino Teresa Panza: y quien en esta parte tan principal yerra, bien se podrá temer que yerra en todas las demás de la historia".

[64] Cf. RILEY, Edward C. Who's who in *Don Quijote*? Or, approach to the problem of identity. *Modern Language Notes*, 81, 1996, p.113-30; trad. esp.: In: RILEY, Edward C. *La rara invención*. Op.cit., p.31-50.

O plagiador plagiado

A partir do capítulo LIX, as alusões à continuação de Avellaneda multiplicam-se. No capítulo LXI, antes de sua chegada a Barcelona, Dom Quixote é acolhido por um dos amigos de Roque Guinart com estas palavras:

> Bem-vindo seja o valoroso Dom Quixote de la Mancha: não o falso, o fictício, o apócrifo que nos foi apresentado estes dias, nas histórias falsas, mas sim o verdadeiro, o leal e fiel que nos descreveu Cid Hamet Benengeli, flor dos historiadores.

O que faz o herói dizer: "Essas pessoas realmente nos reconheceram, tenho certeza de que leram nossa história e até mesmo aquela do aragonês, impressa recentemente".[65]

No capítulo LXII, ele deixa a oficina de impressão, irritado, declarando, a propósito desse mesmo livro que: "em verdade, e na minha consciência, pensei que ele já estivesse queimado e reduzido a cinzas por sua impertinência".[66]

---

[65] Texto em francês: CERVANTES. *Don Quichotte*. Op.cit., p.1347: "Bienvenu soit-il le valeureux don Quichotte de la Manche: non pas le faux, le fictif, l'apocryphe qu'on nous a montré ces jours-ci dans de fausses histoires, mas le véritalbe, le loyal et le fidèle que nous a décrit Cid Hamet Benengeli, fleur des historiens ... Ces gens-ci nous ont sûrement reconnus; je gagerais qu'ils ont lu notre histoire, et même celle de l'Aragonais imprimée récemment"; texto em espanhol: *Don Quijote de la Mancha*. Op.cit., p.1131: "Bien sea venido el valeroso don Quijote de la Mancha: no el falso, no el fictício, no el apócrifo que en falsas historias estos días nos han mostrado, sino el verdadero, el legal y el fiel que nos describió Cide Hamete Benengeli, flor de los historiadores ... – Estos bien nos han conocido: yo apostaré que han leído nuestra historia, y aun la del aragonés recién impresa".

[66] Texto em francês: CERVANTES. *Don Quichotte*. Op.cit., p.1359: "En vérité et sur ma conscience, je pensais qu'il était déjà brûlé et réduit en cendres pour son impertinence"; texto em espanhol: *Don Quijote de*

No capítulo LXX, na visão de Altisidora, os diabos, na entrada do inferno, jogam bola, mas, em vez de bolas, usam livros. Um deles, destruído pelos golpes de pás de cinza, que manejam como se fossem raquetes, espalha-se pelo chão:

> Veja qual é esse livro – diz um diabo a um outro. E este responde: – É a *Segunda Parte da história de Dom Quixote de la Mancha*, composta não por Cid Hamet, seu primeiro autor, mas por um aragonês que se diz nativo de Tordesilhas. – Tirem-no da minha frente, retorquiu o primeiro diabo, e joguem-no no fundo dos infernos, que meus olhos não o vejam mais. – Ele é assim tão ruim? pergunta o outro. – Tão ruim, retoma o primeiro, que eu mesmo, se tivesse sido encarregado para fazer expressamente pior, não teria conseguido.[67]

O jogo com a continuação apócrifa culmina no capítulo LXXII, quando, no caminho de volta à sua cidade, Dom Quixote e Sancho

---

la Mancha. Op.cit., p.1146: "En verdad y en mi conciencia que pensé que ya estaba quemado y hecho polvos por impertinente".

[67] Texto em francês: CERVANTES. *Don Quichotte*. Op.cit., p.1403: "Voyez quel est ce livre dit un diable à un autre; et celui-ci de répondre: C'est la *Seconde partie de l'histoire de don Quichotte de la Manche*, composée non par Cid Hamet, son premier auteur, mais par un Aragonais qui se prétend natif de Tordesillas. – Ôtez-le-moi d'ici, répliqua le premier diable, et jetez-le dans les abîmes de l'enfer: que mes yeux ne le voient plus – Est-il donc si mauvais? demanda l'autre. – Si mauvais, reprit le premier, qu'aurais-je tâché moi-même par exprès de faire pis, je n'y aurais pas réussi"; texto em espanhol: *Don Quijote de la Mancha*. Op.cit., p.1195: "'Mirad qué libro es ese'. Y el diablo le respondió: 'Esta es la *Segunda parte de la historia de don Quijote de la Mancha*, no compuesta por Cide Hamete Benengeli, su primer autor, sino por un aragonés, que él dice ser natural de Tordesillas'. 'Quitádmele de ahí – respondió el otro diablo – y metedle en los abismos del infierno, no lo vean más mis ojos.' '¿Tan malo es? – respondió el otro.' 'Tan malo – replicó el primero –, que si de propósito yo mismo me pusiera a hacerle peor, no acertara'".

encontram, em um albergue, Dom Álvaro Tarfe, um dos personagens inventados por Avellaneda. Dom Álvaro deve afirmar que o Dom Quixote e o Sancho Pança que conheceu não são esses que ele vê agora. O verdadeiro Dom Quixote nunca foi a Saragoça, nunca esteve internado em um sanatório de Toledo. Dom Álvaro Tarfe afirma isso diante do prefeito da cidade e declara, "sob a pena de justiça": "que não conhecia o Dom Quixote de la Mancha igualmente presente e não era ele aquele que se tinha impresso em uma história intitulada *Segunda Parte de Dom Quixote de la Mancha*, composto por um certo Avellaneda, nativo de Tordesilhas".[68]

Enunciado no léxico dos atos jurídicos (o depoimento sob a forma de uma *petición* e o começo com a fórmula legal *de que a su derecho convenía*), a declaração de Dom Álvaro Tarfe é um dos numerosos dispositivos pelos quais Cervantes transforma o "plágio" de Avellaneda em tema de sua própria ficção. Talvez ele se lembre de Mateo Alemán, que, na Segunda Parte da *Vie de Guzmán d'Alfarache* [Vida de Guzmán d'Alfarache], publicada em 1604, havia transformado em personagem de seu romance o autor de uma continuação lançada dois anos antes. Redigida (ao menos no essencial) pelo valenciano Juan José Martí, essa sequência foi apresentada como composta por "Mateo Luján de Sayavedra, natural vecino de Sevilla". No capítulo IX do Livro II da Segunda Parte do *Guzmán*, o personagem Sayavedra de Mateo Alemán "fica doente, entra em

---

[68] Texto em francês: CERVANTES. *Don Quichotte*. Op.cit., p.1415: "Qu'il ne connaissait pas don Quichotte de la Manche, présent également, lequel n'était pas celui qu'on avait imprimé dans une histoire intitulée *Seconde partie de don Quichotte de la Manche*, composée par un certain Avellaneda, natif de Tordesillas"; texto em espanhol: *Don Quijote de la Mancha*. Op.cit., p.1208: "No conocía a don Quijote de la Mancha, que asimismo estaba allí presente, y que no era aquel que andaba impreso en una historia intitulada *Segunda parte de don Quijote de la Mancha*, compuesta por un tal de Avellaneda, natural de Tordesillas".

frenesi, acredita ser o próprio Guzmán e se joga no mar, onde se afoga". Dom Álvaro Tarfe não conhece um destino tão lamentável,[69] mas o jogo, a julgar pela continuação, publicando-a sob pseudônimo, como matéria literária, fornecendo personagens e histórias para o original, é o mesmo. Em *Dom Quixote*, o efeito real produzido pelo texto não se relaciona apenas, como escreve Borges, ao fato de que Cervantes instala sua intriga nos "caminhos poeirentos e nos sórdidos albergues de Castilha", abandonando as "vastas e vagas geografias de Amadis".[70] Em primeiro lugar, ocorrem as trocas constantes entre a ficção e as condições técnicas ou literárias que governam a composição – nos dois sentidos da palavra: estética e tipográfica.

O nome, a história e o encantamento

A última alusão à continuação de Avellaneda aparece no testamento ditado por Dom Quixote, em seu leito de morte. A cláusula final é esta:

> Idem, suplico meus senhores executores testamentários, aqui nomeados [*i.e.* o cura e o bacharel Sansão Carrasco], que, se tiverem

---

[69] ALEMAN, Mateo. *Le Gueux ou la Vie de Guzmán d'Alfarache, guette-chemin de la vie humaine, Deuxième Partie*, trad. de Francis Reille. In: *Romans picaresques espagnols*. Introd., cronologia e bibliografia por M. Molho. Paris: Gallimard, Bibliothèque de la Pléiade, 1968. p.577; texto em espanhol: Mateo Alemán. *Guzmán de Alfarache*. Edição, introdução e notas de Francisco Rico. Barcelona: Planeta, 1983, p.708: "Se mareó Sayavedra; dióle una calentura, saltóle a modorra y perdió el juicio. Dice que él es Guzmán de Alfarache y con la locura se arrojó a la mar, quedando ahogado en ella".

[70] BORGES, Jorge Luis. Magies partielles du 'Quichotte'. In: BORGES, *Enquêtes*. Op.cit., p.65; texto em espanhol: Magias parciales del Quijote, [1952]. In: Borges. *Otras inquisiciones*. Op.cit., p.75-6: "A las vastas y vagas geografías del Amadís opone los polvorientos caminos y los sórdidos mesones de Castilla".

a boa sorte de conhecer o autor que, diz-se, compôs uma história que circula por aqui sob o título de *Segunda Parte das andanças de Dom Quixote de la Mancha*, peçam-no por favor, de minha parte, tão breve seja possível, desculpas por ter-lhe dado, sem maiores cuidados, a oportunidade de escrever tão grandes e numerosas besteiras como essas que ele cometeu, pois abandono esta vida com o escrúpulo de lhe ter fornecido a oportunidade de as escrever.[71]

O pedido de perdão irônico a Avellaneda não pode se separar do retorno de Dom Quixote à razão, o que abre o último capítulo do romance:

Possuo, a partir de agora, um julgamento livre e claro, distanciado das sombras espessas da ignorância que tinham derramado sobre ele as amargas e contínuas leituras dos detestáveis livros de cavalaria.[72]

---

[71] Texto em francês: CERVANTES. *Don Quichotte*. Op.cit., p.1425-6: "Item, je suplie messieurs les exécuteurs testamentaires, ci-devant nommés, [*i.e.* le curé et le bachelier Samson Carrasco] que, s'ils avaient la bonne fortune de connaître l'auteur qui, dit-on, a composé une histoire qui circule par ici sous le titre de *Seconde partie des exploits de don Quichotte de la Manche*, ils le prient de ma part, aussi instamment qu'il est possible, de me pardonner de lui avoir donné, sans y prendre garde, l'occasion d'écrire de si grandes et si nombreuses sottises que celles qu'il y a commises; car j'abandonne cette vie avec le scrupule de lui avoir forni l'occasion de les écrire"; texto em espanhol: *Don Quijote de la Mancha*. Op.cit., p.1220-1: "Iten, suplico a los dichos señores mis albaceas que si la buena suerte les trujere a conocer el autor que dicen que compuso una historia que anda por ahí con el título de *Segunda parte de las hazañas de don Quijote de la Mancha*, de mi parte le pidan, cuan encarecidamente ser pueda, perdone la ocasión que sin yo pensarlo le di de haber escrito tantos y tan grandes disparates como en ella escribe, porque parto de esta vida con escrúpulo de haberle dado motivo para escribirlos".

[72] Texto em francês: CERVANTES. *Don Quichotte*. Op.cit., p.1422: "Je possède désormais un jugement libre et clair, dégagé des ombres épaisses

O primeiro sinal de que recobra o juízo é o de sua identidade: "Meus bons senhores, felicitem-me por não ser mais Dom Quixote de la Mancha, mas Alonso Quijano, a quem sua vida bondosa valeu-lhe outrora ser chamado *o bom*".[73]

Retomando seu verdadeiro nome, Dom Quixote marca o fim da fábula, antes mesmo de sua morte, que ocorrerá algumas páginas mais tarde. Anula, assim, o gesto fundador que havia aberto, quando o fidalgo Quixana (ou Quijana), assim como é nomeado na segunda edição de 1605 (e não mais Quexana, como na primeira edição)[74] "vem a se chamar Dom Quixote".[75]

Um momento impressionante é, então, apresentado ao leitor pelos outros protagonistas da história. Estes recusam o retorno do fidalgo à sua identidade verdadeira e querem perpetuar sua ilusão. Desejam se tornar pastores, como havia decidido Dom Quixote, que, depois de ter sido derrotado pelo cavaleiro da Lua Branca, fez a promessa de renunciar durante um ano à vida de cavaleiro errante. Todos, e talvez dentre eles o leitor, a quem foi assim prometida a paródia de um novo gênero, sonham morar virtualmente em um

---

de l'ignorance qu'avait répandues sur lui l'amère et continuelle lecture des détestables livres de chevalerie"; texto em espanhol: *Don Quijote de la Mancha.* Op.cit., p.1217: "Yo tengo juicio ya libre y claro, sin las sombras caliginosas de la ignorancia que sobre él me pusieron mi amarga y continua leyenda de los detestables libros de las caballerías".

[73] Texto em francês: CERVANTES. *Don Quichotte.* Op.cit., p.1423: "Mes bons messieurs, félicitez-moi d'être non plus don quichotte de la Manche, mais Alonso Quijano, à qui sa bonne vie valut autrefois d'être appelé *le Bon*"; texto em espanhol: *Don Quijote de la Mancha.* Op.cit., p.1217: "Dadme albricias, buenos señores, de que ya no soy don Quijote de la Mancha, sino alonso Quijano, a quien mis costumbres me dieron renombre de 'bueno'".

[74] RICO, Francisco. Quexana. *Euphrosyne. Revista de Filología Clásica,* v.XXII, 1994. p.431-9.

[75] Texto em francês: CERVANTES. *Don Quichotte.* Op.cit., p.1422: "En vint à s'appeler *don Quichotte*"; texto em espanhol: *Don Quijote de la Mancha.* Op.cit., p.1216: "Se vino a llamar 'don Quijote'".

mundo pastoral mais aprazível que aquele de seus trabalhos e de seus dias. O bacharel Carrasco, Sancho e o próprio narrador obstinam-se em chamar por seu nome de cavalaria aquele que se tornou, para ele mesmo, Alonso Quijano.

Uma segunda vez, Dom Quixote deve afirmar que encontrou seu nome autêntico:

> estava louco e agora estou curado. Era Dom Quixote de la Mancha e sou, a partir de agora, assim como já disse, Alonso Quijano, o Bom. Possam meu arrependimento e minha sinceridade retribuir, senhores, a estima que me dedicaram.[76]

Daí em diante, uma dupla identidade designa "o engenhoso fidalgo de la Mancha": ele é, em seu presente momento, "um cavalheiro desses de lança no armário, escudo antigo, cavalo magro e cão de caça corredor",[77] mas, para a posteridade, ele continua para sempre, graças a seu desvario e à pena de Cid Hamet, esse louco solto no mundo a quem

---

[76] Texto em francês: CERVANTES. *Don Quichotte*. Op.cit., p.1425: "J'ai été fou et maintenant je suis sage: j'ai été don Quichotte de la Manche, et je suis désormais, ainsi que je l'ai dit, alonso Quijano le bon. Puissent mon repentir et ma sincérité me rendre, messieurs, l'estime que l'on me portait"; texto em espanhol: *Don Quijote de la Mancha*. Op.cit., p.1220: "Yo fui loco y ya soy cuerdo; fui don Quijote de la Mancha y soy ahora, como he dicho, Alonso Quijano el Bueno. Pueda con vuestras mercedes mi arrepentimiento y mi verdad volverme a la estimación que de mí se tenía".

[77] Texto em francês: CERVANTES. *Don Quichotte*. Op.cit., p.409 : "Un gentilhomme de ceux qui ont lance au râtelier, bouclier antique, maigre roussin et lévrier chasseur"; texto em espanhol: *Don Quijote de la Mancha*. Op.cit., p.35: "Un hidalgo de los de lanza en astillero, adarga antigua, rocín flaco y galgo corredor". Sobre a identidade histórica assim designada, ver o magnífico ensaio de Pierre Vilar. Le temps du 'Quichotte'. *Europe*, jan./fev. 1956. p.3-16. Retomado In: VILAR, Pierre. *Une histoire en construction. Approche marciste et problématiques conjoncturelles*. Paris: Gallimard/Le Seuil, Hautes Études, 1982. p.233-46.

parecia conveniente e necessário, tanto para o aumento de sua honra quanto para servir sua pátria, tornar-se cavaleiro errante e ganhar o mundo, com suas armas e seu cavalo, para procurar aventuras e realizar tudo o que tinha lido, conforme os cavaleiros errantes realizavam.[78]

Dom Quixote é um homem de vários nomes. Aquele que ele mesmo se dá (Dom Quixote de la Mancha), aquele que é o seu (Alonso Quijano, o Bom), aqueles que os eruditos lhe atribuíram:

> Afirma-se que tinha por nome Quijada ou Quesada – pois, sobre isso, há algumas divergências entre os autores que escreveram a esse respeito –, apesar de as conjecturas mais verossímeis darem a entender que se chamava Quijana.[79]

Tal paródia humorística das discussões eruditas permite a Cervantes inscrever na história do fidalgo de la Mancha um traço comum

---

[78] Texto em francês: CERVANTES. *Don Quichotte*. Op.cit., p.411: "Parut convenable et nécessaire, tant pour l'accroissement de son honneur que pour le service de sa république, de se faire chevalier errant et de s'en aller de par le monde, avec ses armes et son cheval, pour chercher les aventures et s'exercer en tout ce qu'il avait lu que s'exerçaient les chevaliers errants"; texto em espanhol: *Don Quijote de la Mancha*. Op.cit., p.40: "Fue que le pareció convenible y necesario, así para el aumento de su honra como para el servicio de su república, hacerse caballero andante y irse por todo el mundo con sus armas y caballo a buscar las aventuras y a ejercitarse en todo aquello que él había leído que los caballeros andantes se ejercitaban".

[79] Texto em francês: CERVANTES. *Don Quichotte*. Op.cit., p.409: "On affirma qu'il avait pour nom Quijada ou Quesada – car, là-dessus, il y a quelque divergence entre les auteurs qui ont écrit à ce sujet –, bien que des conjectures vraisemblables donnent à entendre qu'il s'appelait Quijana"; texto em espanhol: *Don Quijote de la Mancha*. Op.cit., p.36-7: "Quieren decir que tenía el sobrenombre de 'Quijada' o 'Quesada', que en esto hay alguna diferencia en los autores que deste caso escriben, aunque por conjeturas verisímiles se deja entender que se llamaba 'Quijana'".

aos textos literários de seu tempo: a instabilidade do nome. *Trabalhos de amor perdido*, como já vimos, ou *Lazarillo de Tormes*, em que, apesar do título, o herói não é jamais nomeado Lazarillo, mas Lázaro (menos na brincadeira com as palavras *lacerado/lazarillo*),[80] são dois exemplos entre muitos outros dessa variação nos nomes cujas razões são várias: a desatenção dos autores que esquecem ou confundem os nomes que deram a seus personagens; os erros cometidos pelos compositores e revisores ou, como pano de fundo, uma concepção partilhada que não atribui aos indivíduos, nem na literatura nem no mundo social, uma identidade única, estável e fixa.[81] A genialidade de Cervantes consiste em fazer das mudanças no nome de seu herói o ponto que, no seio da história, abre e fecha o tempo de encantamento.

Na época de *Quixote*, a oficina de impressão era o lugar essencial onde os textos em busca de leitores tornavam-se livros. Essa técnica tem seus difamadores, que denunciam seus perigos ou sua inutilidade e continuam fiéis à cópia manuscrita.[82] Diferentemente do impresso, o manuscrito assegura aos autores maior controle sobre a circulação de suas obras e mantém os textos longe de leitores ignorantes, que não os saberiam compreender. Mas esse julgamento não é unânime, e até mesmo os reis se honram com as visitas de tipógrafos. É, ao me-

---

[80] RICO, Francisco. La *princeps* del Lazarillo, título, capitulación y epígrafes de un texto apócrifo. In: RICO, Francisco. *Problemas del Lazarillo*. Madri: Cátedra, 1988, p.113-51.

[81] STALLYBRASS, Peter. Shakespeare, the individual, and the text. In: *Cultural Studies*, editado com introdução de Lawrence Grossberg, Cary Nelson, Paula A. Treichler. Nova York/Londres: Routledge, 1992. p.593-612; e CLOUD, Random. The very names of the Persons': editing and the inventions of dramatic character. In: *Staging the renaissance*. Op.cit., p.88-96.

[82] É o que acontece com os romances de cavalaria na segunda metade do século XVI, quando as cópias manuscritas asseguram a circulação das novas obras de um gênero que, daí em diante, fora abandonado pelas prensas, cf. MEGÍAS, José Manuel Lucía. *De los libros de caballerías manuscritos al Quijote*. Madri: SIAL Ediciones, Coleção Trivium, 2004.

nos, o que sustenta Melchor de Cabrera em sua memória destinada a provar a honorabilidade desta "arte das artes" que é a impressão. Depois de ter lembrado que Luís XIII, que possuía uma prensa no Louvre, teve a reputação de ser um excelente compositor, descreve a visita de Felipe III e de sua filha, a infanta Dona Ana, à oficina de impressão que possuía o duque de Lerma, seu *válido*. A jovem infanta, diante de uma caixa,

> quis que escrevessem seu nome na palma de sua mão e tirava as letras dos caixotes onde lhe indicavam que elas se encontravam e as colocava no *componedor* (compositor tipográfico).[83]

[Em seguida] ...

> Sua Majestade entra na oficina de impressão e pede aos operários para continuarem em seus lugares e, todos assentados, prosseguirem na tarefa com a qual estavam ocupados. Quando chegava a uma caixa, durante todo o tempo em que permanecia parado para olhar o trabalho de composição, mantinha a mão sobre o ombro esquerdo do compositor.[84]

Com esse gesto protetor e familiar, o rei manifesta, melhor que todos os escritos, a utilidade e a nobreza da arte de imprimir.

Assim como seu soberano, Dom Quixote quis visitar uma oficina

---

[83] GUZMÁN, Melchor de Cabrera Nuñez de. *Discurso legal, histórico y político*. Op.cit., fólio, 23 frente: "Gusto que la escribiesen su nombre en la palma de la mano; y sacaba las letras de los axoncillos, donde la decían estaban, y las ponía en el componedor".

[84] Ibidem, fólio, 23 frente: "Su Majestad entró en la Oficina, mandó à los Artífices, no se mudasen de sus puestos, y asientos, sino que continuasen su ejercicio en la forma que se hallaban; y cuando llegaba à las Caxas, el rato que se detenía en ver componer, descansaba la mano en el hombro izquierdo del Componedor".

de impressão. Como ele, mostrou respeito e estima pelo trabalho daqueles graças aos quais os altos feitos de um grande príncipe ou as divertidas aventuras de um pobre cavaleiro podiam ser anunciadas ao mundo:

> Dom Quixote, aproximando-se de uma caixa, perguntou o que faziam ali; os operários lhe explicavam, ele ficava maravilhado e passava adiante.[85]

---

[85] Texto em francês: CERVANTES. *Don Quichotte*. Op.cit., p.1357: "Don Quichotte, s'approchant d'une casse, demandait ce qu'on faisait là; les ouvriers le lui expliquaient, il s'en émerveillait et passait plus loin"; texto em espanhol: *Don Quijote de la Mancha*. Op.cit., p.1143: "Llegábase don Quijote a un cajón y preguntaba qué era aquello que allí se hacía; dábanle cuenta los oficiales; admirábase y pasaba adelante".

Capítulo 4

Notícias escritas à mão, gazetas impressas Cymbal e Butter

Em 1631, é publicada em Londres uma comédia de Ben Jonson intitulada *The Staple of News* [O comércio de notícias]. A peça não é de todo recente: havia sido representada para a corte em fevereiro de 1626, na terça-feira de carnaval, e depois para o público da cidade, na sala Blackfriars. Cinco anos mais tarde, sua edição lhe dá nova existência em um formato incomum para obras teatrais, o in-fólio.[1] Vendida separadamente no começo, a peça, encadernada com duas

---

[1] JONSON, Ben. *The Staples of News.* In: JONSON, Ben. *Complete Works.* PERCY, C.H. Herford; SIMPSON, Evelyn (Orgs.). v.VI. Oxford: At the Clarendon Press, 1938. p.273-381 (citamos o texto em inglês das comédias tal como foi apresentado nessa edição). A peça foi igualmente editada em JONSON, Ben. *The Staple of News.* Ed. com introdução, notas e glossário de De Winter. Nova York: Henry Holt and Company, 1905. In: JONSON, Ben. *The Staple of News.* Devra Rowland Kifer, Lincoln. (Org.). University of Nebraska Press, 1975; e In: JONSON, Ben. *The Staple of News.* PARR, Anthony. (Org.). Manchester: Manchester University Press, 1988. Há uma tradução espanhola recente, indicada por Fernando Bouza: Ben Jonson. *El comercio de noticias y noticias del nuevo mundo descubierto en la Luna.* Trad., introdução e notas de Javier Díaz Nocí. Bilbao: Servicio Editorial, Universidad del País Vasco/Euskal Herriko Uniberstitatea, 2002.

outras comédias, *Bartholomew Fair* [A feira de São Bartolomeu] e *The Devil is an Ass* [O demônio é um asno], é reeditada em 1640, em um volume que se apresenta como o segundo tomo do fólio de 1616, no qual Ben Jonson, em um gesto audacioso e inédito para um dramaturgo, tinha reunido uma seleção de suas peças e poemas.[2]

The Staple of News deve seu título ao fato de que várias cenas se desenrolam em uma oficina ou escritório (local designado na peça como *office* ou *staple*), onde são reunidas, copiadas e vendidas as notícias da corte, da cidade e do mundo. A ideia de levar para o palco o comércio de notícias ocorreu a Ben Jonson em 1620 e já aparece em um balé da corte, ou, seguindo o léxico teatral inglês, em uma "máscara", intitulada *Newes from the New World* [Notícias do novo mundo], em que o *factor* ou gazeteiro, aquele que comercializa notícias manuscritas, declara a um impressor de *occasionnels*:[*]

> Depois de muito tempo, tenho a esperança de estabelecer um comércio de notícias, no qual as notícias serão reunidas, depois distribuídas sob a marca de *staple-news* (notícias-*staple* ou notícias-"oficiais"), e não confinadas a vossas patranhas impressas, como essas que falam da serpente encontrada em Sussex ou das feiticeiras que convidaram o diabo para jantar em Derby; notícias que, quando alguém as envia aos condados onde elas podem

---

[2] Sobre o fólio de 1616, cf. *Ben Jonson's 1616 Folio*, BRADY, Jennifer; HERENDEEN, W. H. (Orgs.). Newark: University of Delaware Press, 1991; e LOEWENSTEIN, Joseph. *Ben Jonson and possessive authorship*. Cambridge: Cambridge University Press, 2002. Para uma comparação com o fólio de 1623 de Shakespeare, ver: GRAZIA, Margreta de. *Shakespeare Verbatim. The reproduction of authenticity and the 1790 apparatus*. Oxford: Clarendon Press, 1991, p.29-41.

[*] Primeiras publicações impressas na França, que circulavam eventualmente sob a forma de folhetos e pequenas brochuras, contendo notícias de guerra e *canards*, notícias fantasiosas e mentirosas para enganar o público. (N.T.)

supostamente encontrar público, aí não podem nunca mais ser comprovadas.³

Ao impressor que lhe faz a objeção de que as notícias manuscritas coletadas na cidade ou enviadas pelos correspondentes dos condados não são mais verdadeiras que as histórias feitas para o prazer dos leitores populares, *the common people*, o gazeteiro retruca:

> Eu concordo, mas é a impressão que me irrita. Gostaria que nenhuma notícia fosse impressa, pois, no momento em que o é, deixa de ser notícia, mas, se permanece manuscrita, mesmo sendo falsa, ainda continua sendo notícia.⁴

Cinco anos depois, na Inglaterra, em um contexto profundamente transformado pela circulação das primeiras gazetas impressas, Ben Jonson fará da oposição, bem como do parentesco, entre manuscrito e impresso, entre as notícias escritas à mão e os periódicos saídos das prensas, um dos temas essenciais de sua comédia.

A peça coloca em cena um herdeiro pródigo, Pennyboy Júnior, que, com a notícia da morte de seu pai, torna-se ultrajantemente per-

---

[3] JONSON, Ben. *News from the New World Discovered in the Moon*. In: JONSON, Ben. *Complete Works*. PERCY, C.H. Herford; SIMPSON, Evelyn (Orgs.). v.VII. Oxford: At the Carendon Press, 1941. p.511-25: – Factor: "I have hope to erect a Staple for newes ere long, whether all shall be brought, and thence again vented under the name of Staple-newes; and not trusted to your printed Conundrums of the serpent in *Sussex*, or the witches bidding the Devill to dinner at *Derbie*: Newes, that when a man sends them downe to the Shieres where they are said to be done, sere never there to be found" (p.514-5).

[4] Ibidem, p.515: – Factor – "I confesse it; but it is the Printing I am offended at, I would have no newes printed; for when they are printed they leave to bee newes; while they are written, though they be false, they remaine newes still".

dulário. Essa obra pertence ao gênero clássico dos *prodigal plays*, que, ao denunciar os gastos extravagantes de legatários que dilapidam seu patrimônio, valorizam, pela diferença, a virtude da parcimônia. Foi graças a esse contexto que, em 1605, Nathaniel Butter imprimiu uma comédia intitulada *The London Prodigal*, atribuída a Shakespeare na página de título e a qual, por essa razão, fora incluída, em 1664, no terceiro fólio que reuniu as peças shakespearianas. Expurgada, no século XVIII, do *corpus* shakespeariano, essa comédia talvez tenha sido parcial ou inteiramente escrita por Ben Jonson,[5] o que teria inspirado, então, a intriga de *The Staple of News*.

Como seu título indica, a comédia de 1626 liga a história de Pennyboy Júnior e sua amante alegórica, a senhora Pecúnia, à presença de um comércio de notícias instalado na cidade onde reside o herdeiro pródigo – antecipadamente pródigo, já que seu pai, que não está morto, observa seu desregramento sob o disfarce de um mendigo chamado Pennyboy Canter, o mesmo que informara ao herdeiro o suposto falecimento de seu pai.

O escritório dos jornalistas

O escritório é, primeiro, conhecido pelo espectador (e pelo leitor) com base na descrição que dele faz Thomas, o barbeiro de Pennyboy Júnior, na segunda cena do primeiro ato.[6] À pergunta deste: "Diga-nos quais são as novas?" [*And tell's what are the newes?*], o barbeiro responde: "Oh! Senhor, um mercado de notícias! Ou o *New Staple*" (*O Sir, a staple of newes! Or the New Staple*). Mestre Cymbal (nome

---

[5] Ao menos é essa a hipótese de De Winter In: JONSON, Ben. *The Staple of News*. Op.cit. 1905. p.XXV-XXXI.

[6] JONSON, Ben. *The Staple of News*. Op.cit., p.285-9.

destinado a quem quer fazer ecoar boatos públicos*) é o *master of the Office*, mestre do escritório instalado em vários cômodos, nos quais se encontram as mesas, escrivaninhas e estantes necessárias ao negócio. Segundo Thomas, este consiste em coleta, exame, registro e publicação exclusiva de notícias de todos os gêneros, com a marca do comércio *Staple Newes*.[7]

Em seguida, o barbeiro descreve o pessoal do escritório que trabalha sob a batuta de Mestre Cymbal. Ele é composto, em primeiro lugar, por quatro correspondentes ou *emissaries* (*a fine new word*, "uma bela palavra nova", declara Pennyboy) que coletam as notícias em quatro lugares estratégicos da capital do reino, os *4 Cardinall Quarters*, segundo a expressão do herdeiro pródigo. Mestre Fitton, primo de Cymbal, está instalado na Corte; Mestre Ambler, em *Paul's Church* [Catedral de São Paulo], onde se encontram antes e depois do almoço os cortesãos e as pessoas do comércio,[8] e um holandês, Mestre Hans Buz, encontra-se no *Royal Exchange*, a Bolsa de Mercadorias, onde os mercadores trocam informações comerciais e letras de câmbio.

---

* *Cymbals* se traduz como "pratos" – o instrumento musical de percussão –, empregados para, entre outras funções, chamar a atenção ao que se vai anunciar. (N.T.)
[7] Ibidem, p.286: – Pennyboy Júnior: "What is't, an *Office*, Thom?" – Thomas: "Newly erected / Here in the house, almost on the same floore, / Where all the newes of all sorts shall be brought, / And There be examin'd, and then registred, / And so be issu'd under the Seal of the *Office*, / As *Staple Newes*; no other newes be currant".
[8] Cf. descrição de OSBORNE, Francis. *Tradicionall memoyres of the raigne of King James*, 1658: "It was fashion of those times, and did so continue 'till these for the principall Gentry, Lords, Courtiers and men of all professions not meerely Mechanick, to meet in *Paul's Church* by eleven, and walk in the middle le till twelve, and after dinner from three to six; during which time some discoursed commerce, others of Newes" (citado por LOVE, Harold. *Scribal publication in seventeenth-century England*. Oxford: Oxford University Press, 1993. p.193).

O emprego no ponto estratégico de *Westminster Hall*, endereço dos tribunais e das livrarias, vago quando a peça começa, é solicitado pelo Mestre Picklock, que também é o advogado de Pennyboy Júnior – o que reforça a ligação entre os dois componentes da comédia: a sátira aos jornalistas e a intriga estabelecida em torno do casamento da riquíssima Pecúnia. No próprio escritório, trabalham quatro empregados: o examinador [*Examiner*], o registrador [*Register*] e dois secretários que fazem a triagem, classificam, autenticam e publicam as notícias [*They mannage all at home, and sort, and file / And seale the newes, and issue them*]. Como uma das duas vagas para secretário está livre, Pennyboy Júnior promete a Thomas as cinquenta libras necessárias para ocupá-la.

Nos diálogos que se seguem à descrição da oficina onde são redigidas as notícias escritas à mão, duas referências introduzem a cultura do impresso. A primeira cita as obras ilustradas, utilizadas pelos artesãos. Muito satisfeito com a roupa que lhe fizera o alfaiate, Pennyboy Júnior pergunta a ele: "Por favor, diga-me, alfaiate, quais são os autores que você leu que o ajudaram em sua invenção? Gravuras italianas? Tapeçarias de Arras? Elas são as bibliotecas de alfaiates".[9]

A segunda alusão, cristalizada em uma só expressão, identifica o impresso com a perfeição. Pennyboy, que pergunta se sua fresa está bem ajustada, ouve a resposta de um dos ajudantes de alfaiate: *In print*, "perfeitamente".

As cenas IV e V do primeiro ato, situadas no escritório dos jornalistas, encenam satiricamente as práticas do jornalismo de então e, igualmente, as críticas que as atacam. Mestre Cymbal apresenta os cômodos a Pennyboy Júnior, que convida Pennyboy Canter (ou

---

[9] JONSON, Ben. *The Staple of News*. Op.cit., p.288: Pennyboy Júnior: "I pray thee tell me, *fashioner*, what Authors / Thou read'st to helpe thy invention? *Italian* prints? / Or *Arras* hangings? They are Taylors *Libraries*".

seja, seu pai disfarçado de mendigo) para acompanhá-lo. Cada notícia que chega ao escritório é examinada, registrada, distribuída e classificada, *examined, registred, dispatched* e *filed* no *roll of the day*, no registro cotidiano de cada correspondente. Primeiro recebidas segundo sua data, as notícias são organizadas por rubricas temáticas *(under their heads)* e, dentro dessas, por ordem alfabética.[10] O *Staple of News* aplica, assim, às notícias, a técnica intelectual dos lugares-comuns, que supõe a distribuição das unidades textuais em uma ordem temática. É a isso que Pennyboy Júnior faz diretamente referência quando declara que, graças a tal método, "todas as coisas são bem digeridas, ordenadas e compostas, de modo que se vê que a inteligência foi casada com a ordem".[11] Mas, diferentemente das *sententiae* universais e eternas, que são o objeto primeiro dos cadernos ou dos livros de lugares-comuns,[12] as notícias coletadas e classificadas no escritório dos jornalistas são anedóticas e fúteis.

Cymbal e Fitton, o correspondente localizado na corte, presente no escritório no momento da visita dos Pennyboy, classificam-nas segundo diversos critérios. Em primeiro lugar, o crédito que lhes pode ser acordado em virtude de sua proveniência divide as notícias entre "autênticas" e "apócrifas". São muito duvidosas as notícias vendidas por alguns homens de negócio, os barbeiros, os alfaiates, os carregadores de água e os barqueiros comerciais do Tâmisa. Mas são também suspeitas as notícias que circulam nas gazetas impressas, *coranti and gazetti*, recém-lançadas. Com efeito, é em 1620 que são publicados, em Amsterdã e Londres, os primeiros periódicos em língua inglesa

---

[10] Ibidem, p.293.
[11] Ibidem. Op.cit., p.295: – Pennyboy Júnior: "Sir, I admire / The method o'your place; all things within't / Are so digested, fitted, and compos'd / As it shewes *Wit* had married *Order*".
[12] GOYET, Francis. *Le sublime du "lieu commun". L'invention rhétorique à la Renaissance.* Paris: Honoré Champion, 1996.

no formato de *coranto*. O termo traduz o título dos primeiros jornais em língua neerlandesa (data de 1618 o mais antigo *courant*, holandês conservado) e designa uma gazeta em formato in-fólio, impressa frente e verso em uma única folha.[13] Em 1622, vários impressores londrinos propõem outra fórmula, os *newsbooks* (cadernos de notícias), compostos por dois ou três cadernos in-quarto e constituídos em séries, em que cada publicação leva uma data e um número de ordem.[14]

Rapidamente, o mercado das notícias impressas encontra-se dominado por Nathaniel Butter, que publica numerosas séries de *newsbooks*, primeiro como membro de um sindicato de cinco ou seis livreiros e, em seguida, depois da dissolução desse sindicato, no outono de 1624, em parceria com Nicholas Bourne. Essa sociedade dura até outubro de 1632, quando um decreto da *Star Chamber* [Câmara de Justiça] proíbe a publicação de gazetas e panfletos que informam as notícias vindas do estrangeiro, *the ordenary Gazetts and Pamphletts of newes from foraine partes*.[15] A comédia de Ben Jonson é encenada em 1626 e impressa em 1631, no momento em que o

---

[13] Cf. DAHL, Folke. *Dutch Corantos 1618-1650*. A bibliography illustrated with 334 facsimile reproductions of Corantos printed 1618-1625 and an introductory essay on seventeenth century stop press news. Göteborg, 1945; e LANKHORST, Otto. Newspapers in the Netherlands in the Seventeenth Century. In: *The Politics of Information in Early Modern Europe*. DOLEY, Brendan; BARON, Sabrina A. (Orgs.). Londres/Nova York: Routledge, 2001. p.150-9.

[14] Para um recenseamento dos primeiros periódicos ingleses, cf. DAHL, Folke. *A bibliography of English Corantos and Periodical Newsbooks 1620-1642*. Londres: The Bibliographical Society, 1952. Cf. os estudos de SOMMERVILLE, John. *The News Revolution in England. Cultural dynamics of daily information*. Nova York/Oxford: Oxford University Press, 1996; e RAYMOND, Joad. *The Invention of the Newspaper*. English newsbooks 1641-1649. Oxford: Clarendon Press, 1996.

[15] Citado em DAHL, Folke. Op.cit., p.19.

mercado das gazetas é dominado por Nathaniel Butter, cujo nome, na peça, é objeto de várias brincadeiras: uma cliente de Cymbal é a *Butterwoman*, e a falsificação das datas das notícias impressas é chamada de *buttering over*. A interdição das gazetas é suspensa em 1638, e Nathaniel Butter pode retomar seu comércio, primeiro com Bourne, depois sozinho, até 1642.

Três outros critérios permitem classificar as notícias que Cymbal armazena. O primeiro refere-se às diferentes épocas do ano, como as *vacation-newes*, para o período dos feriados dos tribunais de Westminster Hall, as *terme-newes*, para o período normal de exercício, época muito ativa para os negócios e para a publicação de novos livros, e ainda as *christmas-newes*, para a época das festas, propícia às representações teatrais, tanto na corte quanto na cidade, que ocupam os doze dias que separam o Natal da *Twelfth Night* [a Noite de Reis]. O segundo critério é o do calendário religioso e político, que produz as *newes o' the faction* [notícias dos partidos, das facções], entre elas as *reformed newes* calvinistas, as *protestant newes* luteranas e as *pontificall newes* católicas. Enfim, o último critério faz menção aos correspondentes, "de qualquer condição social, crença ou religião" [*of all ranks, and all Religions*], que remetem as notícias de todos os condados do reino, o que introduz a distinção entre a província [*the Countrey*] e a capital, ao mesmo tempo que desenha a rede de informantes de Cymbal, designados como *Factors* [viajantes comerciais], *Agents* [agentes] ou *Liegers* [*Ledgers*, contadores].

Cymbal explica a seus visitantes a organização financeira de sua empresa, cujos lucros são divididos em duas metades, uma para ele e outra para seus colaboradores. Essa segunda metade é dividida em sete partes: uma para cada um dos quatro *Emissaries*, uma para o *Examiner*, uma para o *Register*, e a última parte é dividida entre os dois secretários. Tal estrutura, que distribui de modo desigual os benefícios entre os parceiros [ou *shareholders*] de uma associação, é comum na Inglaterra dos séculos XVI e XVII. Ela regula a distribuição dos ganhos, tanto para as trupes de teatro quanto para o sindicato dos seis livreiros, unidos para a publicação dos *newsbooks*.[16]

Das duas vagas de secretários ou copistas, a primeira é ocupada por Nathaniel, que tem o mesmo nome que Nathaniel Butter e é um *decay'd Stationer*, ou seja, um membro decadente da comunidade de livreiros e impressores de Londres. Isso reforça a semelhança entre o personagem Nathaniel e Nathaniel Butter, já que este, antes de se lançar ao comércio das notícias, foi editor de peças de teatro (entre elas *King Lear*, em 1608) e de traduções de Homero por Chapman: a *Ilíada*, em 1611, e a *Odisseia*, em 1614. O segundo-secretário é Thom, o barbeiro para quem Pennyboy Júnior comprou o posto e o qual se apresenta como um *pretty Scholler*, um hábil erudito, com um título de Mestre em Artes da Universidade. Essa alusão faz referência aos graduados sem emprego, cujo número se multiplicou na década de 1620, graças ao afluxo de estudantes de Oxford e Cambridge, no momento em que se retraía o mercado de postos na Igreja, na administração ou na justiça, postos que, antigamente, os diplomas lhes asseguravam.[17] Thomas ilustra sua trajetória e frustração, pois, de Mestre em Artes e sábio nas artes liberais (*skil'd in every liberall Science*), tornou-se barbeiro. O *Stationer* decaído e o barbeiro por falta de opção têm as mesmas tarefas: classificam as notícias, transcrevem-nas e, se preciso, inventam-nas. É, ao menos, o que diz Fitton sobre o primeiro secretário, Nathaniel, que, assim como Nathaniel Butter, pode tranquilamente fabricar falsas notícias

---

[16] Cf. Appendix B. The Staple and the news syndicate. In: JONSON, Ben. *The Staple of News*. PARR, Anthony. (Org.). Op.cit., p.258-9. Os seis parceiros são Archer, Bourne, Butter, Downes, Newbery e Sheffard.

[17] CURTIS. The alienated intellectuals of early Stuart England. *Past and Present*, 23, 1962, p.25-43; e CHARTIER, Roger. Espace social et imaginaire social: les intellectuels frustrés au XVIIe siècle. *Annales E.S.C.*, 1982. p.389-400.

quando isso é necessário: *And for a need can make 'hem*. É essa mesma capacidade que Pennyboy Júnior elogia em Thomas. Com seu espírito rápido e hábil, Thomas pode forjar notícias falsas por encomenda.

Ben Jonson desenha assim um dos traços essenciais do novo jornalismo, tal como o vê e despreza, ou seja, marcado pela ausência de toda credibilidade.

O impresso mentiroso

A autenticidade das notícias conta pouco para a primeira cliente do *Staple of News* mostrada no palco: uma camponesa que vem à cidade vender seus produtos [a *Butterwoman*]. O que ela quer são notícias frescas, não muito caras [*a groatswoth of any Newes*, ou seja, do valor de um *groat*, uma peça que valia quatro pence], cujo tema não importa [*I care not what*], e possa levar no próximo sábado ao pastor de sua vila. O *Register* pede à camponesa para esperar a chegada das últimas notícias da *Royal Exchange* ou da *Paul's Church*, dizendo-lhe que devia ser paciente, pois os tempos não eram mais aqueles do *Captaine*, alusão ao capitão Gainsford, oficial aposentado, morto em 1624, fonte prolífica de gazetas para o sindicato dos livreiros associados para a publicação dos *newsbooks*. Nathaniel faz notar ao *Register* que não é boa política difundir as notícias tão rapidamente. É preciso retê-las algum tempo, a fim de aumentar a expectativa dos compradores: "Let them attend in name of policie".[18]

O tema da autenticidade ou falsidade das notícias torna-se central à discussão entre Cymbal, Fitton e Pennyboy Júnior a propósito das gazetas impressas, com as quais a produção manuscrita do *Staple of News* pretende concorrer e, se possível, derrotar. Pennyboy

---

[18] JONSON, Ben. *The Staple of News*. Op.cit., p.293.

lembra que a opinião comum toma o impresso como garantia de verdade: "Para alguns, é a publicação impressa que é a novidade das notícias; eles têm como princípio não acreditar senão no que veem impresso".[19]

Desse modo, ele retoma palavra por palavra o que proclamava o Impressor na peça de 1620:

> É a impressão que faz que as notícias sejam verdadeiramente notícias para o maior número, que não acredita em nada que não seja impresso.[20]

São numerosos os exemplos de tal crença, encenados no palco do teatro. Assim, em *Conte d'hiver*, Mopsa, persuadido de que o impresso não pode enganar, declara a Autolycus, que vende mercadorias e baladas aos campesinos da fictícia Boêmia, nos atos IV e V: "Adoro as baladas impressas, porque agora estamos certos de que são verdadeiras" [*I love a ballad in print, alife, for then we are sure they are true*].[21] O vendedor ambulante não desmente tal certeza e

---

[19] Ibidem, p.295: Pennyboy Júnior: "Unto some, / The very printing of them, makes them Newes; / That ha' not the heart to beleeve anything, / But what they see in print".

[20] JONSON, Ben. *News from the New World*. Op.cit., p.515: – Printer: "It is the Printing of 'hem makes 'hem news to a great many, who will indeed beleeve nothing but what's in Print".

[21] SHAKESPEARE, William. *Le Conte d'hiver (The Winter's Tale)*. Trad. Louis Lecocq. In: SHAKESPEARE, William. *Œuvres complètes*, edição bilíngue. GRIVELET, Michel; MONSARRAT, Gilles. (Orgs.). WELLS, Stanley; TAYLOR, Gary (Orgs. edição em inglês). Oxford University Press; Paris: Robert Laffont, Bouquins, 2002. *Tragi-comédies*, t.II, IV, 4, p.314-5. Trad. bras. SHAKESPEARE, William. *Conto do inverno*. In: SHAKESPEARE, William. *Obras completas*, v.II, *Peças finais*. Nova versão, anotada, de F. Carlos de Almeida Cunha Medeiros e Oscar Mendes. Rio de Janeiro: José Aguilar, 1969 (965-1040).

multiplica as provas que devem atestar a veracidade das histórias extraordinárias narradas nas baladas que ele vende. O parto monstruoso da mulher de um avaro que deu à luz "vinte sacos de moedas" é confirmado por escrito pela parteira [*Here's the midwife's name to 't*] e por "cinco ou seis viúvas honestas ali presentes" [*five or six honest wives that were present*]. A história da filha transformada em peixe por ter recusado o assédio de seu amado é "atestada por cinco juízes e por tantas outras testemunhas que meu balaio não poderia conter" [*justices' hands at it, and witnesses more than my pack will hold*]. A atração pelas baladas depende, então, da possibilidade de aceitá-las como verdadeiras, mesmo se as marcas de sua autenticidade, todas pertencentes ao registro escrito (como atestados ou com assinaturas), são comicamente desmentidas pelas referências à cultura oral do conto: a parteira se chama *Taleporter*,* e a data da metamorfose da filha insensível em peixe frio é *Wednesday the forescore of April* [quarta-feira, oitenta de abril].

Para destruir a falsa crença na verdade do impresso, Cymbal e Fitton denunciam suas mentiras. Seu primeiro alvo consiste justamente nas baladas e *occasionnels*, os *pamphlets of news*, panfletos com notícias, que permitem ler, ouvir e cantar histórias extravagantes sem qualquer autenticidade, mesmo que sejam pretensamente atestadas pelos magistrados do lugar. Acontece o mesmo com aquelas que descrevem as presenças aterrorizantes de monstros imaginários, "que nunca frequentaram os condados que eles, digamos, arrasaram".[22] Pennyboy Júnior destaca que não há perigo no fato de que o povo

---

* A composição desse nome alia *tale* (história, mentira) com *porter* (levar, carregar), assim, *Taleporter* traduz-se como aquela que porta a mentira. (N.T.)
[22] JONSON, Ben. *The Staples of News*. Op.cit., p.295: – Cymbal: "The many, and most innocent Monsters, / That never came i'th' Counties, they were charg'd with".

se divirta com as fábulas forjadas pelo próprio povo, de modo que, acrescenta, elas não são mais mentirosas do que as notícias inventadas pelos gazeteiros do *Staple of News*.[23] A resposta de Fitton é quase literalmente retomada na peça de 1620: "É ao impresso que nos opomos", ao que Cymbal acrescenta: "Não condenamos a circulação das notícias, mas o fato de serem impressas".[24]

As críticas às notícias impressas têm por alvo a série de *newsbooks* publicada a partir de dezembro de 1624 por Nathaniel Butter e Nicolas Bourne, tendo como título *Weekly Newes* [Notícias Semanais], e como endereço *Printed for Mercurius Britannicus* [Impresso por *Mercurius Britannicus*]. A denúncia recai às vezes sobre as fontes das informações e a falsificação das datas. As notícias publicadas pela gazeta de Butter e Bourne são coletadas entre militares famintos e jornalistas obscuros, cujas matérias de teor político alimentam as prensas (*so many politique pennes going, to feed the presse*), sem nenhuma preocupação com a verdade (*and dish out newes were't true o false*). Em uma época em que a capacidade de enunciar ou certificar a verdade é considerada estreitamente dependente da condição social,[25] os bêbados da taverna que abastecem o *Mercurius Britannicus* são evidentemente desprovidos de qualquer crédito.

Os editores dos *occasionnels* e das gazetas têm menos crédito ainda. Eles também falsificam as datas das notícias para fazer que as

---

[23] Ibidem, p.295: – Pennyboy Júnior: "Why, me thinkes Sir, if the honest common people / Will be abus'd, why should not they ha' their pleasure, / In the believing Lyes, are made for them; / As you i't'h' *Office*, making them your selves?".

[24] Ibidem, p.295: – Fitton: "O Sir! It is the printing we oppose" / – Cymbal: "We not forbid that any *Newes*, be made / But that 't be printed".

[25] Cf. SHAPIN, Steven. *A Social History of Truth*. Civility and science in seventeenth-century England. Chicago/Londres: The University of Chicago Press, 1994; JOHNS, Adrian. *The Nature of the Book*. Print and knowledge in the making. Chicago/Londres: The University of Chicago Press, 1998.

velhas se passem por recentes ou para publicar várias vezes as mesmas correspondências. Na peça de 1620, o personagem do Impressor confessa sem embaraço:

> Tenho minhas prensas e numerosas penas que publicam narrações proveitosas e, a cada dez anos (como o tempo faz esquecer), reimprimo as mesmas notícias com outra data, e elas ainda são de muito bom uso.[26]

Cymbal denuncia tal prática, ao relacionar o nome de Nathaniel Butter com o dos impressores que publicam as notícias estrangeiras em *occasionnels* ou *pamphlets of news*, narrando fatos extraordinários: "O editor não poderá mais enganar e traficar [*by **buttering** over againe*] suas antigas correspondências, dando-lhes novas datas".[27]

A enganação desaparece com o *Staple of News*, que autentica por meio de seu selo (*the Office Seal, Staple Commoditie*) as notícias manuscritas que leva ao público, garantindo-lhes, assim, seu frescor e seu caráter inédito. "Tudo será emitido por nossa Casa de Moedas", afirma Cymbal [*All shall comme from the Mint*], "novo e recentemente autenticado" [*Fresh and new stamp'd*], reforça Fitton – o que remete à ideia de monopólio, ligada ao termo *staple* que, originariamente, designava uma vila que recebera privilégio exclusivo para um comércio particular.

Porém, o selo do *Staple of News* não basta para assegurar a autenticidade das notícias que difunde. Como prova a notícia que

---

[26] JONSON, Ben. *News from the New World*. Op.cit., p.515: "For those I doe keep my Presses, and so many Pens going to bring forth wholesome relations, which once in halfe a score yeares (as the age growes forgetfull) I Print over againe with a new date, and they are of excellent use".

[27] JONSON, Ben. *The Staple of News*. Op.cit., p.295: – Cymbal: "Nor shall the *Stationer* cheat upon the Time / By buttering over againe / His *antiquated Pamphlets* with new dates".

anuncia a Pennyboy Júnior sua boa sorte: "Nasceu um jovem herdeiro esta manhã, o Senhor Pennyboy", e tudo indica que fora um mendigo cantor de rua que trouxera a notícia.[28] Pennyboy alegra-se, mas também fica assustado ao ver seu nome já inscrito nos registros de Cymbal: "Nós estamos aqui, nas notícias do Escritório! Já no registro deste dia! Pergunto-me como souberam disso, senhores".[29]

O mistério é dissipado quando ele fica sabendo que o correspondente de Cymbal em Westminster não é outro senão Mestre Picklock, seu próprio advogado. Enganado por Pennyboy, pai, Picklock dera uma notícia que também é falsa, como todas aquelas difundidas pelas gazetas impressas.

O excesso de notícias

Ben Jonson não é o primeiro a vilipendiar os jornais. Em 1628, Robert Burton, na revisão de seu livro Anatomy of Melancholy [Anatomia da melancolia], reclama do fluxo contínuo de notícias, tão rapidamente esquecidas quanto recebidas. Essa sucessão sem trégua de "rumores de guerra, pestes, incêndios, inundações, roubos, assassinatos, massacres, meteoros, cometas, fantasmas, prodígios, aparições, vilas tomadas, cidades sitiadas na França, na Alemanha, na Turquia, na Pérsia, na Polônia etc. ..."[30] somente pode nos distanciar de um julgamento verdadeiro, o qual suporia uma retirada

---

[28] Ibidem, p.296: – Clerk: "There is a brave young *Heire* / Is come of age this morning, Mr Peny-boy" / "An old *Canting Begger* / Brought him first Newes".

[29] Ibidem, p.296: – Pennyboy Júnior: "We are in, here, i'the *Newes-Office*! / In this dayes *Rowle*, already! I doe muse / How you came by us, Sirs!"

[30] Citado em SOMMERVILLE, John C. Op.cit., p.28: "I hear new news every day, and those ordinary rumours of war, plagues, fires, inundations, thefts, murders, massacres, meteors, comets, prodigies, apparitions, of towns taken, cities besieged in France, Germany, Turkey, Persia, Poland etc.".

para o foro privado e uma vida solitária. O excesso de notícias gera a mais extrema confusão e revela o caos de um mundo no qual nada é estável, nem o curso da natureza, nem o destino dos homens:

> Uma grande confusão de desejos, aspirações, ações, anúncios, petições, processos, reclamações, leis, proclamações, queixas e lamentações chegam cotidianamente a nossos ouvidos. A cada dia, novos livros, panfletos, *currant* (correntes), correspondências, catálogos inteiros com volumes de todos os tipos, novos paradoxos, opiniões, cismas, heresias, controvérsias filosóficas, religiosas etc.[31]

Para Burton, a publicação de notícias, seja qual for sua forma, somente agrava a desordem introduzida pela novidade.

Três anos mais tarde, Richard Braithwait publica *Whimzies, or, a new cast of characters*, uma sátira na qual os *Coranto coiners*, os produtores de notícias, não são poupados.[32] A periodicidade dos *newsbooks* é um meio de manter a curiosidade dos leitores (e os lucros dos editores), ao prometer próximas revelações sobre os *secrecies of state*, os segredos de Estado. Os compradores caem facilmente na armadilha do jornalista: "O simples o admira e considera suas notícias oráculos" [*the vulgar do admire him, holding his Novels oracular*]. O único consolo das pessoas racionais, tal como Braithwait, é a sorte lamentável reservada aos jornais:

> [eles] não duram muito tempo; uma semana em Londres e, depois que chegam, apenas um pouco mais na província. Em se-

---

[31] Ibidem, p.28: "A vast confusion of vows, wishes, actions, edicts, petitions, lawsuits, pleas, laws, proclamations, complaints, grievances are daily brought to our ears. New books, every day, pamphlets, currantoes, stories, whole catalogues of volumes of all sorts, new paradoxes, opinions, schisms, heresies, controversies in philosophy, religions etc.".

[32] Cf. SOMMERVILLE, John C. Op.cit., p.31-2.

guida, derretem como manteiga [*Butter*] ou servem pra acender um cachimbo e queimam [*Burne*]. Mas o mais frequente, e o máximo de sua ambição, é serem empregados como cobertura de um pote de mostarda ou para empacotar pimenta, ou pó, e uma vez empregados, desaparecem.[33]

De fato, como indica Folke Dahl ao comparar o baixíssimo número de exemplares remanescentes com o provável número dos que foram impressos,[34] os jornais publicados por Butter e Bourne, dos quais Braithwait zombou, foram frequentemente utilizados para fins menos gloriosos que aquele ao qual haviam sido destinados.

Notícias de Estado

As três primeiras cenas do terceiro ato passam-se no escritório de Cymbal. Pennyboy Júnior conduziu a infanta Pecúnia até lá para incitá-la a investir no empreendimento. Ela vai acompanhada por um séquito de personagens alegóricos: um *Broker* [corretor] ou Courtier, seu secretário; *Mortgage* [hipoteca] ou Hypothèque, sua ama; *Wax* [cera] ou Cire, sua dama de companhia, e *Statute* e *Band* [estatuto e algema], seus dois criados. "Viemos atrás das notícias",

---

[33] Citado em DAHL, Folke. Op.cit,. p.23: "Your best comfort is, his *Chymera's* (the newsbooks) live not long; a weeke is the longest in the Citie, and after they arrivall, little longer in the Countrey, Which past, they melt like *Butter*, or match a pipe and so *Burne*. But indeede, most commonly it is the height of their ambition, to aspire to the imployment of stopping mustard-pots, or wrapping up pepper, pouder, staves-aker, etc. which done, they expire".

[34] Ibidem, p.22. Para as 349 edições de periódicos publicadas entre 1620 e 1642, somente 508 exemplares sobreviveram; assim podemos estimar em, ao menos, mil a quantia de números publicados e em 400 mil a quantia de exemplares impressos, supondo uma tiragem de quatrocentos exemplares por edição.

declara Pennyboy e pede a Cymbal que algumas sejam lidas para a princesa, podendo ser de qualquer gênero, apenas com a condição de que sejam as mais recentes.[35] A leitura das notícias permite que Ben Jonson faça a sátira dos diferentes tipos de notícias recebidas e postas em circulação, não somente pela *Staple of News*, mas também pelas gazetas do momento.

Em uma das chamadas *To the readers*, inserida na edição da comédia de 1631, ele esclarece sua intenção e corrige o contrassenso dos espectadores:

> A alegoria empregada e o propósito do autor foram totalmente incompreendidos e a interpretação que lhe foi dada estava, com certeza, errada[36] ... [De fato,] nenhuma das notícias que foram aqui publicadas é sua, assim como tampouco poderia vir de um homem racional; são todas imitação das notícias do momento (uma escroqueria semanal feita para ganhar dinheiro) e nada poderia condenar melhor suas notícias do que mostrar esse ridículo escritório de comércio, um espelho no qual nossa época pode ver sua própria insanidade, sua fome e sua sede de notícias publicadas todos os sábados, as quais são totalmente inventadas e não contêm uma única sílaba verdadeira.[37]

---

[35] JONSON, Ben. *The Staple of Newes*. Op.cit., p.328: – Pennyboy Júnior: "We comme for *newes* / I pray thee let my *Princesse* hear some *newes*, Good Master *Cymbal*" / – Cymbal: "What newes would she heare? / Or of what kind, Sir? / – Pennyboy Júnior: "Any, any kind. So it be *newes*, the newest that thou hast".

[36] Ibidem, p.325: "The *allegory*, and purpose of the *Author* hath hitherto beene wholly mistaken, and so sinister an interpretation beene made".

[37] Ibidem, p.325: "To consider the *Newes* here vented, to be none of his *Newes*, or any reasonable mans; but *Newes* made like the times *Newes*, (a weekly cheat to draw money) and could not be fitter reprehended, then in raising this ridiculous *Office* of the *Staple*, wherein the age may see her own folly, or hunger and thirst after publish'd pamphlets of *Newes* set out every Saturday, but made all at home, & no syllable of truth in them".

Entre 1626 e 1631, o sucesso dos *newsbooks* foi tanto que tornou preciso advertir os leitores para uma possível confusão com sua peça, como se ela fosse uma notícia a mais, ou uma gazeta transmitindo informações extravagantes. Por isso, ao se dirigir ao leitor, Jonson tinha em mente ressaltar a diferença entre palco e imprensa, entre teatro e jornais.[38]

As primeiras notícias lidas por Thomas, o barbeiro que se tornou secretário e, daí em diante, assina como *Clericus*, são as "notícias de Estado", as *newes of State*, pois é o que convém a uma princesa. Três provêm supostamente de Roma e anunciam que o rei da Espanha se tornou papa e imperador, já que esse último não é mais que um simples soldado no exército do conde Tilly, e Dom Spinola se tornou general da Companhia de Jesus e seu predecessor, Vittelesco, é agora seu cozinheiro e lhe prepara ovos. O texto utiliza aqui uma complexa rede de alusões a acontecimentos contemporâneos, como os da guerra europeia, que sustentou o sucesso das gazetas e, não se sabia então, duraria trinta anos. Trata-se, em conjunto, de ridicularizar a facção católica e divertir o público, com expressões de duplo sentido. Os ovos de Vittelesco (de fato, Mutio Vitelleschi), que não são *pochés* mas "feitos de pólvora" [*potch'd? No, powder'd*], fazem referência aos fogos de artifício utilizados pelo general Spinola para sediar Breda, o que aconteceu até junho de 1625. Esse último, Spinola, não é general dos Jesuítas, mas general de um exército católico. A confusão voluntária, reforçada pela homonímia com um dos mártires jesuítas de Nagasaki de 1622, permite denunciar as ambições da Companhia, cujos membros aparecem como *the only engineers of Christendom*, os únicos "engenheiros da Cristandade",

---

[38] Cf. análise de SHERMAN, Stuart. Eyes and ears, news and plays. The argument of Ben Jonson's *Staple*. In: *The Politics of Information in Early Modern Europe*. Op.cit., p.23-40, em particular p.34-8.

nos dois sentidos da palavra, que serve para designar tanto as intrigas políticas quanto as invenções mecânicas – como aquela que, antes dos procedimentos imaginados por Cyrano de Bergerac, permite a Spinola ir para a Lua.[39] Quanto à dupla investidura do rei da Espanha, como papa e imperador, a notícia retoma a estigmatização, frequente entre libelistas, panfletários e parlamentares ingleses, das pretensões à monarquia universal atribuídas ao rei espanhol. Cymbal faz eco à acusação, lembrando que "a aspiração ao quinto reinado só podia ser vã, tanto que os poderes eclesiásticos e seculares não estavam reunidos em uma única e só pessoa".[40]

De Florença, outra notícia inquietante para a facção protestante anuncia que um espelho incendiário (*a burning glasse*) foi construído na oficina da Galileia e enviado a Spinola. O engenho é assustador, já que inevitavelmente poderia destruir qualquer frota. *His strenghts will be unresistable* [seu poder será irresistível], comenta Pennyboy Júnior, antes de perguntar se não há notícias menos favoráveis ao inimigo, duplamente general dos protestantes: *Ha' you no Newes against him, on the contrary?* O outro secretário, Nathaniel, encontra uma, que afirma que um holandês, Cornelius-Son, construiu uma máquina submarina invisível, em forma de enguia, que poderá destruir a frota católica atracada no porto de Dunquerque. Essa alusão a Cornelius Drebbel, um engenheiro holandês a serviço de Jacques I, é uma boa ocasião para satirizar as ambiguidades políticas dos novos jornalistas, que difundem notícias sem averiguar sua origem. A Pennyboy, que se espanta com o fato de que Tom não tem notícias favoráveis

---

[39] JONSON, Ben. *The Staple of News*. Op.cit., p.329: – Fitton: "Witnesse the Engine, that they have presented him, / To winde himselfe with, up, into the *Moone*: / And thence make all his discoveries".

[40] Ibidem, p.328: – Cymbal: "All the pretence to the fifth *Monarchy*, / Was held but vaine, until the *ecclesiastique*, / and *secular* powers, were united, thus, / Both in one person".

aos protestantes, Cymbal responde que é porque Tom é quem se ocupa das notícias sobre os católicos: *He keeps the Pontificall side.* Pennyboy protesta. Nunca foi sua intenção que Tom fosse *against ourselves* [contra nós], e exige que os dois secretários troquem de lugar. Tom pode, então, ler a mesma notícia que descreve a máquina inventada por Cornelius-Son e anuncia a chegada da enguia invisível [*the invisible Eele*] em Londres, notícia que agora procede de uma fonte protestante.

Fitton anuncia o que poderia ser outra estratégia de Spinola: um desembarque em Harwich, um porto na costa de Essex, com uma armada montada sobre cortiça, composta por homens, cavalos e canhões, para atacar de surpresa os defensores ingleses. Pennyboy Júnior, apreensivo, questiona: "É verdade?"[*Is't true?*], e Fitton responde: *As true as the rest* [Tão verdadeiro quanto o resto]. No momento em que Cymbal e Fitton opõem a falsidade das gazetas impressas à autenticidade das notícias manuscritas, Ben Jonson as torna igualmente duvidosas e risíveis, independentemente de seu modo de publicação. Não mais que as baladas de Autolycus, não mais que o *Mercurius Britannicus*, as notícias escritas à mão, recebidas, transcritas e certificadas pelo *Staple of News* não merecem credibilidade.

Em 1620, na peça *Newes from the New World Discover'd in the Moone*, a sátira dos *corantos*, realizada logo após terem sido lançados na Holanda e em Londres, trazia forte significação política. A destituição de Fernando, príncipe católico, e sua substituição no trono da Boêmia por Frederico, o eleitor calvinista do palatinado, genro de Jacques I, tinha inaugurado uma época de incertezas na Inglaterra. Ao denunciar as notícias vindas ou imitadas da Holanda, tratava-se para Ben Jonson de diminuir a pressão, sobre o rei, de uma opinião formada sobre os príncipes protestantes, opinião muito crítica no que dizia respeito a sua atitude em relação à Espanha, baseada em prudência, imobilismo e acomodação. Gazetas manuscritas e *corantos* impressos, provocando os leitores, queriam forçar a decisão do rei e levar a Inglaterra à guerra. A peça, várias vezes representada na corte e nas residências da aristocracia, empenhava-se em desestabilizar a autoridade nascente das gazetas e dos *corantos*, com o objetivo de preservar a do soberano.[41]

Seis anos mais tarde, a situação não é mais a mesma. O rei Jacques é morto em 1625. Seu filho, Charles, sucedeu-o com o nome de Charles I, casou-se com Henriette-Marie, da França, filha de Henrique IV, e entrou em guerra contra a Espanha. A comédia de Ben Jonson multiplica as alusões a esses acontecimentos. O título de *infanta* dado a Pecúnia lembra o projeto de casamento de Charles com uma infanta, a viagem dele à Espanha, em 1623, e a hostilidade da opinião inglesa em relação a tal aliança. A alusão de Fitton a uma possível invasão da Inglaterra pela frota de Spinola remete a um temor surgido no final de 1625, quando os espanhóis quebraram o bloco anglo-holandês de Dunquerque. E um dos clientes de Cymbal faz alusão ao coroamento de Charles I, retardado pela peste até 2 de fevereiro de 1626.[42] Nesse novo contexto, em que a Inglaterra entra em guerra ao lado dos holandeses, ridicularizar as notícias absurdas difundidas pelas fontes protestantes não faz o mesmo sentido que fazia em 1620. Todavia, essa alusão lembra que o rei não deve ser vítima de falsas informações, venham de onde vier, e seu julgamento não poderia depender das correspondências extravagantes, que formam a opinião dos leitores de gazetas.

---

[41] Cf. SELLIN, Paul R. The politics of Ben Jonson's. Newes from the New World Discover'd in the Moone. *Viator. Medieval and Renaissance Studies*, v.17, 1986, p.321-37.

[42] JONSON, Ben. *The Staple of News*. Op.cit., p.337: – Customer 4: "All the countrey / Expected from the city most brave speeches, / Now, at the Coronation".

Delícias e perigos da credulidade

Depois das notícias políticas, Pennyboy Júnior deseja ouvir *some curious newes*, tratando de magia e de alquimia. As duas que lhe são lidas inscrevem-se em um registro carnavalesco e satírico. A primeira situa-se em Leipzig: os rosa-cruzes descobriram a arte de fazer mortos peidar, desmentindo, assim, a fórmula proverbial para o impossível: *as soon may you get a fart out of a dead man* [tão logo se consiga fazer um morto peidar]. A segunda vinha de Londres: a exemplo das *Dancing Bears*, a responsável pelo albergue desvendou o segredo do movimento perpétuo. A leitura dessas notícias cômicas, que autorizam múltiplas brincadeiras, é interrompida com a entrada de clientes na sala dos jornalistas. Segundo o *Register*, as notícias suscitam o entusiasmo das pessoas comuns, *the people*, *the vulgar*, seja qual for seu estado de humor, sejam elas curiosas ou negligentes, escrupulosas ou desenvoltas, insensatas ou sérias, preguiçosas ou trabalhadoras. O *Staple* de Cymbal é assim como a "casa da fama", ou a "casa dos rumores", descrita por Virgílio, Ovídio ou Chaucer, em que cada visitante vem recolher as incontáveis notícias, falsas ou verdadeiras, que constroem ou destroem as reputações.[43]

A sucessão dos diferentes clientes que vêm comprar as notícias, lidas primeiro em voz alta por um dos secretários e depois transcritas à mão para o interessado, permite fazer um inventário divertido das informações que alimentam gazetas manuscritas e jornais impressos. Seu catálogo reúne notícias de seitas radicais, como a dos anabatistas instalados em Amsterdã (*The Saints at Amsterdam*), que esperam a chegada de Baal, profeta do fim dos tempos, ou aquela do Grande

---

[43] Ibidem, p.331: Register: "'Tis the house of *fame*, Sir, / Where both the curious, and the negligent; / The scrupulous, and carelesse; wilde, and stay'd; / The idle, and laborious; all doe meet, / To taste the *cornucopiae* of her rumors, / Which she, the mother of sport, pleaseth to scatter / Among the vulgar".

Turco, convertido ao cristianismo; reúnem, também, notícias das Índias (nesse caso, o envio de uma colônia de cozinheiros à América para ensinar aos canibais uma cozinha mais refinada); ou, ainda, as notícias da corte e as dos teatros. Entre essas últimas, Ben Jonson imagina uma doação feita à trupe do *King's Men* (que foram da companhia de Shakespeare) pelo arcebispo de Spalatro, Antonio de Dominis. Esse personagem curioso, que propôs a Jacques I o projeto de uma igreja universal antes de retornar a Roma, onde foi condenado por heresia, deixou aos comediantes seus múltiplos disfarces, que foram, finalmente, impotentes para lhe salvar a vida.[44] Outra notícia envolvendo o teatro é mais propriamente ligada à política, já que evoca, ao mesmo tempo, um dramaturgo concorrente e desprezado por Jonson, Thomas Middleton, e o antigo embaixador da Espanha na Inglaterra, o conde de Gondomar, que até o momento de sua partida, em 1621, tentou persuadir Jacques I da necessidade da paz entre a Inglaterra e a Espanha e do casamento de seu filho com a princesa espanhola. A peça de Middleton, *A game at chess* [Uma partida de xadrez], representada no teatro Globo pelo grupo *King's Men*, em agosto de 1624, descrevia uma péssima imagem de Gondomar, o que serviu para interditá-la, depois de apenas nove representações.[45] Lembrando o acontecimento, Ben Jonson mata três

---

[44] Ibidem, p.334: – Thomas: "There is the *Legacy* left to the *Kings Players*, / Both for their various shifting of their *Scene*, / And dext'rous change o' their persons to all shapes, / And all disguises: by the right reverend. / *Archbishop of Spalato*".

[45] MIDDLETON, Thomas. *A Game at Chess*, HOWARD-HILL, T. H. (Org.). Manchester/Nova York: Manchester University Press, 1993; e MIDDLETON, Thomas. *The Bridgewater Manuscript of Thomas Middleton's A Game at Chess (1624)*, HOWARD-HILL, T.H. (Org.). Lewiston: E. Mellen Press, 1995. Cf. LEVY, F. J. Staging the News. In: *Print, Manuscript, & Performance. The Changing Relations of the Media in Early Modern England*. MAROTTI, Arthur F.; BRISTOL, Michael D. (Orgs.). Columbus: Ohio State University Press, 2000. p.252-77.

coelhos de um golpe só: qualifica a peça de seu colega como uma *poore English-play*, lembra que o comediante que desempenhava o papel de Gondomar acaba de morrer e ridiculariza o antigo embaixador, célebre por sua fístula, e a necessidade de uma cadeira especial, afirmando que um uso tão rabelaisiano do texto da peça agravou mais ainda um mal tão vergonhosamente situado.[46] As leituras terminam com o anúncio das festividades, ou *pageants*, previstas para o coroamento do novo rei e as *Forest-news*, que assinalam a abertura de um parque, fora da floresta dos loucos, reservado aos maridos traídos após enviuvarem, pois, desse modo, eles poderiam cortar seus chifres. O texto repleto de alusões e de brincadeiras, que produz a trama das trocas entre os jornalistas e seus clientes ao longo da segunda cena do IV ato, dá a entender – e a ler – a desordem introduzida no mundo pela extravagância das notícias e pela credulidade de seus compradores.

A comédia termina com o duplo retorno da ordem. Por um lado, o filho pródigo, espoliado e arrependido, é declarado herdeiro por seu tio Pennyboy Senior, que o encontrou, e casa com Pecúnia. Por outro, o comércio de notícias é reduzido a poeira. É o que Thomas anuncia no começo do último ato:

> Nossa oficina está destruída, completamente arruinada. Arrasada como por um terremoto! Não ouviram o estrondo do desabamento? Todos nós saltamos sobre uma mina! A partir do momento em que ouviram que a Infanta, da qual haviam esperado que se tornasse sua protetora e ficasse com eles, os abandonara, nossos correspondentes, registrador e examinador evaporaram.

---

[46] JONSON, Ben. *The Staple of News*. Op.cit., p.334: – Lickfinger: "What newes of *Gundomar*?" – Thomas: " A second *Fistual*, / Or an *excoriation* (at the least) / For putting the poore *English-play*, was writ of him, / To such a sordid use, as (is said) he did. / Of cleansing his *posterior's*".

Nosso sério diretor desapareceu sutilmente no ar e retornou (segundo fomos informados) como o grande capitão de nossos escarnecedores. Eu e meu camarada derretemos como manteiga [Butter] e esvaziamos nossos tinteiros; foi assim que o escritório desapareceu.[47]

A peça de Ben Jonson é uma *morality play*, dotada, no entanto, de um sentido particular. Sua moral não visa somente a estigmatizar os vícios de existências privadas, como a prodigalidade insensata de herdeiros imprudentes mas, sobretudo, denunciar os perigos que ameaçam a ordem pública e a autoridade do soberano. A multiplicação sem controle de notícias é um desses perigos já que, ao inflamar as imaginações crédulas, expõe o príncipe aos caprichos do público e substitui a razão do Estado pela sandice das opiniões.

Notícias escritas à mão, notícias apresentadas na peça

Por que Ben Jonson, primeiro na peça de 1620, depois na comédia de 1626, levou para o palco essa crítica ácida e jocosa à imprensa periódica, ainda em seus momentos iniciais? Uma primeira razão reside, sem dúvida, na relação ambivalente que ele estabelece com o texto impresso. Capaz de dar dignidade e perenidade às criações poéticas, o impresso multiplica também os escritos absurdos e pe-

---

[47] Ibidem, p.366: – Thomas: "Our *Staple* is all to pieces, quite dossolv'd! / Shiver'd, as in an earth-quake! Heard you not / The cracke and ruines? We are all blowne up! / Soone as they heard th'*Infanta* was got from them, / Whom they had so devoured e' their hopes, / To be their *Patronesse*, and sojourne with 'them; / Our *Emissaries, Register, Examiner,* / Flew into vapor: our grave *Governour* / Into a subt'ler ayre; and is return'd / (As we doe heare) grand-*Captaine* of the *Jeerers*. I, and my fellow melted into butter, / And spoyl'd our Inke, and so the *Office* vanish'd".

rigosos. O volume dos *Workes* de 1616, no qual Jonson, em verdadeira demonstração de força, publica no formato monumental do in-fólio os textos de suas obras que julga dignas de tal honra, testemunha o crédito que ele atribuía à impressão. Dez anos mais tarde, *The Staple of News* fala de seu mal-estar diante da autoridade que o impresso confere aos rumores divulgados pelas gazetas e de sua inquietude, em face das paixões populares que sustentam os livreiros de Londres, para o grande lucro de seu comércio.[48] Com a comédia, Ben Jonson reagia ao que percebia como um perigoso questionamento da forma tradicional de governo, baseada em conselhos e realizada secretamente, e a qual pressupõe a plena autoridade do príncipe e um papel privilegiado para os homens de letras, situados na esfera do poder.[49] Segundo D. F. McKenzie, Ben Jonson condena mais

---

[48] A interpretação que acentua a paradoxal relação de Ben Jonson com o impresso é a de SOMMERVILLE, C. John. Op.cit., p.31: "It wounded him to think that print was adding its authority to something so insubstantial as the news, and that attention that might have been devoted to the great themes of the English stage should be squandered on gossip". ["Magoava-o pensar que o impresso conferia sua autoridade a algo tão insignificante como as notícias, e que a atenção, que poderia ter sido dada aos grandes temas do teatro inglês, era desperdiçada em futilidades."]. Há também a de SANDERS, Julie. *Ben Jonson's Theatrical Republics*. Londres: McMillan, 1998. p.135: "A crucial paradox of print is that although it was the medium expected (certainly by Jonson) to bring new depths of consideration and greater durability to already-circulating manuscripts, it was itself highly dependent upon surface appearance, and matters of immediacy, fashion, and the visual". ["Um paradoxo essencial do impresso é que, ainda que fosse o meio, a mídia, que se acreditava (esse era certamente o caso de Jonson) capaz de conferir maior dignidade e duração aos manuscritos que já circulavam, ela própria dependia da superficialidade, assim como da imediatez, da moda e da imagem"].

[49] Cf. RAYMOND, Joad. Op.cit., p.92: "The anxieties which Jonson expressed in the 1620s over the power of the journalist to supplant the poet as counselor to princes were not fully realized by the corantos of the 1620s and 1630s; but they were by the 1640's newsbooks". ["A ansiedade expressa por Jonson, na

ainda a usurpação pela imprensa do papel antigamente atribuído ao teatro, que não é mais o fórum de discussão pública no qual eram enunciadas as contradições de cada época. A "máscara" e a "comédia" exprimem a rejeição de uma novidade detestável e a nostalgia de outro tempo, quando os dramaturgos eram os únicos e legítimos porta-vozes de sua época.[50] Centradas nas denúncias de Butter, Bourne e seus colegas impressores de gazetas, as interpretações obscurecem, talvez, outro aspecto da peça. A oficina de Cymbal, com efeito, não é um ateliê tipográfico onde se imprimiriam *occasionnels* e gazetas, mas um *scriptorium* onde são registradas, classificadas,

---

década de 1620, quanto à substituição do poder do poeta, como conselheiro do rei, pelo poder do jornalista, não era totalmente justificada, ao menos pelos *corantos* das décadas de 1620 e 1630; mas terminou sendo pelas gazetas da década de 1640"]. SELLIN, Paul R. Op.cit., p.330-1, acredita que Jonson sustenta o ponto de vista do rei, para quem "Mysteries of church and state were not for the common mind, and to air them publicy came near to infringing upon the royal prerogative" ["Os mistérios da Igreja e do Estado não eram para o povo e levá-los ao conhecimento do público era quase violar a prerrogativa real."].

[50] MCKENZIE, D.F. The *Staple of News* and the late plays. In: *A Celebration of Ben Jonson*. BLISSETT, William. (Org.). Toronto: Toronto University Press, 1973. p.83-128; retomado em MCKENZIE, D.F. *Making Meaning. "Printers of the Mind" and other Essays*. MCDONALD, Peter; S. J., SUAREZA, Muchael. (Orgs.). Amherst/Boston: University of Massachusetts Press, 2002, p.169-97, em particular p.197: "*The Staple of News* marks the end of theatre as the only secular mass medium, the end of the playhouse as the principal forum of public debate, the end of actor's popular function as the abstracts and brief chronicles of the time. The dramatic poet, as rhetor in the truest sense, has lost his vocation to the journalist." ["O *Staple of News* marca o fim do teatro como a única mídia secular, o fim do teatro como o principal fórum de debate público, o fim da função dos atores como transmissores das informações e das breves crônicas de seu tempo. O poeta dramático, como reitor no sentido mais exato do termo, perdeu sua vocação em proveito do jornalista."].

copiadas e vendidas as notícias escritas à mão. Nesse sentido, o *staple* é, como o desejava o *Factor* na "máscara" de 1620, uma nova forma dada a uma prática antiga, a do comércio das *newsletters*, ou gazetas manuscritas. Em *News from the New World*, antes de enunciar seu projeto de um *Staple for Newes*, o jornalista descreve sua atividade nos seguintes termos:

> Escrevo, normalmente, minhas mil cartas por semana e, às vezes, mil e duzentas; assim mantenho meu comércio e, ao mesmo tempo, minha reputação junto a meus próprios agentes na cidade e a meus correspondentes nas províncias. Tenho amigos de todas as condições e de todas as religiões, aos quais apresento um catálogo de informações que convêm a cada um, no qual se encontram minhas notícias puritanas, minhas notícias protestantes e minhas notícias católicas.[51]

O debate que abre a "máscara", entre o cronista, o impressor e o jornalista com sua pena, depara com uma realidade essencial à cultura escrita de seu tempo. Como mostrou Harold Love, a difusão das notícias manuscritas, copiadas pelos escribas profissionais, dirigidas a uma rede de assinantes ou vendidas nas lojas das livrarias de Londres, é um negócio rentável na Inglaterra do século XVII.[52] Uma

---

[51] JONSON, Ben. *News of the New World*. Op.cit., p.514: – Factor: " I doe write my thousand Letters a week ordinary, sometime twelve hundred, and maintaine the businesse at some charge, both to hold up my reputation with my owne ministers in Towne, and my friends of correspondence in the Countrey; I have friends of all rancks, and of all Religions, for which I keepe an answering Catalogue of dispatch; wherein I have my Puritan newes, my Protestant newes, and my Pontificall newes".

[52] LOVE, Harold. Op.cit., p.9-12. A título de comparação, para a França, François Moureau. Préface. In: MOUREAU, François. *Répertoire des nouvelles à la main. Dictionnaire de la presse manuscrite clandestine XV*^{e}*-XVIII*^{e} *siècle*. Oxford: Voltaire Foundation, 1999. p.VII-XXXVII; e MOUREAU, François. Les nouvelles à la main dans le système d'information de l'Ancien

carta de 1674, redigida por um dos cinco secretários empregados na oficina de Sir Joseph Williamson, descreve com precisão a divisão do trabalho de escrita. Para dar conta de uma centena de correspondentes, cada escriba deve copiar, na terça, dezesseis cartas (quatro longas que deem as notícias de uma semana e doze curtas que contenham as notícias de dois dias apenas); na quinta, treze cartas, três longas e dez curtas, e, no sábado, sete longas, quatro com as notícias de quatro dias e oito curtas. Cada copista devia, assim, produzir 24 folhas de escrita jornalística por semana.[53]

Como explicar o perpétuo sucesso das notícias escritas à mão, que nem mesmo o surgimento e depois a multiplicação dos periódicos impressos não fez desaparecer? Por um lado, as *newsletters* manuscritas, compreendidas aqui em sua forma comercial, visam prioritariamente a um público de assinantes, o que define seu estatuto social elevado e seu emprego pelo Estado e pela Igreja. Aos compradores anônimos dos *occasionnels* ou das gazetas impressas, o *scribal journalism*, como escreve Love, prefere clientes conhecidos e selecionados. Por outro, as gazetas manuscritas permitem uma circulação mais livre das informações. Em 1620 e 1630, a coroa inglesa não lhes impõe nenhuma censura, não porque a publicação de notícias domésticas teria sido interdita aos periódicos impressos e permitida somente para as notícias escritas à mão, mas porque a natureza mais elitizada do público das *newsletters* tranquilizava as autoridades.[54]

Régime. In: *De bonne main. La communication manuscrite au XVIIe siècle*. MOUREAU, François (Org.). Paris/Oxford: Universitas/Voltaire Foundation, 1993, p.117-34; e, para a Espanha, BOUZA, Fernando. *Corre manuscrito. Una historia cultural del Siglo de Oro*. Madri: Marcial Pons, 2001, p.136-77.

[53] A carta de Henry Ball a sir Joseph Williamson é citada cf. LOVE, Harold. Op.cit., p.130-1.

[54] É a hipótese de BARON, Sabrina A. The Guises of Dissemination in Early Seventeenth-Century England. News in Manuscript and Print. In: *The*

Na "máscara", assim como na comédia, Ben Jonson apresenta a oposição entre o manuscrito e o impresso, entre a empresa de Cymbal e a de Butter. Mas, como vimos, uma e outra são alvo do mesmo escárnio, do mesmo desprezo. Essa condenação em comum atinge duas formas semelhantes de circulação de notícias que não podem, então, se opor muito veementemente. Se as modalidades de venda ou a natureza de sua clientela diferem, as tiragens das gazetas impressas e o número de cópias de cada notícia escrita à mão não são tão distantes. Estimadas entre duzentos e quatrocentos exemplares, as tiragens dos *corantos* e *newsbooks* são com certeza comparáveis ao número de cópias das *newsletters*, que atingem frequentemente várias centenas.[55]

Aliás, são quase sempre os mesmos homens que produzem e vendem periódicos impressos e notícias escritas à mão. É o caso, por exemplo, de John Pory, que substituiu Gainsford como editor das gazetas impressas por Butter, depois de 1624, e, ao mesmo tempo que edita gazetas impressas divulga uma gazeta manuscrita e cópias de discursos políticos, vendidos nas próprias lojas de Butter.[56] Entre os dois comércios, as ligações são, portanto, numerosas, o que conduz Ben Jonson à crítica de todas as formas de notícias, tanto umas como as outras igualmente corrompidas e corruptíveis.[57]

Politics of Information in Early Modern Europe. Op.cit., p.41-56.

[55] Cf. os dados apresentados por LOVE, Harold. Op.cit., p.11-2; e BARON, Sabrina A. Op.cit., p.51.

[56] Sobre John Pory, cf. POWELL, William S. *John Pory 1572-1636.* The life and letters of a man of many parts. Chapell Hill: University of North Carolina Press, 1977; LOVE, Harold. Op.cit., p.14; e BARON, Sabrina A. Op.cit., p.45-6.

[57] D.F. McKenzie insiste na proximidade entre copistas e impressores, entre as notícias escritas à mão e as gazetas impressas. In: *The London Book Trade in the Later Seventeenth Century.* Cambridge: Sandars Lectures, 1976, datilografado, p.5. Agradeço a Mark Bland ter-me passado um exemplar dessas conferências inéditas de D.F. McKenzie.

Para manifestar tal crítica, o *Staple* de Cymbal é um composto imaginário de todas as práticas do jornalismo de seu tempo e não corresponde exatamente a nenhum lugar específico onde as notícias eram publicadas.[58] Mesmo se alguns quiseram ver em Cymbal uma encarnação satírica de Butter, a oficina não é um desses ateliês tipográficos nos quais se imprimem *occasionnels*, *corantos* e *newsbooks*. Mas não é também uma loja na qual se publica uma gazeta manuscrita. As notícias não são copiadas na sequência de uma mesma "carta" nem reproduzidas em certo número de exemplares destinados aos assinantes, como no escritório de Williamson. Elas são vendidas por unidade aos clientes que frequentam o *Staple*. Extraída de registros ou de arquivos da oficina, cada notícia é lida para seu comprador, que parte com uma cópia do que ouviu. É assim que, no final da segunda cena do III ato, cada um dos clientes que entra no *Staple* adquire as notícias que mais lhe interessam e paga pelo fragmento que o satisfaz. A mulher anabatista [designada como *she Anabaptist* ou *Dopper*, palavra holandesa que significa *dipper*, remetendo à prática do batizado por imersão] dá seis *pence* pelo anúncio da vinda do profeta Baal e nove, depois de ter recusado pagar um *shilling*, pela notícia da próxima visita do Grande Turco à igreja de Amsterdã.[59] Para uma notícia vendida por peça, isoladamente, o custo não é pequeno, já que o preço de uma balada era um *penny*[60] e o de um *coranto* impresso, dois *pence*.[61] Lembremos igualmente que o pagamento diário de um

---

[58] Era o que havia pressentido De Winter em sua edição da peça, quando afirma, na Introdução, p.XLIV, que: "I believe it [the staple-office] to be a composite of various features of the newsmongering of the time". ["Acredito que o *staple-office* seja um composto de todos os traços que caracterizam a produção das notícias da época"].
[59] JONSON, Ben. *The Staple of News*. Op.cit., p.332.
[60] WATT, Tessa. *Cheap Print and Popular Piety 1550-1640*. Cambridge: Cambridge University Press, 1991, p.11-2.
[61] RAYMOND, Joad. Op.cit., p.230.

pedreiro era de apenas oito *pence*; que para quatro páginas de escrita eram pagos dois ou três *pence* a seu copista,[62] e que a assinatura de uma gazeta manuscrita semanal variava, nas décadas de 1620 e 1630, entre cinco e vinte *libras*, ou seja, entre um e quatro *shillings* o número de quatro páginas.[63] O negócio de Cymbal era, portanto, sedutoramente lucrativo – mas não como um *newsletter scriptorium*,[64] já que sua oficina não publicava nenhuma gazeta.

Nas *Newes from the New World*, Ben Jonson imagina que dois arautos recebem notícias da Lua. Esses arautos têm formas de agir muito diferentes da do cronista, das invenções do impressor de *occasionnels* ou das falsificações do jornalista com o qual conversam. As notícias vindas da terra lunar são verdadeiras porque são transmitidas pelo poder da poesia e em uma linguagem que não engana, já que não é composta por palavras mentirosas, mas por puras e suaves melodias: "Eles não têm falas articuladas, mas são movidos pela música; todos os seus discursos são apenas harmonia".[65]

Para a diversão do rei Jacques e de sua corte, Ben Jonson imagina que a linguagem dos lunares é perfeita, pois ignora as traições e confusões da língua dos terráqueos, jornalistas ou não. Do outro lado da Mancha, alguns anos mais tarde, Cyrano de Bergerac conceberia uma fantasia muito parecida.

---

[62] LOVE, Harold. *i* p.131.
[63] BARON, Sandra A. Op.cit., p.48.
[64] Segundo a expressão de Stuart Sherman. Op.cit., p.30.
[65] JONSON, Ben. *Newes of the New World*. Op.cit., p.519: I Herald: "They have no articulate voyces there, but certaine motions to musicke: all the discourse there is harmonie".

Capítulo 5

Livros falantes e manuscritos clandestinos
As viagens de Dyrcona

Por que os jovens habitantes da Lua são mais sábios que os jovens terráqueos? Acompanhado pelo demônio de Sócrates no decorrer de suas peregrinações ao mundo lunar, Dyrcona descobre a resposta no momento em que seu guia, antes de o deixar, o presenteia com dois livros. Esses não têm nada de familiar: não são compostos nem por cadernos nem por folhas, não são escritos com letras do alfabeto e cabem inteiramente em caixas minúsculas que têm o tamanho de um diamante ou de uma grande pérola. Graças a molas semelhantes às de um relógio, esses livros miraculosos são sonoros, feitos para o ouvido e não para o olho. Depois de ter montado seu mecanismo e colocado a agulha no capítulo desejado, os "leitores" do Outro Mundo podem escutar seus livros falantes.[1]

---

[1] BERGERAC, Cyrano de. *L'Autre Monde ou les États et Empires da la Lune*, in *Œuvres complètes*, t.I, ed. crítica. Textos organizados e comentados por ALCOVER, Madeleine. Paris: Honoré Champion, 2000, p.1-161, citação p.138-7. Como veremos no decorrer das notas, este ensaio deve muito ao trabalho critico e filológico de Madeleine Alcover. Edição portuguesa: BERGERAC, Cyrano de. *O outro mundo ou os Estados e Impérios da Lua*, Lisboa: Editora Editorial Estampa, coleção Livro B.

Nesta passagem de *États et Empires de la Lune* [Estados e Impérios da Lua], Cyrano de Bergerac joga com vários temas caros à cultura escrita de seu tempo. Em primeiro lugar, confere uma realidade literal a uma metáfora repetida, a das *"voces paginarum"*, vozes desaparecidas, mas ainda presentes no escrito. Lope de Vega, entre muitos outros, emprega essa antiquíssima figura de estilo,[2] quando declara reduzir ao silêncio a voz dos dramaturgos antigos, irritados com as inovações de suas *"comedias"*:

> E, se me for preciso compor uma comédia, / As regras da arte, guardo a seis voltas de chave, / Retiro Terêncio e Plauto de meu gabinete, / Para me poupar de suas vozes, porque acontece, às vezes; de / A verdade gritar em livros mudos.[3]

Quando, normalmente, a metáfora indica o apagamento da voz e da escuta em proveito da leitura silenciosa dos textos, Cyrano recupera novamente sua força primeira imaginando livros lunares que se leem, por eles mesmos, em voz bem alta:

> Assim, tens eternamente em torno de ti todos os grandes homens, mortos e vivos, que te entretêm de viva voz.

---

[2] BALOGH, Josef, *Voces paginarum*. Biträge zur Geschichte des lauten Lesens und Schreibens", *Philologus*, 82, 1926-1927, p.84-109 e 202-40, e KNOX, Bernard M. W. "Silent reading in Antiquity", *Greek, Roman, and Byzantine Studies*, 9, 1968, p.421-35.

[3] VEGA, Lope de. "Nouvel art de faire des comédies en ce temps", trad. André Labertit, in *Théâtre espagnol du XVIIe siècle*, MARRAST, Robert. (Org.). Paris: Gallimard, Bibliothèque de la Pléiade, 1999, p.1413-24, versos 40-44: "Cuando he de escribir una comedia, / Encierro los preceptos con seis llaves; / Saco a Terencio y Plauto de mi estudio, / Para que no den voces, porque suele / Dar gritos la verdad en libros mudos", in *Arte Nuevo de hacer comedias en este tiempo*, (1609), in *Lope de Vega esencial*, Edição de Felipe Pedraza, Madri: Taurus, 1990, p.124-34.

Não espanta que os jovens lunares sejam tão sábios:

> Aprendendo a ler tão cedo quanto a falar, eles nunca estão sem leitura; no quarto, no passeio, na cidade, em viagem, a pé, a cavalo, podem ter no bolso ou dependurado no arção de suas selas uns trinta desses livros, em que basta apertar uma mola para ouvir apenas um capítulo, ou então vários, se estiverem dispostos a ouvir todo um livro.

O triunfo dos pequenos formatos, típico da edição parisiense na segunda metade do século XVII,[4] é aqui antecipado e encontra sua versão extrema nos livros do Outro Mundo, não muito maiores que uma casca de noz. O viajante da Lua faz bom uso deles já que, depois de ter descoberto o mistério dos livros sonoros, sai para passear com os que lhe haviam sido dados pelo demônio de Sócrates, "presos como brincos de orelha".

A língua perfeita

Os livros da Lua são ouvidos no idioma do lugar, que não conhece nem sílabas nem palavras. Eles enunciam seus vocábulos por meio de tons que podem ser emitidos pela voz humana ou produzidos por um instrumento musical. Essa linguagem dos Grandes Lunares tem muitas vantagens:

> Em seu conjunto, é uma invenção muito útil e bem agradável, pois quando estão cansados de falar ou quando desdenham de pros-

---

[4] MARTIN, Henri-Jean. *Livre, pouvoirs et société à Paris au XVIIe siècle (1598-1701)*, Genebra: Librairie Droz, 1969, t.II, p.597-8 e pl. III, 2, p.1064.

tituir sua garganta para esse uso, tomam tanto um alaúde quanto outro instrumento, do qual se servem tão bem quanto da voz para comunicar seus pensamentos, de modo que, algumas vezes, se encontram na companhia de quinze ou vinte, para mobilizarem um ponto de teologia ou de dificuldades de um processo, em um concerto tão harmonioso a ponto de acariciar os ouvidos.[5]

Emprestada de Francis Godwin, em *L'Home dans la lune*, texto publicado em inglês em 1638 e traduzido para o francês dez anos mais tarde,[6] a língua sem palavras, falada, executada e ouvida pelos lunares, é a resposta fantástica dada por Cyrano a duas preocupações de seu tempo. De um lado, não sendo mais que diferença de tons segundo o exemplo da música sem letras, essa linguagem perfeita é a solução mais elegante encontrada na pesquisa de indicadores de intensidade entre todos aqueles indicadores que não satisfazem as normas de pontuação, estabelecidas no decorrer do século XVI, os quais dizem respeito apenas à duração desigual das pausas.[7] Um exemplo dessa busca, que pretende tornar a voz mais manifestamente presente no texto escrito e impresso, é a mudança dos sinais de pontuação, alheios à sua significação comum e transformados em notas musicais, como o ponto de exclamação em Ronsard ou o

---

[5] BERGERAC, Cyrano de. Op.cit., p.66.
[6] GODWIN, Francis. *L'Homme dans la lune ou le voyage chimérique fait au Monde de la Lune, nouvellement découvert par Dominique Gonzales, Adventurier Espagnol, autrement dit le Courrier Volant*, Paris: Piat et Guignard, 1648.
[7] Cf. PARKES, M.B. *Pause and effect. An introduction to the history of punctuation in the West*, Berkeley/Los Angeles: University of California Press, 1993, e CHARTIER, Roger. *Au bord de la falaise. L'histoire entre certitudes et inquiétude*, Paris: Albin Michel, 1998, p.277-85, trad. br., *À beira da falésia. A história entre certezas e inquietude*. Porto Alegre: Editora UFRGS, 2002.

ponto de interrogação em Racine.[8] Ou, ainda, a utilização de uma inicial em maiúscula para as palavras que devem ser separadas com mais força na leitura, segundo as indicações de Moxon e a prática de La Bruyère.[9] Na língua dos lunares, musical por natureza, não são precisos tais artifícios.

De outro, a ideia formulada pelos antigos, segundo a qual a música é uma língua perfeita e universal, comparável à geometria, já que ambas se baseiam em proporções, movimentos e acordes, sustentou o programa das academias do final do século XVI.[10] No tempo de Cyrano, o projeto se distanciou e a Academia fundada por Richelieu dedicou-se somente à música. Não é apenas nos Estados da Lua que a linguagem de tons dá acesso ao saber mais sutil. Esse saber não pode ser o mesmo para todos. O pequeno povo lunar fala, não apenas com sua boca ou com um instrumento como o fazem os letrados, mas por "estremecimentos dos membros":

> A agitação de um dedo, por exemplo, ou mão, orelha, lábio, braço, maçã do rosto corresponde, cada gesto em particular, a uma oração ou período com todos os seus componentes. Outros gestos servem apenas para designar palavras, como uma ruga na testa, um

---

[8] Cf. RONSARD, "Au Lecteur", "Les Quatre premiers livres de la Franciade, (1572), in Œuvres complètes, edição e notas de Gustave Cohen, Paris: N.R.F., Bibliothèque de la Pléiade, 1950, t.II, p.1009-13, e FORESTIER, Georges. "Lire Racine". In: RACINE, Œuvres complètes, t.I, Théâtre-Poésie, edição, apresentação, organização e notas de Georges Forestier, Paris: Gallimard, Bibliothèque de la Pléiade, 1999, p.LVIX-LXVIII.

[9] Cf. MOXON, Joseph, Mechanick Exercises on the Whole Art of Printing (1683-4), DAVIS, Herbert; CARTER, Harry. (Orgs.). Oxford/Londres: Oxford University Press, 1958, p.216-7, e DELFT, Louis Van. "Principes d'édition". In: La Bruyère, Les Caractères, apresentação e notas de Louis Van Delft, Paris: Imprimerie Nationale, 1988, p.45-57.

[10] YATES, Francis. Les Académies en France au XVIe siècle [1974], Paris: Presses Universitaires de France, 1996, p.47-123.

retesamento dos músculos, as reviravoltas das mãos, os batimentos do pé, as contorções de um braço.

A distinção, fundamental para Cyrano, entre os dotados e os simples, os sábios e os ignorantes, encontra sua tradução mais imediata na existência dos dois idiomas do mundo da Lua. Às harmonias sonoras da língua dos Grandes opõem-se os gestos daqueles mais comuns que podem ir a extremos e os quais Cyrano não se recusa a descrever:

> Com o hábito de ficarem sempre nus ao falarem, seus membros acostumados a gesticular suas concepções revolvem-se tão vigorosamente que, então, não se assemelham a um homem que fala, mas a um corpo em convulsão.[11]

Se o narrador da viagem à Lua pode escutar os livros que lhe foram dados pelo demônio de Sócrates em Paris, no primeiro mundo, Cyrano escreve para um leitor que é seu cúmplice e o qual encontrará sua obra em edições impressas (tal como suas *Œuvres diverses*, publicadas pelo livreiro parisiense Charles de Sercy, em 1654, ou a edição dos *États et Empires de la Lune*, publicada pelo mesmo editor em 1657, dois anos após a morte de Cyrano, ocorrida em 28 de julho de 1655[12]), e também sob a forma de cópias manuscritas nas quais, antecipadamente, circularam os textos – e, digamos, textos menos submetidos às exigências da censura.

Essa dupla transmissão é uma primeira razão para dar lugar a Cyrano nesta obra que tem a intenção de lembrar que, em sua primeira idade moderna, as modalidades de inscrição e publicação do

---

[11] BERGERAC, Cyrano de. Op.cit., p.66-7.
[12] *Histoire comique par Monsieur Cyrano de Bergerac Contenant les Estats et Empires de la Lune*, Paris: Charles de Sercy, 1657.

escrito ultrapassam, em muito, as formas apenas impressas. Mas é também outra razão para viajar com ele à Lua e, mais tarde, ao Sol.

A narrativa das tribulações do narrador é, de fato, saturada pela presença de livros, e não apenas os sonoros. A "tessitura livresca" das obras de Cyrano, como tão belamente se expressa Jcques Prévot,[13] faz que toda a narração seja organizada em suas articulações e temas com base em uma apropriação multiforme do mundo da escrita.

Não se trata aqui de separar e resolver as diferentes interpretações da "libertinagem flamejante" de Cyrano, segundo a expressão de Raymond Pintard.[14] Será preciso compreendê-la como um vitalismo, que fundamenta nas metamorfoses sem fim da matéria a negação da existência de Deus criador, já que o universo é eterno, e a da alma individual, já que cada ser participa da cadeia ininterrupta das transformações?[15] Ou ainda, como sugere a escrita polifônica de Cyrano, deve-se renunciar à atribuição de uma posição filosófica determinada ao autor e, considerando que Dyrcona não é Cyrano, apesar da relação quase anagramática entre esses nomes, ver em sua obra uma recusa cética de todos os sistemas e de todas as crenças?[16] É dessa perspectiva que se aproxima Madeleine Alcover em sua mais recente edição, uma vez que, para sustentar a ideia de um nó central irredutível do pensamento de Cyrano, "constituído pela recorrência do monismo, da matéria como *alfa* e *ômega*, de sua reciclagem

---

[13] PRÉVOT, Jacques. *Cyrano de Bergerac romancier*, Paris: Belin, 1977, p.15. Cf. também sua "Nota" de apresentação do livro *L'Autre Monde*. In: *Libertins du XVIIe siècle*, t.I, organização, apresentação e notas de Jacques Prévot, Paris, Gallimard, Bibliothèque de la Pléiade, 1988, p.1543-57.

[14] PINTARD, Raymond. *Le Libertinage érudit dans la première moitié du XVIIe siècle*, [1943], Genebra, Slatkine, 1983, p.329-30.

[15] Essa é a leitura de ALCOVER, Madeleine. *La pensée philosophique e scientifique de Cyrano de Bergerac*. Genebra: Droz, 1970.

[16] Essa é a interpretação de PRÉVOT, Jacques. In: *Cyrano de Bergerac romancier*. Op.cit.

indefinida e protoforme", ela identifica em sua obra uma "atitude eclética" que propõe discursos filosoficamente contraditórios e, por isso, manifesta "a impossibilidade de uma adesão total a qualquer sistema que seja".[17] Meu propósito não tem a ambição de dividir claramente essas diferentes interpretações, mas somente de me deter no que Dyrcona e Cyrano fazem com os livros, os seus ou os dos outros.

No começo era o livro

Tudo começa com o livro:

> Estava voltando para minha casa e, para relaxar da caminhada, tinha acabado de entrar em meu quarto quando, na minha mesa, encontrei aberto um livro que eu não havia deixado assim. Eram as obras de Cardan.[18]

No retorno noturno de uma assembleia amigável e erudita, durante a qual o narrador sustentou que a Lua era um mundo muito parecido com a Terra, a obra de Cardan vem oportunamente confirmar sua opinião. O livro, que é sem dúvida o *De la subtilité et subtiles inventions* [Da sutileza e das invenções sutis], publicado em 1550, revisado em 1554 e traduzido para o francês desde 1556,[19] é misteriosamente deslocado da biblioteca para a mesa e se encontra aberto na página onde, segundo Cyrano (e não segundo o texto original),

---

[17] ALCOVER, Madeleine, "Analyse". In: BERGERAC, Cyrano de. *Œuvres complètes*, t.I. Op.cit., p.CLXXXVII-CLXXXVIII.
[18] BERGERAC, Cyrano de. *Œuvres complètes*. Op.cit., p.7-8.
[19] CARDAN, Jerôme. *Les Livres de Hiéronime Cardanus médecin milanais, intitulez de la subtilité et subtiles inventions, ensemble les causes occultes et raisons d'icelles*, Paris: Cavellat, 1578.

Cardan relata uma visita que lhe fizeram dois "muito idosos" habitantes da Lua. São, sem dúvida, os mesmos que obrigam o narrador a ler "à força" a narrativa que o leva a projetar e finalmente conseguir, depois de alguns obstáculos, realizar a viagem à Lua:

> Considerei toda essa sequência de incidentes como uma inspiração de Deus que me levara a demonstrar que a Lua é um mundo.

Matemático, astrólogo e autor, além de *De Subtilitate*, de um dos livros mais vendidos do século XVI,[20] Cardan reaparece outra vez na narração. Quando o demônio de Sócrates envia a lista, curta e permanente, de "pessoas consideráveis" que encontrou em sua segunda estada na Terra "há cem anos", Cardan vem em primeiro lugar:

> Um dia, entre outros, apareci a Cardan. Como ele estudava, apresentei-lhe uma porção de coisas e, como recompensa, ele me prometeu que testemunharia para a posteridade que sabia de milagres os quais pretendia descrever.[21]

Entre esses "milagres", Cyrano pôde ler o dos sete homens com os corpos feitos de ar que apareceram ao pai de Cardan, e transformar esse milagre na visita dos dois velhos lunares que constituem a primeira tensão narrativa de sua história.

No começo era o livro. Os dois livros que o demônio de Sócrates presenteou ao narrador confirmam o propósito. Todos os dois foram compostos em um terceiro mundo, aquele de onde vem o demônio:

---

[20] Cf. GRAFTON, Anthony. *Cardano's Cosmos. The world and works of a Renaissance astrologer*, Cambridge (Mass.)/Londres: Harvard University Press, 1999.
[21] BERGERAC, Cyrano de. *Œuvres complètes*, p.55.

Nasci no Sol. Mas como, por vezes, nosso mundo se encontra muito populoso graças à vida longa de seus habitantes e à quase ausência de guerras e doenças, então, de tempos em tempos, nossos magistrados enviam colônias para os mundos mais próximos.[22]

Neste caso, o demônio fora enviado à Terra e depois à Lua. Um dos dois livros falantes é a *Grand œuvre des philosophes* [Grande obra dos filósofos], "composta por um dos mais iluminados pensadores do mundo do Sol". O título, que não é apresentado como se fosse da edição de 1657, pode ser compreendido de outras formas: como uma expressão genérica, sem referência a uma obra particular; como uma alusão a uma obra real, com o mesmo título; ou ainda como uma citação implícita da filosofia de Giordano Bruno, adequadamente descrita no que diz o demônio sobre o livro solar, o qual

> prova que todas as coisas são verdadeiras e apresenta o modo de unir fisicamente as verdades de cada contradição, como afirmar que o branco é preto e o preto é branco; que se pode ser e não ser ao mesmo tempo; que pode haver uma montanha sem vale; que o nada é alguma coisa e que todas as coisas que são, não são.[23]

O outro livro é intitulado *Les États et Empires du Soleil* [Os Estados e Impérios do Sol], ou seja, o título da própria obra de Cyrano que será publicada cinco anos depois de *Les États et Empires de la Lune* [Os Estados e Impérios da Lua] e estava, sem dúvida, sendo escrito em 1650.[24] Teria Cyrano já em mente a possível continuação

---

[22] Ibidem, p.61.
[23] Ibidem, p.135. Sobre essas diferentes interpretações, cf. nota de Madeleine Alcover nas linhas 2745-55.
[24] *Nouvelles Œuvres de Monsieur Cyrano de Bergerac Contenant l'Histoire comique des Estats et Empires du Soleil, Plusieurs Lettres et Autres Pièces Divertissantes*, Paris: Charles de Sercy, 1662. In: Cyrano de Bergerac, *Œuvres complètes*. Op.cit., p.163-343.

das aventuras filosóficas e lunares de Dyrcona em outro mundo? Isso será mencionado na primeira narrativa, tal como se Cervantes tivesse evocado a Segunda Parte de *Dom Quixote* desde 1605 e Mateo Alemán mencionasse a II parte de *Guzmán de Alfarache* desde 1599. Talvez o estivesse escrevendo, mesmo que o título, *Os Estados e Impérios do Sol*, parodie os dois livros de Pierre Davity (*Les Estats, Empires, Royaumes et Principautés du Monde*, lançado em 1625, e *Le Monde ou la Description Générale de ses Quatre Parties, avec tous ses Empires, Royaumes, Estats et Républiques*, publicado em 1643) e possamos entendê-lo de maneira geral, sem que necessariamente Cyrano já tivesse escrito ou cogitado escrever tal obra no momento do término da viagem à Lua.[25]

Leituras e cópias

Agarrado ao Diabo que empurra para o inferno um blasfemador lunar com rosto de Anticristo, o viajante do outro mundo que aterrissou próximo do Vesúvio, embarca para a Provença e, no início de *Estados e Impérios do Sol*, encontra hospitalidade em Toulouse, junto a um de seus amigos, o Senhor De Colignac. Esse está ávido para conhecer as aventuras de Dyrcona na Lua, que é nomeado assim, nesse momento, pela primeira vez, já que no primeiro romance ele

---

[25] Sobre o dificílimo problema da data de composição das duas obras de Cyrano, cerca de dez anos antes de sua publicação impressa, ver os apontamentos de ALCOVER, Madeleine. "Analyse". In: BERGERAC, Cyrano de. *Œuvres complètes*. Op.cit., p.CLIII-CLVII; sobre a referência às obras de Davity, cf. p.CLXVI-CLXIX e sobre seus títulos, cf. ALCOVER, Madeleine. "Essai de titrologie: les récits de BERGERAC, Cyrano de. In: *Libertinage et Philosophie au XVIIe siècle*, jornada de estudos organizada por Anthony McKenna e Pierre-François Moureau, Saint Étienne, Publications de l'Université de Saint-Étienne, 1996, p.75-94.

permanecera como um "eu" anônimo, a cuja identidade teremos acesso retrospectivamente. Colignac o faz falar sobre suas andanças, depois o convoca "a redigi-las por escrito". Em uma metalinguagem invertida em relação ao primeiro romance, o segundo, *Estado e Impérios do Sol*, levava Dyrcona a ler o relato de uma viagem que ele talvez ainda não tivesse feito, já que o texto do segundo romance narra no presente a composição e difusão de uma obra que o leitor já tivera a oportunidade de ler.[26]

Assim como na visita de Dom Quixote à oficina tipográfica de Barcelona em Cervantes, Cyrano transforma em tema da ficção as próprias condições de publicação de sua obra. Mas, e a diferença é importante, não se trata aqui de uma tipografia. *Estados e Impérios da Lua* circula de outra forma. Em primeiro lugar, em leituras em voz alta, feitas pelo Senhor De Colignac, perante os pequenos e amigáveis círculos sociais e eruditos da cidade:

> À medida que eu terminava um caderno, o Senhor De Colignac, impaciente em relação a minha glória que o atentava mais que a sua, ia a Toulouse pregar nas mais belas assembleias. Como tinha a reputação de ser um dos maiores gênios de seu século, as homenagens que a mim dispensara, para as quais parecia ter um eco infatigável, me fizeram ser conhecido de todo mundo.[27]

Essa primeira forma de publicação faz circular o manuscrito autográfico do autor em sua realidade material, caderno sobre caderno, e não segundo suas divisões textuais. Isso também acontece

---

[26] Sobre as narrativas de publicação no século XVII, cf. *De la publication entre Renaissance et Lumières,* estudos reunidos por Christian Jouhaud e Alain Viala, Paris: Fayard, 2002.

[27] BERGERAC, Cyrano de. *Œuvres complètes*. Op.cit., p.167-8.

com a primeira forma de publicidade da obra, que fora objeto de julgamentos favoráveis, depois críticos, nos círculos letrados e a qual fora suficientemente reconhecida para que um retrato de seu autor fosse gravado e vendido:

> Os gravadores já tinham burilado minha imagem, mesmo sem terem-me visto, e a cidade ressoava, em cada corredor, graças à goela rouca dos vendedores ambulantes que gritavam de modo ensurdecedor: "Chegou o retrato do autor de *Estados e Impérios da Lua*".

O retrato apresentado aos toulousianos faz referência àquele que fora impresso como estampa e inserido em alguns exemplares (mas não em todos) da edição das *Œuvres diverses*, em 1654, com uma legenda que menciona os dois mais antigos amigos de Cyrano, Henri Le Bret e Jean Le Royer de Prade.[28]

A segunda modalidade de circulação da obra de Dyrcona remete, segundo a tipologia de Harold Love, não mais a uma *authorial publication*, fundada sobre o manuscrito do autor, mas a um empreendimento comercial, uma *entrepreneurial publication*, que pressupõe a multiplicação dos exemplares copiados à mão.[29] É a controvérsia nascida nas sociedades divididas entre aqueles que elogiam a obra e os que a condenam como

> um *pot-pourri* de contos ridículos, um amontoado de farrapos desencontrados, um repertório de contos para embalar crianças

---

[28] Sobre os diferentes retratos gravados de Cyrano, cf. ALCOVER, Madeleine. *Cyrano relu et corrigé*, Genebra: Droz, 1990, p.68-74.

[29] LOVE, Harold. *Scribal Publication in Seventeenth-Century England*, Oxford: At the Clarendon Press, 1993 (reed. *The Culture and Commerce of Texts. Scribal Publication in Seventeenth-Century England*, Amherst: University of Massachusetts Press, 1998).

o que assegura seu sucesso e, por isso, alimenta a disputa:

> O contraste de opiniões entre os hábeis e os idiotas aumenta seu crédito. Pouco depois, as cópias em manuscritos são vendidas disfarçadamente; todo mundo e aqueles que estão fora do mundo, ou seja, desde o nobre até o monge, compram essa peça; as mulheres tomam partido a respeito dela. Cada família se divide e os interesses dessa querela foram tão longe que a cidade foi dividida em duas facções, a lunar e a antilunar.

Para os "antilunares", o texto é duplamente desconsiderado: como os contos para as crianças ou para os "idiotas", que contam histórias extravagantes, impossíveis de se acreditar e, assim como as composições desajeitadas que fazem um uso rudimentar da técnica dos lugares-comuns, o texto justapõe de maneira desordenada fragmentos sem coerência. Para os "lunares", ao contrário, a obra encobre verdades profundas, por isso perigosas, que obrigam a uma circulação discreta, como a dos manuscritos que se vendem *sous le manteau* (escondidas sob o casaco), e não como a dos livros impressos e expostos nas estantes das livrarias.

A sequência da narrativa atesta que tal prudência não basta para poupar Dyrcona das fraudes e censuras. A primeira é a dos "dos barbudos de toga" do Parlamento de Toulouse que o acusam de bruxaria e magia, já que só um pacto com o diabo poderia lhe permitir visitar a Lua. Os parlamentares, parentes e amigos de Colignac asseguram que seu protegido receberá um castigo que o obrigará a ser discreto:

> Vós não tendes apenas de colocá-lo em nossas mãos. Por vosso amor, comprometemos em nossa honra de o queimar sem escândalo.[30]

---

[30] BERGERAC, Cyrano de. *Œuvres complètes*. Op.cit., p.170.

A promessa contém uma alusão evidente ao processo, diante do Parlamento de Toulouse, do libertino Vanini, condenado à fogueira em 1619,[31] mas ridiculariza também os juízes que continuam fiéis às descrições dos velhos tratados de demonologia, ao mesmo tempo em que se apagam as certezas da existência real da bruxaria e, consequentemente, sua acusação diante de tribunais.[32]

O segundo censor de Dyrcona é o cura da paróquia, Senhor Jean, que, após um processo perdido a respeito do dízimo, alimenta um ódio tenaz contra o senhor do lugar, Senhor De Colignac, do qual pretende se vingar. Para esse fim, emprega uma dupla estratégia: denunciar Dyrcona em Toulouse e, assim, conduzir os oficiais do Parlamento a abrir um inquérito, manipulando as superstições dos camponeses para fazê-lo cair em uma cilada. A ocasião se apresenta no momento em que Dyrcona caminha sozinho para a casa do marquês de Cussan, vizinho e amigo de Colignac, onde ele estará a salvo das perseguições dos parlamentares. O livro, aqui, ainda desempenha um papel essencial na economia da narrativa. Dyrcona preparou para o período de sua estada na casa do marquês

> um balaio de volumes, com o qual carreguei o jumento, volumes que imaginava não ter na biblioteca de Cussan.

---

[31] Sobre esse processo, cf. observações de PRÉVOT, Jacques. In: *Libertins du XVIIe siècle*. Op.cit., p.XXXI-XXXIII, e os documentos publicados por FOUCAULT, Didier. "Documents toulousains sur le supplice de Vanini", *La Lettre clandestine*, n.5, 1996, p.15-31.

[32] Cf. MANDROU, Robert. *Magistrats et sorciers en France au XVIIe siècle. Une analyse de psychologie historique*, Paris: Plon, 1968, sobre a nova jurisprudência do Parlamento de Paris que, a partir de 1640, "não reconhece mais a existência de feiticeiros", p.341-63, e sobre as hesitações dos parlamentares provinciais (dentre eles o Parlamento de Toulouse não é o mais reticente), p.383-404.

Entre esses se encontra a *Physique* de Descartes, ou seja, os *Principia Philosophiae* de 1644, traduzido para o francês em 1647. No momento em que o narrador é abordado pelos cidadãos que, instigados pelo cura da igreja e em sua presença, o tomam como prisioneiro, é esse livro de Descartes que eles abrem em primeiro lugar:

> Quando percebem todos os círculos com que o filósofo distingue o movimento de cada planeta, todos de uma só voz gritam que eram os cercos que eu traçava para convocar Belzebu. Aquele que o segurava deixou-o cair de tanta apreensão e, por infelicidade, ao cair ele se abriu em uma página onde são explicadas as virtudes do ímã; eu disse "por infelicidade" para descrever o lugar de onde falo, já que há uma imagem dessa pedra metálica na qual os pequenos corpos que se despregam de sua massa para agarrar o ferro são representados como braços. Mal um desses patifes vê a figura, ouço desfiar a acusação de que era o sapo que havia sido encontrado no cocho da cavalariça de seu primo Fiacre, quando seus cavalos morreram.[33]

Assustados, os camponeses dobraram seu medo diante dos sortilégios desse feiticeiro que fez um pacto com o diabo mas, encorajados pelo cura, que

> gritava, com a garganta esticada, que não se preocupassem com as outras coisas, já que todos esses livros eram livros de magia e o jumento era um demônio,

colocam Dyrcona no calabouço de uma vila situada na rota de Toulouse. É lá que depois de várias peripécias, fugas e prisões, ele é aprisionado na enorme prisão da Torre onde, graças à ajuda de Colignac e Cussan, poderá dispor de espaço e dos materiais

---

[33] BERGERAC, Cyrano de. *Œuvres complètes.* Op.cit., p.180-4.

necessários para a construção da máquina voadora que o levará até os Estados e Impérios do Sol.

Os crédulos e os esclarecidos

Por duas vezes, um livro aberto por acaso ou sem que seu leitor o tenha desejado provoca um "desencadear" de acontecimentos que conduz o narrador a outro mundo: a página de Cardan, que o persuade de que a Lua é um mundo e de que é preciso prová-lo com uma viagem até o grande astro e, como um eco dessa, a página de Descartes convence os crédulos camponeses de que ele é um feiticeiro e por isso merece o castigo dos Senhores de Toulouse. Para escapar deles, o icosaedro que ele constrói na prisão dourada ultrapassará suas expectativas já que, de um astro a outro, ele se aproxima, enfim, das "grandes planícies do dia", o Sol.

Ao mesmo tempo que se constitui como um recurso narrativo que transporta o narrador e seu leitor de Toulose ao Sol, a cena do livro de Descartes, considerado um livro de bruxaria, traduz fortemente o corte que, em Cyrano, separa os "filósofos", os esclarecidos, do "populacho" ignorante, preso às superstições pelas manipulações dos homens da Igreja e a credulidade dos juízes. Para uns e outros, o escrito não tem a mesma significação. Como os revoltosos levados por Jack Cade em *Henrique VI*, os camponeses temem a força maléfica do livro que dá um poder impressionante aos que sabem decifrá-lo ou traçar seus signos.[34] Contra o escrito diabólico, o único recurso é

---

[34] Para outros exemplos da força mágica atribuída aos livros pelas comunidades camponesas, cf. FABRE, Daniel. "Le livre et sa magie". In: *Pratiques de la lecture*. CHARTIER, Roger. (Org.). Paris: Payot, 1993, p.231-63, trad. bras., Daniel Fabre, "O livro e sua magia. In: *Práticas da Leitura*. São Paulo: Estação Liberdade, 1996, p.201-28.

a potência, ela também mágica, das escrituras cristãs não lidas, mas levadas consigo como talismãs capazes de conjurar os sortilégios. Na estrada de Cussan, o primeiro camponês que atravessa o caminho de Dyrcona e lhe grita *"Satanus Diabolas! ... eu te esconjuro em nome do grande Deus vivo..."* está forrado de escritos:

> um longo vestido tecido de folhas de um livro de cantochão o cobria até as unhas e seu rosto estava escondido por uma carta onde se via escrito o *In principio* [isto é, as primeiras palavras do Evangelho de São João].[35]

Ao contrário desses terrestres supersticiosos, as sociedades letradas fazem do doce comércio do escrito o próprio fundamento da cumplicidade amável e intelectual. É assim que Dyrcona descreve o tempo do *otium* passado com Colignac ou Cussan:

> Os prazeres inocentes dos quais o corpo é capaz correspondem apenas à menor parcela de todos aqueles que o espírito pode encontrar. No estudo e na conversa nenhum nos faltava, e nossas bibliotecas unidas como nossos espíritos atraíam todos os doutores de nossa sociedade. Misturávamos a leitura ao entretenimento; o entretenimento à boa comida; a boa comida, proveniente da pesca ou da caça, aos passeios e, em uma palavra, nos alegrávamos, por assim dizer, com nós mesmos e com tudo o que a natureza produziu de mais doce para o nosso uso e, para isso, colocávamos apenas a razão como limite para nossos desejos.[36]

O exercício da razão contra o fanatismo, a familiaridade com o escrito contra seu emprego mágico, as conversas contra as supersti-

---

[35] BERGERAC, Cyrano de. *Œuvres complètes*. Op.cit., p.178.
[36] Ibidem, p.171-2.

ções, tais são para Cyrano as oposições fundamentais que cimentam as sociabilidades eruditas.

Essas se nutrem de referências comuns: Cardan, cujo *De Subtilitate* inspira a viagem e o romance, e Campanella que, sobre o Sol, acompanha Dyrcona em direção à "província dos Filósofos" e, no caminho, faz o elogio da *Physique* de Descartes (isto é, os *Principia*) que tanto assustara os camponeses de Colignac. O Campanella fictício, inventado por Cyrano, que é e não é o filósofo calabrês, desempenha nos *Estados e Impérios do Sol* o papel do demônio de Sócrates no romance anterior, *Estados e Impérios da Lua*. Este último declara, aliás, tê-lo encontrado e ajudado no momento de seu encarceramento em Roma:

> Também conheci Campanella; fui eu quem o advertiu para que, durante sua estada na Inquisição em Roma, mudasse seu rosto e seu corpo ao modo dos trejeitos e posturas comuns a esses que ele precisava conhecer interiormente, para despertar em si mesmo pensamentos semelhantes aos que, em situação idêntica, seriam incitados em seus adversários, porque assim ele melhor administraria suas almas quando as conhecesse.[37]

O Campanella de Cyrano coloca em prática tal talento, no momento de seu encontro com Dyrcona, afirmando que

> Conformando totalmente meu corpo ao vosso e tornando-me, por assim dizer, vosso irmão gêmeo, é impossível que um mesmo impulso sobre a matéria não nos cause aos dois um mesmo impulso sobre o espírito.[38]

---

[37] Ibidem, p.57.
[38] Ibidem, p.301.

Assim, o demônio de Sócrates concluiu seu breve retrato de Campanella:

> Ele começou a escrever, a meu pedido, um livro que intitulamos *De sensu rerum*.

E, de fato, mais que a *Civitas Solis* da qual Cyrano recusa a rígida utopia, essa obra, reeditada em Paris em 1637, está muito presente na narrativa, sem que para tanto seja aceita toda a filosofia, severamente julgada pelos meios e grupos de eruditos.[39]

A dupla companhia do demônio de Sócrates e de Campanella multiplica-se na narração dos diálogos "filosóficos" e tece uma ligação entre esses sucessivos episódios, os quais, no dizer dos doutores toulousianos, assemelham-se a um "amontoado de farrapos desencontrados". Assim como em Baudri de Bourgueil, mas com outros fins, as correspondências trocadas fundamentam as relações em sociedade, o demônio de Sócrates lembra-se, assim, de suas conversas com Gassendi (que Cyrano tinha talvez encontrado no começo da década de 1640, quando voltou do exército e se tornou estudante no colégio parisiense de Lisieux), com La Mothe Le Vayer e com Tristão, o Eremita, os quais ele distingue de

> muitas outras pessoas que seu século trata como divinos, mas em quem eu nada encontrei, a não ser muita tagarelice e muito orgulho.[40]

---

[39] CAMPANELLA, Tommaso. *De sensu rerum et magia liber quatuor, pars mirabilis occulta philosophiae*, Francfort, 1620, e *La Cité du Soleil*, texto latino da edição parisiense de 1637, edição, tradução e notas de Roland Crahay, Bruxelas: Académie Royale de Belgique, 1993. Sobre a radical diferença entre as viagens de Cyrano (ou, de modo mais geral, da abordagem libertina) e o gênero utópico, cf. PRÉVOT, Jacques. "Introduction". In: *Libertins du XVIIe siècle*. Op.cit., p.LXVIII.

[40] BERGERAC, Cyrano de. *Œuvres complètes*. Op.cit., p.59.

Amores masculinos

Unida no mesmo apreço pela especulação metafísica, a filosofia natural e um ceticismo mais ou menos materialista, a sociedade erudita do meio libertino tem também, ao menos em Cyrano, forte dimensão homossexual. Como demonstrado por Madeleine Alcover, são vários os indícios convincentes.[41] No prefácio da edição impressa dos *Estados e Impérios da Lua*, em 1657, Henri Le Bret, amigo de infância de Cyrano, esboça a primeira biografia do escritor. Ele trata dos temas que inspiraram os versos de Edmond de Rostand:[42] a infância rural, a entrada no destacamento militar de M. de Carbon Castel-Jaloux, a bravura nos duelos e o no combate de cem contra um, na Porta de Nesles, o ferimento sofrido na tomada de Arras, o ódio da dependência e a recusa de todo e qualquer patrão (menos do duque de Arpajon no fim de sua vida de autor), o gosto pelo estudo dos versos, compostos até mesmo em um posto de guarda, o golpe na cabeça que, por fim, o mata.[43]

Todavia, na narração de Le Bret, nenhum vestido de mulher aparece na vida de seu herói, fora aqueles das devotas que o acom-

---

[41] ALCOVER, Madeleine. "Un gay trio: Cyrano, Chapelle, Dassoucy", *Actes du Ive Colloque du Centre International de Rencontres sur le XVIIe siècle. Université de Miami*, Biblio 17 (117), Tübingen, 1999, p.265-75, e "Biographie" e "Analyse". In: *Œuvres complètes*. Op.cit., p.XXXIV e CCII-CCVIII.

[42] ROSTAND, Edmond. *Cyrano de Bergerac*, texto apresentado e comentado por Jacques Truchet, Paris: Imprimerie Nationale, 1983. Trad. br. Fábio M. Alberti, São Paulo: Nova Cultural, 2002.

[43] A ideia de dotar Cyrano de um nariz bem grande, já apresentada em Théophile Gautier, provém da passagem de *Estados e Impérios da Lua* onde, para explicar a castração das crianças de nariz muito curto, os Lunares declaram: "Saiba que nós o fazemos depois de ter observado ao longo de trinta séculos que um grande nariz é, na entrada de nós mesmos, uma insígnia que diz: 'Aqui dentro se aloja um homem espirituoso, prudente, cortês,

panharam em seus últimos meses, quando, doente, fora acolhido por um amigo da família, Tanneguy Renault des Boisclairs, conselheiro do rei e grande preboste de Borgonha e Bresse. O prefácio de Le Bret nomeia essas cristãs fervorosas: são sua mãe, Marguerite de Jesus, fundadora da comunidade das Filhas da Cruz, "que ele estimava de modo particular", e sua prima, Madeleine Robineau, baronesa de Neuvillette,

> tão piedosa, tão caridosa, tão dedicada a seu próximo por ser ela totalmente devota a Deus.[44]

Ao contrário, duas alusões deixam entrever a preferência de Cyrano, que nenhuma Roxane, pelo que parece, poderia incitar. Le Bret indica que é para proteger Cyrano que ele o fez entrar para a carreira militar:

> Essa idade em que a natureza se corrompe mais facilmente e a grande liberdade que tinha de fazer apenas o que lhe parecesse bom levaram-no a uma tendência perigosa, da qual ouso dizer que o impedi, porque após finalizar meus estudos e como meu pai queria que eu servisse na Guarda, obriguei-o a servir comigo na companhia de De Carbon Castel-Jaloux.

---

afável, generoso e liberal' e um nariz pequeno é a rolha dos vícios opostos. É por isso que os achatados criaram os eunucos, porque a república prefere não ter nenhum filho deles, que ter filhos semelhantes a eles", BERGERAC, Cyrano de. *Œuvres complètes*. Op.cit., p.141-2. Cf. ROSTAND, Edmond. *Cyrano de Bergerac*, prefácio e notas de Pierre Citti, Paris: Le Livre de Poche classique, 1990, p.13 e nota p.50-1.

[44] Os dados biográficos mais recentes e seguros são apresentados por ALCOVER, Madeleine. "Biographie". In: BERGERAC, Cyrano de. *Œuvres complètes*. Op.cit., p.XV-LXXXIV.

Mais adiante, elogiando a moderação de seu amigo, que raramente bebia, e quando o fazia era apenas vinho, e comia muito pouco, ele acrescenta com ironia:

> Acompanhava-lhe a essas duas qualidades uma tão grande distância do sexo frágil que se pode dizer que ele nunca faltou com o respeito que o nosso sexo lhe deve.[45]

Nas duas viagens, os amores homossexuais não estão ausentes. Na Lua, ganham um contorno engraçado. Como ele anda sobre dois pés e não a quatro patas como os indígenas, Dyrcona é tomado por um animal, mais precisamente "a fêmea do animalzinho da rainha". Esse, por sua vez, é um espanhol, condenado pela Inquisição por ter sustentado a existência do vazio na natureza e a unidade da matéria. Ele fora levado por pássaros até a Lua onde a rainha o tomou por um macaco

> por causa de suas roupas, já que, por acaso, no país da Lua, os macacos se vestem à espanhola [isto é, com colarinho pregueado e altos calções], e, tendo sido encontrado, em sua chegada, vestido desse modo, ela não teve dúvidas de que ele fosse de tal espécie.[46]

A zombaria antiespanhola não impede a simpatia:

> O rei ordenou aos guardas dos macacos que nos levassem, com a ordem expressa de nos fazer dormir juntos, o espanhol e eu, para podermos multiplicar em seu reino a nossa espécie. Executamos ponto por ponto a vontade do príncipe, o que me deixou muito à

---
[45] "Prefácio". In: BERGERAC, Cyrano de. Œuvres complètes. Op.cit., p.483-4 e 488.
[46] BERGERAC, Cyrano de. Œuvres complètes. Op.cit., p.51-2 e 75-7.

vontade no prazer de ter alguém que me entretivesse na solidão do meu embrutecimento.

Há, aqui, uma forma de conjunção que não tinha imaginado o doutor García em seu *Antipathie des Français et des Espagnols*.[47]

Já no Sol, o tom era outro, poético e antigo. A fábula das árvores amantes, contada pelo carvalho de Dodone, é uma apologia aos amores masculinos, composta à maneira das obras que mobilizam citações e referências sobre múltiplos exemplos mitológicos e históricos. O "encadeamento" aqui se estabelece quando se passa do amor entre Pylade e Oreste ao dos dois arbustos gêmeos, nascidos de seus cadáveres emaranhados, e depois ao das duas árvores que engendram amores irresistíveis nos casais que comem suas maçãs milagrosas:

> Mal se comia da maçã um do outro para que nos tornássemos perdidamente apaixonados por quem quer que fosse que tivesse comido um do fruto do outro.[48]

Os exemplos de semelhantes paixões são múltiplos – e por vezes estranhos. Artaxerxes, por exemplo, apaixona-se pelo plátano que tinha recebido uma lasca da árvore de Oreste, Salmacis e Hermafrodita são apenas um, nem homem nem mulher, e Narciso torna-se perdidamente apaixonado por si mesmo. Os amores heterossexuais não são menos bizarros, ligando a filha a seu pai, Pasífae ao Minotauro e a Vênus de mármore a Pigmalião. Mas os mais belos frutos

---

[47] GARCÍA, Carlos. *Antipatía de los Franceses y Españoles, obra apacible y curiosa ... Antipathie des Français et des Espagnols, œuvre curieuse et agréable*, 1617. Ver comentário SCHAUB, Jean-Frédéric. *La France espagnole. Les racines hispaniques de l'absolutisme français*. Paris: Le Seuil, 2003, p.160-6.
[48] BERGERAC, Cyrano de. *Œuvres complètes*. Op.cit., p.283.

carregados por Oreste e Pylade, transformados em árvore, são de
uma outra ordem: eles unem

> os Hércules e os Teseus, os Aquiles e os Pátrocles, os Nisus e os
> Euríalos

e encontram sua forma suprema na "faixa sagrada" de Tebas, essa
"amorosa companhia", essa "trupe de amantes" de bravura sem
igual pois

> cada um desses bravos, no combate, para proteger seu amante ou
> para merecer que por ele seja amado, arriscava-se a esforços tão
> incríveis que a Antiguidade não viu nada parecido.[49]

Cyrano convoca assim suas lembranças de colégio, suas leituras
dos antigos, e, talvez, seu caderno de lugares-comuns para celebrar
as amizades viris mais autênticas, aquelas que ligam os amantes.

A publicação manuscrita

Estados e Impérios do Sol não foi publicado enquanto seu autor
estava vivo. No dizer de Le Bret, no prefácio de 1657, o texto
desse livro fazia, sem dúvida, parte dos manuscritos roubados do
cofre de Cyrano durante a doença que se seguiu a seu acidente, ou
atentado, ou ainda ataque, com o coche de seu protetor, o duque de
Arpajon, quando foi gravemente ferido na cabeça.[50] Encontrada,
a obra é impressa em 1662 por Charles de Sercy com a aprovação
do irmão de Cyrano, Abel II, seu legatário universal. Essa é a

---
[49] Ibidem, p.284-5.
[50] Sobre esse acontecimento, cf. notas de Madeleine Alcover, "Biographie".
In: BERGERAC, Cyrano de. *Œuvres complètes*. Op.cit., p.LXII-LXIV.

única edição conhecida de uma obra da qual nenhum manuscrito sobreviveu.

Tal não acontece com *Estados e Impérios da Lua*. A edição de 1657 apresenta-se como uma reescrita fortemente censurada de um texto que circulou antecipadamente sob forma manuscrita, segundo a narrativa sobre a publicação que abre o segundo romance. Os três manuscritos dessa obra conservados – os de Sidney, Munique e Paris – deram margem a duras controvérsias a propósito de sua maior ou menor fidelidade em relação ao texto autográfico de Cyrano.[51] Cada um deles parece corresponder a um tipo particular de escrita à mão. O manuscrito de Sidney, que a filigrana de seu papel permitiu datar como dos anos 1646-1652, poderia ter sido copiada por meio de Chapelain e Gassendi e ter garantido a circulação da obra *sous le manteau*, ou seja, por baixo dos panos, nos meios libertinos e eruditos. O manuscrito de Munique, mal transcrito e mal corrigido, seria uma cópia produzida para uso privado. O manuscrito de Paris foi copiado por um escriba profissional, sem dúvida formado na casa de um mestre-escrivão, que transcreve o texto de maneira mecânica, comprovado em sua maneira de cortar as palavras e na ausência quase total de pontuação. Esse manuscrito, de escrita regular, dotado de deixas que permitem a ordenação correta dos cadernos, já que as primeiras palavras de uma página são mencionadas no

---

[51] O manuscrito de Sidney, existente na Fisher Library da Universidade de Sidney é a edição de SANKEY, Margaret. *Édition diplomatiue d'un manuscrit inédit. Cyrano de Bergerac, L'Autre Monde ou Les Empires et Estats de la Lune.* Paris: Lettres Modernes, 1995. O da Biblioteca Nacional de Paris é o texto de base da edição de Madeleine Alcover no primeiro tomo de *Œuvres complètes* de Cyrano publicado por Honoré Champion assim como a edição de PRÉVOT, Jacques. Cyrano de Bergerac, *Les États et Empires de la Lune*. In: *Libertins du XVIIe siècle.* Op.cit., t.I, p.901-90. O manuscrito da Bayerische Staatsbibliothek de Munich é o texto de base da edição de Léo Jordan publicada em Dresden em 1910.

rodapé da página precedente, teria sido destinado à reprodução e à difusão (eventualmente comercial) da obra, mas sem dúvida não à sua impressão, já que nada atesta que Cyrano tivesse desejado, por prudência ou por outras razões, que fossem publicadas em forma tipográfica.[52]

A existência de apenas esses três manuscritos deixa incertezas quanto à amplitude da circulação do primeiro romance de Cyrano. Seria preciso pressupor, com Margaret Sankey, a existência de um "número elevado" de manuscritos intermediários, hoje perdidos, que explicariam "o número, a variedade e a configuração das variantes" entre esses que subsistiram?[53] Ou seria preciso pensar, com Madeleine Alcover, que nem o manuscrito de *Impérios e Estados da Lua*, nem os das outras obras de Cyrano, "tiveram grande circulação e foram reproduzidos em grande quantidade"?[54] A comparação com o número de manuscritos de outras obras que sobreviveram não possibilita, em quase nada, resolver o impasse. É certo que alguns textos de Cyrano anteriores a esse são infinitamente mais presentes, por exemplo, o *Colloquium heptaplomeres* atribuído a Jean Bodin, do qual uma centena de manuscritos foi conservada, ou *O príncipe* de Maquiavel, do qual sobreviveram umas quarenta cópias escritas em diferentes línguas: italiano, francês e inglês. Em contrapartida, entre as obras dos libertinos eruditos, ou seja, livres-pensadores do início do século XVII, as de Cyrano não estão em desvantagem.[55]

---

[52] Cf. DEJEAN, Joan. *Libertine strategies. Freedom and the novel in seventeenth--century*, Columbus: Ohio State University Press, 1981, p.106.
[53] SANKEY, Margaret. Op.cit., p.XXXV e XXVI.
[54] ALCOVER, Madeleine, "Critique textuelle". In: BERGERAC, Cyrano de. *Œuvres complètes*. Op.cit., p.CXVIII.
[55] Cf. o recenseamento publicado por Miguel Bénitez. *La face cachée des Lumières. Recherches sur les manuscrits philosophiques clandestins à l'Âge classique*. Paris/Oxford: Universitas/Voltaire Foundation, 1996, p.1-61.

A relativa raridade das cópias conservadas não deve confundir o fato de que, no século XVII, a publicação manuscrita, em suas diferentes formas, continua sendo uma modalidade fundamental de circulação dos textos. As razões para isso são numerosas e nem todas se ligam à vontade de evitar o rigor dos censores, em relação às obras contrárias à ortodoxia religiosa, à autoridade política ou à moral comum. Como vimos no capítulo precedente, na Inglaterra do século XVII, alguns gêneros que não têm nada de subversivo encontram no manuscrito um suporte privilegiado: não somente para as notícias escritas à mão ou para os discursos parlamentares, mas também para as coleções de poemas, destinadas a uma circulação restrita no seio dos meios aristocráticos e letrados, ou para as partituras musicais cujas edições, fossem tipográficas ou gravadas, eram mais caras que as cópias manuscritas.[56] Na Espanha do Século de Ouro isso também acontece com as lições que os nobres usam para orientar seus filhos, com as histórias familiares, os relatos de acontecimentos políticos e militares, os libelos difamatórios e os escritos mágicos.[57] A invenção da prensa não provoca o desaparecimento da circulação do manuscrito, longe disso.

No que diz respeito ao livro que sai do ateliê tipográfico, o manuscrito oferece boas vantagens.[58] Por um lado, permite uma difusão

---

Sobre o *Colloquium heptaplomere de abditis sublimium rerum arcanis*, cf. Jean Prévot, "Introduction". In: *Libertins du XVIIe siècle*. Op.cit., p.LXV-LXVI.

[56] Cf. Harold Love, *Scribal publication in seventeenth-century England*. Op.cit., WOUDHUYSEN, H. R. *Sir Philip Sydney and the circulation of manuscripts 1558-1640*. Oxford: At the Clarendon Press, 1996, e MARROTTI, Arthur. *Manuscript, print, and the English Renaissance lyric*, Londres/Ithaca: Cornell University Press, 1995.

[57] BOUZA, Fernando. *Corre manuscrito. Una historia cultural del Siglo de Oro*. Madri: Marcial Pons, 2001.

[58] Cf. *De bonne main. La communication manuscrite au XVIIIe siècle*, editado por François Moureau, Paris: Universitas, e Oxford: Voltaire Foundation, 1993, e CHARTIER, Roger. "Le manuscrit à l'âge de l'imprimé (XVe-

controlada e limitada de textos que não correm o risco de cair em mãos de leitores ignorantes, já que circulam no interior de um mundo social definido pelas ligações familiares, por uma mesma condição social ou por uma sociabilidade comum. Por outro, a própria forma do livro manuscrito, que continua aberto a correções, recortes e adições em todas as etapas de sua fabricação, da composição à cópia e da cópia à encadernação, permite a escrita em vários momentos (assim como é o caso dos registros nobiliários, enriquecidos com novos textos a cada geração) ou a várias mãos (como nos casos das coleções de poemas dos quais os leitores tornam-se, frequentemente, autores). Enfim, a publicação manuscrita é uma resposta às corrupções introduzidas pela impressão, que submete aos interesses econômicos o comércio das cartas (salvo quando a publicação manuscrita também toma forma comercial, como as notícias escritas à mão) e protege as obras das alterações introduzidas por compositores incompetentes e revisores ignorantes.

O impresso censurado

A literatura clandestina não é, portanto, o único repertório que alimenta a circulação dos textos copiados à mão. Mas é certo que ela permite, melhor do que o impresso, escapar das condenações daqueles, conforme os designa o espanhol que se tornou macaco da rainha, "doutores de lençol" que usam "chapéu quadrado" (os juízes), "capuzes" (os doutores da Universidade) ou "sotainas" (os eclesiásticos.[59] Os exemplos mostram que no momento em que eles despejam suas reprovações sobre uma edição impressa, todos ou quase todos

---

-XVIIIe siècles). Lectures et réflexions". *La Lettre clandestine*, 7, 1998, p.175-93.
[59] BERGERAC, Cyrano de. *Œuvres complètes*. Op.cit., p.77.

os exemplares de uma tiragem podem ser ora destruídos (como é o caso da edição de 1655 do texto anônimo e pornográfico *École des filles*)",[60] ora censurados (somente três exemplares da edição de 1682 das *Œuvres* de Molière, onde é publicado pela primeira vez o texto de *Dom Juan*, parecem ter sido submetidos a drásticos cortes exigidos pelo tenente-geral da Polícia).[61]

A publicação das obras de Cyrano atesta, ela também, a vulnerabilidade do impresso às diversas formas de censura e autocensura. No momento em que *Estados e Impérios da Lua* aparece nas livrarias, em 1657, o texto apresentado ao leitor está amputado em 561 linhas presentes no manuscrito de Paris, ou seja, quase a quinta parte da obra).[62] Os cortes mutilam gravemente o episódio da visita de Dyrcona ao Paraíso, no primeiro momento de sua estada lunar. Seu diálogo com o velho Elias, um dos seis humanos que aí entraram (depois de Adão, Eva e Enoque e antes de São João Evangelista e do próprio Dyrcona), não tinha, de fato, nada de ortodoxo. As paródias burlescas e licenciosas das Escrituras abundam nesse diálogo – por isso esta observação do narrador depois que Elias o informa de que a punição da serpente tentadora foi ser relegada ao corpo do homem:

> Com efeito, notei que como essa serpente sempre tenta escapar do corpo do homem, vemos ainda a cabeça e o pescoço sair logo abaixo de nosso ventre. Mas Deus também não permitiu que

---

[60] *L'École des filles*, in *Libertins du XVIIe siècle*. Op.cit., p.1099-202, cf. DEJEAN, Joan. *The reinvention of obscenity. Sex, lifes, and tabloids in early modern France*, Chicago/Londres: University of Chicago Press, 2002, p.56-83.

[61] Cf. Obs. DEJEAN, Joan, edição da versão não censurada de Molière, *Le Festin de Pierre (Dom Juan). Édition critique du texte d'Amsterdam (1683)* por Joan DeJean, Genebra: Droz, 1999, p.7-46.

[62] ALCOVER, Madeleine. "Critique textuelle". In: BERGERAC, Cyrano de. *Œuvres complètes*. Op.cit., p.CXL-CXLI.

somente o homem fosse atormentado; ele quis que ela ficasse ereta para jogar seu veneno contra a mulher e que o inchaço durasse nove meses depois de a mulher ter sido picada. E para vos mostrar que falo segundo a Palavra do Senhor, este disse à serpente, para amaldiçoá-la, que precisava fazer a mulher cair, atacando-a, para que assim a mulher lhe fizesse enfim abaixar a cabeça.[63]

As outras supressões recaem sobre as declarações que negam a moral ou os dogmas cristãos, como os que, no fim do romance, saem da boca do rapaz que blasfema contra a imortalidade da alma, os milagres, a ressurreição dos corpos e até mesmo a existência de Deus. Nem a atribuição dessas "opiniões diabólicas e ridículas" ao Anticristo, reconhecível por ter "os olhos pequenos e fundos, a cor queimada, a boca grande, a maçã do rosto peluda, as unhas negras", nem o rapto de Dyrcona por um "grande homem negro todo peludo" são suficientes para salvar a passagem da censura. Na conclusão do texto impresso, não há nada sobre a questão da ressurreição, nem sobre a querela da existência de Deus. E é entre os braços do demônio de Sócrates, e não montado sobre o homem peludo ou sobre o Lunário blasfemador, que Dyrcona entra nas nuvens carregadas e começa sua viagem de volta à Terra.[64]

Além desses cortes espetaculares, as diferenças entre a edição impressa e os manuscritos indicam um meticuloso trabalho de reescrita que, mudando o personagem a quem uma ou outra afirmação é atribuída, busca fazer do narrador um firme e sincero defensor da ortodoxia cristã. É difícil identificar quem foi o responsável por essas transformações. O próprio Cyrano? Depois de seu acidente, no

---

[63] BERGERAC, Cyrano de. Œuvres complètes. Op.cit., p.44-5.
[64] Para uma comparação dos dois finais, ver ibidem, p.153-61 (manuscrito de Paris) e p.451-53 (edição impressa de 1657).

círculo devoto que era então o seu, teria ele conhecido uma "grande mudança", como escreve Le Bret em prefácio da edição de 1657, onde acrescenta

> que enfim a libertinagem, da qual os jovens são suspeitos em sua grande maioria, pareceu-lhe um monstro, o que posso testemunhar já que, depois disso, ele apresentou uma total aversão a isso como a que devem ter aqueles que querem viver de modo cristão.[65]

Mas, como afirma Madeleine Alcover,

> pode-se seriamente acreditar que um convertido autêntico, no lugar de pegar um par de tesouras, não teria, de modo muito mais simples, acendido um fósforo?[66]

É preciso, daí em diante, imputar a Le Bret as supressões e as reescritas, já que declara a propósito do livro: "Eu me dei o cuidado de sua impressão"?. Ou então a um editor que inventa, na última página, uma narração de publicação totalmente diferente daquela proposta em *Estados e Impérios do Sol* e ignora a existência desse segundo romance? Cyrano, com efeito, se descobre atrás da máscara do narrador. Ele indica ter passado quinze dias em Roma com seu primo (de fato Cyrano passará os últimos dias de sua vida na casa de seu primo Pierre, em Sannois) e declara:

> Eu as coloquei tão em ordem [as memórias da viagem à Lua] que a doença que me mantém na cama foi o que me permitiu fazê-lo.

---

[65] "Préface". Ibidem, p.491.
[66] ALCOVER, Madeleine. "Critique textuelle". In: Cyrano de Bergerac. *Œuvres complètes*. Op.cit., p.CXLIII.

O texto é finalizado com o pedido feito a Le Bret de "dar ao público" não somente *Estados e Impérios da Lua*, mas também as obras que lhe foram roubadas, a *Histoire de la République du Soleil* [História da República do Sol] e a *Étincelle* [Faísca] – dois títulos citados por Le Bret em seu prefácio.[67] Mesmo se seu responsável continua desconhecido, a censura à qual o texto de Cyrano fora submetida demonstra claramente que as audácias possíveis em um texto destinado a circular, não sem algum risco, sob a forma manuscrita, deviam ser imperativamente mitigadas para que o texto pudesse ser apresentado ao público de leitores (e compradores) de livros impressos.

Correções na prensa e com cartões

No entanto, mesmo quando são impressas depois de uma severa depuração do manuscrito, as obras não estão a salvo de novas alterações. Duas técnicas autorizam, no antigo regime tipográfico, o remanejamento de textos em fase de impressão.[68] A primeira consiste nas correções sob a prensa, que permitem modificar uma obra em processo de tiragem. Se o texto de algumas páginas, composto e já impresso em um certo número de folhas, é tido ainda como muito heterodoxo ou indecente, ele é corrigido e recomposto na prensa, antes que o trabalho de impressão seja retomado. As novas folhas que saem da prensa levam, portanto, um texto diferente daquele apresentado nas páginas impressas antes da composição, que o impressor, preocupado em economizar, não destrói. No momento em

---

[67] Cyrano de Bergerac, ibidem, p.453.
[68] Ver Jeanne Veyrin-Forrer, "Fabriquer un livre au XVIe siècle". In: *Histoire de l'Édition française*, t.II, *Le livre triomphant. Du Moyen Âge au milieu du XVIIe siècle*. CHARTIER, Roger; MARTÍN, Henri-Jean. (Orgs.). Paris: Fayard/Cercle de la Librairie, 1989. p.336-69.

que a operação se repete em diferentes momentos e com diferentes folhas, essa técnica introduz numerosas variantes entre os exemplares de uma mesma edição, já que são múltiplos os agrupamentos possíveis entre as folhas corrigidas e as não corrigidas que compõem os cadernos de cada exemplar. É o caso da edição de 1662 das *Nouvelles Œuvres de Monsieur de Cyrano de Bergerac* [Novas obras do senhor Cyrano de Bergerac] contendo *Estados e Impérios do Sol*. Os exemplares conservados são todos diferentes porque o irmão de Cyrano, sem dúvida, corrigiu os moldes, durante a tiragem, para atenuar a crueza da linguagem e modificar algumas passagens consagradas a Descartes.[69]

A segunda técnica é mais drástica ainda. Os "cartões" (ou seja, as novas folhas coladas no lugar das que foram retiradas), ao substituírem uma folha por outra, permitem transformações mais radicais, que podem chegar até à substituição de um caderno por outro. Foi assim que operaram os censores da edição de *Dom Juan* em 1682 e foi desse modo que as *Cartas* de Cyrano publicadas na edição de *Œuvres diverses* [Obras diversas] em 1654, foram censuradas. Tratava-se, então, de suprimir as referências ímpias e tirar o nome de pessoas atacadas ou, no caso de Scarron, a própria carta que o desrespeitava.[70] A edição de 1657 de *Estados e Impérios da Lua* também foi "cartonada" já que os textos preliminares de Le Bret, aquele do epíteto dedicado a Tanneguy Renault des Boisclairs e o do prefácio, encontram-se em dois moldes diferentes nos três exemplares conservados dessa edição. Dois exemplares (o da Houghton Library em Harvard e o que pertencia a Flaubert) contêm violentas acusações contra Abel, denunciado por maus-tratos contra um irmão que ele teria sequestrado "por cobiçar seus bens" e cuja doença fora agravada por essa

---

[69] ALCOVER, Madeleine. *Cyrano relu et corrigé*. Op.cit., p.48-68.
[70] Ibidem, p.1-23, e "Biografia". In: Cyrano de Bergerac. *Œuvres complètes*. Op.cit., p.LX-LXI (para a identidade dos possíveis censores, cf. p.LXXX).

"desumanidade", enquanto a terceira (a da Biblioteca Nacional da França), não fazendo mais nenhuma menção em seu texto corrigido a semelhante denúncia, indica que, sem dúvida, a correção fora encomendada pelo próprio Abel.[71]

O exemplo de Cyrano mostra que um diagnóstico geral sobre os efeitos da censura, qualquer que seja seu responsável, não é muito fácil de empreender. De um lado, ela se mostra impotente para interditar a circulação de obras reprovadas pelos dogmas ortodoxos e a moral cristã. Mas, de outro, não é isenta de poder, compreendido aí o da autocensura. Sua ameaça, sempre presente, conduz os prudentes a preferir a circulação "por baixo dos panos" à impressão tipográfica, e a censura é suficientemente forte para que os textos impressos se separem sensivelmente das formulações mais ousadas das cópias manuscritas. Antes de *Estados e Impérios da Lua*, esse já havia sido o caso da comédia *Le Pédant joué*, composto por Cyrano em 1645 e cuja publicação nas *Œuvres diverses*, em 1654, apresenta um texto que atenua seriamente as audácias que se encontram em numa cópia manuscrita de 1650 ou 1651.[72]

Poemas comidos

Em *Estados da Lua*, as pessoas de espírito nunca passam necessidades. Convidado pelo demônio de Sócrates para almoçar, Dyrcona tem a surpresa de o ver pagar ao hoteleiro entregando-lhe uma folha de papel:

---

[71] BERGERAC, Cyrano de. *Œuvres complètes*. Op.cit., p.477-91 e ALCOVER, Madeleine. "Critique textuelle". Ibidem, p.CXIX-CXXII.
[72] BERGERAC, Cyrano de. *Le Pédant joué*. In: *Œuvres complètes*, t.III, *Théâtre*, ed. crítica. Textos organizados e comentados por André Blanc, Paris: Honoré Champion, 2001, p.11-222 (em particular p.41-44).

Eu perguntei a ele se era uma declaração de obrigação, correspondente ao valor da conta. Ele me respondeu que não, que ele não lhe devia mais nada, e que eram versos.[73]

Os poemas são a moeda do país e esses que, no mundo daqui de baixo, são famintos, no Outro Mundo seriam poetas a salvo das necessidades graças a seu talento. A falsa moeda não pode se passar por boa moeda, já que os "poetas juramentados" da Corte das moedas lunares avaliam e certificam os versos submetidos a um especialista:

> Aqui os versificadores oficiais colocam as peças à prova e se elas são julgadas de boa qualidade, precificam-na, não segundo seu peso, mas segundo sua agudeza.

Diferentemente das moedas metálicas dos terráqueos, cujo valor depende da quantidade de ouro, prata ou cobre que contenham, o papel-moeda poético da Lua é avaliado segundo sua leveza. Assim portando o selo da autoridade pública, os versos não podem ser usados mais de uma vez. Os que fazem cópias desse material conhecem o destino vergonhoso dos falsificadores de moeda.

O demônio de Sócrates tem a bolsa e a escrivaninha bem guarnecidas. O almoço custou-lhe uma sextilha mas, como ele mesmo diz,

> eu não temia que fosse insuficiente; pois quando aqui farreamos durante oito dias, não gastamos sequer um soneto, e eu tenho quatro aqui comigo, além de nove epigramas, duas odes e uma écloga.

Na versão dos manuscritos, Cyrano confessa sua dívida para com Sorel invertendo-a de modo irônico e escarnecendo de sua própria mãe. Com efeito, o narrador diz a si mesmo:

---

[73] BERGERAC, Cyrano de. *Œuvres complètes*. Op.cit., p.72-4.

Ah! Realmente, digo a mim mesmo, é de certo esta, eu me lembro, a moeda da qual Sorel se serve, em seu poema *Francion* dedicado a Hortensius. É isso que ele dissimulava sem dúvida. Mas de que diabo ele pôde aprender isso? Deve ter sido de sua mãe, pois ouvi dizer que era Lunática.

Na *Histoire Comique de Francion* [História cômica de Francion] Hortensius declara que, em seu reinado, até

os versos servirão como crédito, e nós lhe daremos um preço.[74]

A alusão desaparece da edição impressa que baniu as anotações ofensivas contra as pessoas. O novo texto que substitui o antigo não reconhece mais o empréstimo e indica somente:

E quisera Deus, eu lhe disse, que fosse da mesma forma em nosso mundo! Conheci muitos nobres poetas que morreram de fome e fariam boas refeições se se pagassem os donos de restaurantes nessa moeda.[75]

Como em numerosas obras de gênio, a referência monetária se cala na metáfora da economia da salvação. Alguns donos de cabaré lunares, de fato, não aceitam o pagamento apenas como versos-moedas bem sonantes e bem pesados, mas como "uma quitação para o Outro Mundo". A fórmula que transcrevem em um grande registro intitulado "as contas de Deus" parodia as indulgências que prometiam, em troca de boas quantias, uma abreviação das penas sofridas

---

[74] SOREL, Charles. *Histoire comique de Francion, in Romanciers du XVIIe siècle*, apresentação e notas por Antônio Adam, Paris: Gallimard, Biblioteca de La Pléiade, 1958, p.59-527 (cit., p.450).
[75] BERGERAC, Cyrano de. *Œuvres complètes*. Op.cit., p.415.

pelas almas no Purgatório. Assim como a cédula dada por Dom Quixote a Sancho para que sua sobrinha lhe entregasse três asnos que compensariam o roubo de seu burrinho, o texto de quitação reveste de um conteúdo cômico as disposições das cartas de câmbio:

> *Item*, o valor de tantos versos, despachados tal dia, por um tal de, que Deus me reembolsará tão logo a quitação seja recebida do primeiro fundo que lá se encontrar.

A edição impressa atenua a ironia blasfematória: o livro de "contas de Deus" torna-se nessa edição "as contas do Grande Dia" e a fórmula da quitação também suprime o nome de Deus:

> *Item*, o valor de tantos versos, despachados por fulano, tal dia, que me serão reembolsados tão logo a quitação seja recebida do primeiro fundo que lá se encontrar.[76]

O demônio de Sócrates conclui seu encontro observando que:

> Quando ficam doentes, em perigo de morte, picam seus registros e engolem os pedaços, porque acreditam que se estes não estiverem bem digeridos, Deus não os poderá ler.

A paródia desdobra-se aqui sobre vários registros. O primeiro faz alusão à técnica dos lugares-comuns que previa, tanto nas antologias publicadas pelos compiladores como nos cadernos manuscritos de posse dos leitores, que fossem "digeridos" os textos com citações e referências distribuídas por temas e tópicos.[77] Tal prática

---

[76] Ibidem, p.74 e 415.
[77] GOYET, Francis. *Le sublime du "lieu commun". L'invention rhétorique à la Renaissance*. Paris: Honoré Champion, 1996, acentua a presença dos

perdeu para Cyrano sua excelência (mesmo se os ouvintes toulousianos de seu romance imputam-na a ele) e não é de admirar que os donos de cabaré da Lua, que pertencem ao universo popular, prefiram as quitações que eles podem "digerir" aos versos sublimes de poetas.

A alusão ao texto feito para ser engolido tem igualmente uma significação religiosa. Como nota Madeleine Alcover, ela pode ser relacionada à comunhão, necessária para que as indulgências sejam eficazes. Mas evoca também a palavra engolida do texto bíblico, tal como aparece em Ezequiel 3:3:

> E o Senhor me disse: Filho do Homem, vosso ventre se alimentará desse livro que vos dou, e vossas entranhas estarão repletas. Eu comia o livro, que se tornava doce como o mel na minha boca;

e repetida no Apocalipse de São João, 10:10:

> Tomei o livro da mão do anjo e o devorei, e na minha boca ele era doce como o mel; mas depois que o tinha engolido, ele provocou um amargo no ventre.[78]

Uma vez mais, essa paródia das Escrituras é inaceitável para os editores do texto impresso. Os hóspedes doentes do albergue, na

---

termos *"digerere"* ou *"digesta"* nos métodos de escrita de lugares-comuns, cf. p.505-6 (Cícero) e 534-5 (Melanchton). Cf. igualmente MOSS, Ann. *Printed commonplace-books and the structuring of Renaissance thought*. Oxford: Clarendon Press, 1996.

[78] *La Bible*, trad. franc. de Louis-Isaac Lemaître de Sacy. Prefácio e textos introdutórios organizados por Philippe Sellier. Paris: Robert Laffont, Bouquins, 1990, p.1045 e 1608. Trad. bras. *A Bíblia Sagrada*. [João Ferreira de Almeida], com referências e algumas variantes, Brasília, Sociedade Bíblica do Brasil, 1969, p.860 e 322. Cf. MARIN, Louis. *La parole mangée et autres essais théologico-politiques*. Paris: Méridiens Klincksiech, 1986.

versão impressa, engolem as folhas das "contas do Grande Dia", não para que Deus as possa ler, mas

> porque acreditam que, se elas não fossem assim digeridas, não lhes valeriam de nada.[79]

Em que língua e com que caracteres os poemas dos lunares são escritos? Nem o demônio de Sócrates nem Dyrcona o precisam, mas o leitor pode imaginá-lo, já que sabe que, na Lua, o idioma dos Grandes

> não é outra coisa senão uma diferença de tons inarticulados, mais ou menos parecidos com a nossa música quando ainda não se lhe acrescentou a letra.[80]

Mais à frente, no romance, tanto nos manuscritos de Paris e Sidney quanto na edição de 1657, encontra-se, sob a forma de uma notação musical mais ou menos precisa e legível, a transcrição de cinco nomes próprios: o de um grande rei ao qual os lunares declararam guerra, os de um rio e de um córrego, o da dama de companhia da rainha apaixonada por Dyrcona e o do morto malvado, colocado sob a terra para sua infelicidade, e não queimado como todas as boas pessoas do Outro Mundo.[81]

A primeira língua que o pequeno homem totalmente nu fala, aquele que é o primeiro interlocutor de Dyrcona no Sol, apresenta a forma perfeita da linguagem universal, da qual o idioma musical dos

---

[79] BERGERAC, Cyrano de. *Œuvres complètes*. Op.cit., p.74 e 415.
[80] Ibidem, p.66.
[81] Ibidem, p.92, 127, 134 e 138. Na edição do manuscrito de Sidney, por SANKEY, Margaret. Op.cit., as notas musicais se encontram às p.53, 80 e 87.

lunares é uma amostra. A língua solar exprime sem margens ou desvios as concepções do espírito e a realidade das coisas. Ela é universal por natureza. Mesmo os que, como Dyrcona, não a conhecem podem compreendê-la imediatamente:

> Ele discorreu para mim durante três longas horas em uma língua que eu tenho certeza nunca ter ouvido e a qual não tem nenhuma relação com outra língua deste mundo, a qual, no entanto, compreendi mais rápido e mais completamente do que a da minha ama de leite.[82]

Essa língua que se sabe sem jamais ter sido aprendida é "o instinto ou a voz da natureza" que permite a todos, homens e animais, solares e terráqueos, partilhar seus pensamentos. Preservada nos Estados do Sol, a língua das origens se perdeu para todo o sempre, para os leitores de Cyrano. Somente a escrita que foi capaz de a imaginar lhes permite entrever sua perfeição.

---

[82] Ibidem, p.217.

Capítulo 6

O texto e o tecido
Anzoletto e Filomela

No final de 1761, o conde de Baschi, embaixador da França em Veneza, entrega a Goldoni uma carta de Francesco Antonio Zanuzzi que o convida para fazer parte da trupe de Comediantes Italianos instalados em Paris no antigo Hotel de Borgonha. Goldoni, que já é autor de uma centena de comédias, responde favoravelmente ao pedido e assina um contrato de dois anos, o que lhe asseguraria um ganho de 6 mil libras. Em Paris, ele deverá renovar o repertório do Teatro Italiano, apresentando-lhe novas peças. Goldoni chega em Paris no dia 28 de agosto de 1762, mas durante sua viagem a situação mudou profundamente, já que a Comédia Italiana e a Ópera Cômica foram unidas, o que dava primazia aos espetáculos cantados, considerados melhores segundo o gosto do público parisiense.

O novo gênero era superior em relação ao antigo e os Italianos, que eram a base desse último tipo de Teatro, passaram a ser então nada mais do que acessórios do Espetáculo, escreve Goldoni em suas *Memórias*, redigidas em francês entre 1783 e 1787, data de sua publicação pela Viúva Duchesne.[1]

Além disso, Goldoni deverá retomar a redação do simples *canovaccio* (esboço muito geral da peça) da *commedia dell'arte*, que permite os improvisos dos atores no momento em que, desde *La Donna di garbo* representada em 1743, ele já os tinha substituído pelas comédias cujos papéis eram inteiramente escritos.[2]

Como forma de adeus à Veneza, onde nasceu em 1707 e construiu toda a sua carreira de dramaturgo, passando por bons contratos de um teatro a outro, Goldoni apresenta em 23 de fevereiro de 1762, para a Terça-feira Gorda, *Una delle ultime sere di carnovale*[3] [Uma das últimas noites de carnaval]. Dezesseis anos mais tarde, numa nota ao leitor – *L'autore a chi legge* [Do autor a quem o lê], que precede o texto da peça no tomo XVI da edição veneziana de suas obras por Pasquali[4] –, ele explicita a alegoria que fundamenta a intriga e a qual

---

[1] GOLDONI, Carlo. *Mémoires pour servir à l'histoire de sa vie et à celle de son théâtre*, introd. e notas de Norbert Jonard, Paris: Aubier, 1992, p.443. Sobre esse texto, cf. FIDO, Franco. *Nuova guida a Goldoni. Teatro e società nel Settecento*. Turim: Einaudi, 1977, reed. 2000, em particular "I Mémoires e la letteratura autobiografica del Settecento", p.281-312.

[2] FIDO, Franco. *Nuova guida a Goldoni*. Op.cit. "Un veneziano a Parigi: esperienze e commedie del periodo francese", p.258-80.

[3] Sobre essa comédia, cf. SQUARZINA, Luigi. "Gli addii del Goldoni all'Italia e *Una delle ultime sere di carnovale*". In: *Atti del colloquio "Goldoni en Francia"*. Roma: Accademia nazionale dei Lincei, 1971, p.121-31, e ANGELINI, Franca. "Anzoletto in Moscovia". In: *Istituzioni culturale e sceniche nel'età delle riforme*, sob os cuidados de Guido Nicastro, Milão: Franco Angeli, 1986, p.87-100.

[4] Citaremos a comédia cf. GOLDONI, Carlo. *Una delle ultime sere di carnovale*, sob os cuidados de Gilberto Pizzamiglio, Veneza, Marsilio, "Carlo Goldoni, Le Opere. Edizione Nacionale", 1993, e na trad. de Huguette Hatem, Carlo Goldoni, *Une des dernières soirées de carnaval*/Una delle ultime sere di carnovale, texto francês, notas e posfácio de Huguette Hatem, prefácio de Gastone Geron, Paris: L'Arche, 1990, p.22. A tradução

é imediatamente percebida pelos espectadores do *Teatro San Luca* em 1762, mas que talvez estivesse perdida para os leitores de 1778:

> Na base desta comédia há uma alegoria que pede explicações. Tinha sido chamado, nesse ano, à França, e tendo resolvido de lá ficar por ao menos dois anos, imaginava despedir-me do público de Veneza com uma comédia. E como me parecia inconveniente falar impudicamente e sem me afastar de mim mesmo e de minha profissão, fiz que nessa peça meus comediantes formassem uma sociedade de tecelões, ou seja, fabricantes de tecidos e, para mim, atribuí-me o papel de desenhista dos modelos. A alegoria não foi mal adaptada. Os comediantes executam as obras dos autores e os tecelões trabalham sobre o modelo de seu desenhista.[5]

Na comédia, Anzoletto, o desenhista dos tecidos, é chamado a Moscóvia para exercer seus talentos e deve deixar os tecelões venezianos, aos quais fornecia os modelos. Em Moscóvia, é esperado por alguns de seus colegas italianos já instalados, que querem apresentar a seus clientes os desenhos originais. A alegoria estava

---

utilizada para as representações da peça dadas em 1991 pelo Teatro do Campagnol com a organização de Jean-Claude Penchenat é publicada em GOLDONI, Carlo. *Une des dernières soirées de Carnaval*, texto em francês de TANANT, Myriam; PENCHENAT, Jean-Claude. Paris: Actes Sud Papiers, 1990.

[5] GOLDONI, Carlo. *Una delle ultime sere di carnovale*. Op.cit., p.41: "In fondo di questa Commedia è un'allegoria, che ha bisogno di spiegazione. Essendo io in quell'anno chiamato in Francia, e avendo risolto di andarvi, per lo spazio almeno di due anni, immaginai di prender congedo dal Publico di Venezia col mezzo di una Commedia; e come non mi pareva ben fatto di parlare sfacciatamente ed alla scoperta di me, e desse cose mie, ho fatto de'Commedianti uma società di Tessitori, o sia fabricanti di stoffe, ed io mi sono coperto col titolo di Disegnatore. L'allegoria non è male adattata. I Comici esguiscono le opere degli Autori, ed i Tessitori lavorano sul modello de'loro Designatori" (trad. fr., p.22).

clara e, assim como escreve Goldoni na advertência a seus leitores de 1778, ela fora "bem compreendida e apreciada" (*ben compressa, e gustata*).

No capítulo XLV da Segunda Parte das *Memórias*, Goldoni volta à peça que ele designa como "uma Comédia Veneziana e alegórica" e indica:

> A Peça teve muito sucesso. Ela fez o fechamento do ano cômico de 1761 [no calendário veneziano, o ano novo começava depois do Carnaval], e a Noite da Terça-feira Gorda foi a mais brilhante para mim, pois a Sala retumbava de aplausos, dentre os quais se ouvia distintamente gritarem: *Boa viagem! Volte logo! Não nos deixe!* Reconheço que estava à beira das lágrimas.[6]

Goldoni nunca mais voltou a Veneza. Ficou em Paris, dividido entre a cidade, onde encena seus esboços e novas comédias, e a corte, onde exerce a função de mestre de italiano das senhoras da França, primeiro as filhas de Luís XV, depois as irmãs de Luís XVI. Meio cego e ignorado graças à Revolução Francesa, morreu em Paris em 6 de fevereiro de 1793, na véspera do dia em que a Convenção reinstitui a pensão de 3.600 libras que o rei lhe concedera em 1769 e a qual o Legislativo revogara em 1792.

Uma comédia alegórica e veneziana

No texto das *Memórias*, a comédia é duplamente caracterizada. Ela é "alegórica" e, como na advertência aos leitores, Goldoni dá a chave – e uma chave tão evidente que, em um divertido *lapsus calami*, ele esquece a máscara moscovita:

---

[6] GOLDONI, Carlo. *Mémoires*. Op.cit., p.431.

Uma bordadeira francesa, chamada Madame Gatteau, encontra-se em Veneza a negócios. Ela conhece Anzoletto e ama tanto sua pessoa quanto seus desenhos. Ela o convida e quer levá-lo *a Paris*, um enigma que não era difícil de solucionar.

Mas a peça é igualmente qualificada de "veneziana", o que é uma referência à língua na qual fora escrita e encenada pelos comediantes, no palco do *Teatro San Luca*.

Nas *Memórias*, Goldoni justifica o recurso à língua de sua pátria como língua do teatro, evocando seu emprego na *Putta onorata*, em 1749:

> A linguagem veneziana é, sem contradição, o mais doce e o mais agradável de todos os outros dialetos da Itália. A sua pronúncia é clara, delicada, fácil. As palavras, abundantes, expressivas. As frases, harmoniosas, espirituosas. E como a base da expressão da Nação Veneziana é a alegria, assim a base da linguagem veneziana é a brincadeira. Isso não impede que esta língua não seja suscetível a tratar de grandes temas, mais graves e de maior interesse. Os Advogados reclamam em Veneziano, as arengas dos Senadores se pronunciam no mesmo idioma, mas sem degradar a majestade do Trono ou a dignidade dos Foros, nossos Oradores têm a felicíssima facilidade natural de associar à eloquência mais sublime a forma mais agradável e mais interessante.

E Goldoni conclui:

> Os sucessos de minhas primeiras Peças Venezianas me encorajaram a fazer outras,[7]

entre as quais, *Una delle ultime sere di carnovale*.

---

[7] Ibidem, p.256-7.

O veneziano é a língua dos fabricantes de tecidos (*fabbricatori di stoffi*), Sior Zamaria, Sior Lazaro, Sior Agustin, de suas mulheres, de seus operários e do calandrista (*manganaro*), Sior Momolo. De fato, nenhum deles fala tranquilamente o toscano, o que aumenta sua dificuldade para apreendê-lo, já que vem muito matizado de francês e de galicismos, conforme atesta Madame Gatteau, a bordadeira. No momento em que Anzoletto utiliza uma palavra elegante, é repreendido por Marta, a esposa de Bastina, o mercador de seda (*mercante da seta*), como se estivesse falando uma língua estrangeira:

> Anzoletto: *Ma xe vero altresì...* (Mas é verdade, não obstante...)
> Marta: *Belo quel altresì; el scomenza a parlar forestier.*
> (Magnífico, esse não obstante. Ele já começa a ter um ar estrangeiro.)
> Anzoletto: *Tutto quelo che la comanda. Parlerò venezian.*
> (Como desejar, posso exprimir-me em veneziano.)[8]

Mesmo que rudimentar, o conhecimento de outra língua é, no mundo dos negócios venezianos tal como fora levado para o palco, um sinal de elevação social. Bastian, o mercador, pode responder em francês a Madame Gatteau, de maneira muito pouco civilizada, por fim:

> Madame: *Pardonnez-moi, monsieur, je n'ai pas de mauvaises odeurs.*
> (Perdoe-me, meu senhor, eu não tenho odores ruins.)/
> Bastian: *Pardonnez-moi, madame, vous avez des odeurs détestables.*
> (Perdoe-me, madame, a senhora tem odores detestáveis.),[9]

---

[8] GOLDONI, Carlo. *Una delle ultime sere di carnovale*. Op.cit., Atto Primo, scena XV, p.86, trad. fr., p.62.
[9] Ibidem, Atto Secondo, scena VI, p.117, trad. fr., p.89.

O TEXTO E O TECIDO   211

e Anzoletto é o único que compreende o francês da velha bordadeira (*vechia francese ricamatrice*) sem ser obrigado a lhe pedir, como o fazem os outros personagens em sua língua veneziana, para gentilmente *parlar italian*:

> Madame: J'ai quelque chose à vous dire. (Tenho uma coisa a vos dizer.) /
> Anzoletto: *Avé da dirme qualcossa.* /
> Madame: Oui, mon cher ami. (Sim, meu querido amigo.) /
> Anzoletto: *E ben; cossa voléu dirme.*[10]

Os jogos com as linguagens[11] e as primeiras formas de se dirigir ao outro (empregando o "tu", ou o "vós", ou a forma de polidez de terceira pessoa) são índices precisos das distâncias culturais que existem entre as personagens, mas também da natureza de suas relações, mais ou menos familiares, mais ou menos desiguais.[12]

Graças às correspondências entre a fabricação de tecidos e a produção de obras teatrais, Goldoni multiplica as variações entre as relações do texto com o tecido. Todos os dois resultam da colaboração entre aquele que compõe os temas e todos aqueles que lhes dão forma e os apresentam ao público. A comédia encontra assim a evolução etimológica que, a partir do primeiro século antes de Cristo, dá um sentido figurado para o verbo latino *texere*, que não significa mais somente tecer ou trançar, mas também compor uma obra, e, no primeiro século depois de Cristo, atribui à palavra *textus* seu sentido moderno de texto escrito, mantendo-o totalmente no seio

---

[10] Ibidem, Atto Terzo, scena V, p.130, trad. fr., p.101.
[11] Ver os estudos de FOLENA, Gianfranco. *L'italiano in Europa. Esperienze linguistiche del Settecento*, Turin: Einaudi, 1981, em particular "Itinerario dialectale goldoniano", p.182-7 e "Il francese de Goldoni", p.374-8.
[12] Cf. as observações de Huguette Hatem em sua tradução da peça. Op.cit., p.128-9, n.5, e 137-42, "Postface. Sur le langage et la traduction".

do léxico da tecelagem: *textor* (tecelão), *textrinum* (ateliê), *textum* ou *textura* (tecido).[13]

Para que a metáfora possa ser corretamente desdobrada, ela supõe a distinção entre os "tecelões", que atuam nas comédias, e os "desenhistas", que as compõem ou as escrevem. É com esses termos que Anzoletto descreve o sucesso dos tecidos italianos no estrangeiro:

> Já faz muito tempo que nossos desenhos agradam e são apreciados em todos os lugares. Quer o mérito seja dos desenhistas ou dos tecelões, nossos tecidos são um sucesso. Os operários partiram para lá e foram bem acolhidos. Enviamos-lhes desenhos, estes foram aceitos, mas apenas isso não basta. Eles querem ver se uma mão italiana desenhando ao gosto e ao estilo dos Moscovitas podia fazer uma mistura capaz de agradar às duas nações.[14]

Os "tecelões" em falta de desenhista são evidentemente os comediantes italianos que chegaram em Paris no século XVII, momento em que encenam peças improvisadas com base nos *canovaccios*

---

[13] SCHEID, John; SVENBRO, Jesper. *Le métier de Zeus. Mythe du tissage et du tissu dans le monde gréco-romain*, Paris: Éditions La Découverte, 1994, p.149 e 160-2. Cf. também as observações de MCKENZIE, D.F. *Bibliography and the sociology of texts*. The Panizzi Lectures 1985, Londres: The British Library, 1986, p.5-6, reed. Cambridge University Press, 1999, trad. fr., MCKENZIE, D.F. *La Bibliographie et la sociologie des textes*. Paris: Éditions du Cercle de la Librairie, 1991, p.32.

[14] GOLDONI, Carlos. *Una delle ultime sere di carnovale*. Op.cit. Atto Primo, scena XV, p.87: "Xe un pezzo che i dessegni de sto paese piase, e incontra per tutto. Sia merito dei dessegnadori, o sia merito dei testori, i nostri drapi ha ciapà concetto. Xe andà via dei lavoranti, e i xe stai ben accolti. Se gh'ha mandà dei dessegni, i ha avù del compatimento; ma no basta gnancora. Se vol provar, se una man italiana, dessegnando sul fatto, sul gusto dei Moscoviti, possa formar un misto, capace de piàser ale do nazion" (trad. fr., p.62).

tradicionais. Ao vir a Paris e propor comédias escritas "por mão italiana" mas conforme "o gosto e o estilo dos Moscovitas", Goldoni espera impor à França a "mistura" que inspirou sua reforma do teatro cômico, a qual fundamenta o novo repertório italiano partindo da apropriação inventiva do modelo francês.

Nas *Memórias*, ele evoca a composição da peça intitulada *Momolo Cortesan*, sua primeira comédia de personagem, representada em 1739, mas da qual

> ele tinha escrito apenas o papel do ator principal [o comediante Antonio Sacchi]. Todo o restante ainda estava em esboço: "Vamos, continuava eu em minhas reflexões; esse é talvez o momento de tentar essa reforma que tenho em vista há muito tempo. Sim, é preciso tratar do tema dos personagens. Está aí a fonte da boa comédia: foi por aí que o grande Molière começou sua carreira e chegou a esse grau de perfeição que os antigos apenas nos indicaram e ao qual os modernos ainda não conseguiram se igualar".[15]

Partindo para a "Moscóvia", Anzoletto está certo de que o público ficará satisfeito ao reconhecer os temas com os quais estão habituados, mas executados de modo original e por mão estrangeira. A desilusão será na mesma medida da expectativa:

> A maioria dos Comediantes Italianos me pedia apenas *canovaccios*. O público estava acostumado com eles, a Corte mal os aturava. Por que eu me recusaria a me conformar com isso? ... Consegui mais do que podia acreditar. Mas, independentemente do sucesso de minhas peças, eu quase não as via, porque amava a boa comédia e ia ao Teatro Francês para me divertir e me instruir.[16]

---

[15] GOLDONI, Carlo. *Mémoires*. Op.cit., p.184.
[16] Ibidem, p.453.

Reformar o teatro italiano

Em uma comédia representada em Milão, em 1750, e publicada no primeiro volume da edição Paperini, em 1753, *Il Teatro comico*, [O teatro cômico] Goldoni tinha levado para o palco os princípios de sua reforma do teatro. Na advertência *"L'autore a chi legge"*, Goldoni a apresenta como *"piuttoso che una Commedia, Prefazione può dirse ale mie Commedie"* ("Mais do que comédia, essa peça, que intitulo *O teatro cômico*, pode ser denominada *Prefácio para as minhas comédias"*).[17] Em suas *Memórias*, ele a designa como "uma Poética em ação",[18] já que a peça, assim como o *Impromptu de Versailles* de Molière, mostra as repetições de uma comédia, *Il padre rivale del figlio*, pela trupe dirigida por Orazio.

A primeira ruptura, que tornará possível a alegoria de *Una delle ultime sere di carnovale*, consiste em substituir as peças representadas *all'improviso* ou *a soggetto*, ou seja, de um esboço pouco ou nada escrito (*canovaccio, scenario, soggetto*), por um texto dialogado, inteiramente composto em verso ou prosa. A mutação não é fácil para os comediantes habituados a outra maneira de atuar. Em *Il Teatro comico*, Tonino, que deve decorar o texto de Pantaleão, mostra seu embaraço:

> Um pobre comediante que aprendeu com a tradição e tem o hábito de improvisar, de dizer, bem ou mal, tudo o que lhe vem à cabeça, quando se encontra obrigado a aprender e a recitar um texto já totalmente pronto, então, se ele tiver dignidade, é preciso que se debata, é preciso que se mate para aprender e trema o tempo

---

[17] GOLDONI, Carlo. *Il Teatro comico / Memorie italiane*, a cura di Guido Davico Bonino, Milan. Oscar Mondadori, 1983, p.31, trad. fr., GOLDONI, Carlo. *Le Théâtre comique*, tradução dos textos, apresentação e notas de Ginette Herry, Paris: Imprimerie Nationale, 1989, p.101.

[18] GOLDONI, Carlos. *Mémoires*. Op.cit., p.267.

todo, cada vez que encene uma comédia nova, porque tem medo de não saber o texto tão bem quanto deveria, ou de não expressar o personagem como deveria.[19]

Recém-chegado a Paris, Goldoni encontra as mesmas ou só algumas dificuldades entre os comediantes italianos, no momento em que lhes propõe comédias inteiramente escritas:

> Eu colocava os Comediantes a par de minhas ideias. Alguns me encorajavam a seguir meu plano, outros me pediam somente Farsas. Os primeiros eram os Apaixonados que desejavam as Peças escritas. Os últimos eram os Atores cômicos que, habituados a não aprender nada de cor, tinham a ambição de brilhar sem se dar ao trabalho de estudar.
>
> Apesar da prudência, que o conduz a
>
> limitar as ... [suas] ideias e a ... [se] conter com a mediocridade do tema para não ousar realizar uma obra que demandaria mais exatidão na execução

pelos

> atores que tinham perdido o hábito de aprender e decorar seus papéis,[20]

---

[19] GOLDONI, Carlo. *Il Teatro comico*. Op.cit., Atto Primo, scena IV, p.39: "Un povero commediante che ha fatto el so studio segondo l'arte, e che ha fatto l'uso de dir all'improviso ben o mal quel che vien, trovandose in necessià de studiar e de dover dir el premedità, se el gh'ha reputazione, bisogna che el ghe pensa, bisogna che el se sfadiga a studiar, e che el trema sempre, ogni volta che se fa una nova commedia, dubitando o de no saverla quanto basta, o de no sostegnir el carattere come xe necessario" (trad. fr., p.113-4).

[20] GOLDONI, Carlo. *Mémoires*. Op.cit., p.449 e 452.

a primeira comédia que Goldoni escreve para o Teatro Italiano em Paris, *L'Amore paterno o sia La serva riconoscente*, é um fracasso, com somente quatro representações.

A referência a Molière inaugura uma segunda inovação. Goldoni lhe consagra uma comédia em cinco atos e em versos rimados (neste caso, o duplo septenário rimado ou verso "martelliano", conforme o nome de seu inventor, Pier Jacopo Martello), encenada primeiro em Turim, depois em Veneza durante a temporada de 1750-1751. Trata-se de transformar profundamente as "máscaras" tradicionais da *commedia dell'arte*: Pantaleão, o Doutor, Briguela, Arlequim. Suprimi-las seria um erro e assustaria o público:

> Infelizes de nós, se quisermos nos lançar em tal novidade. Ainda não é o momento.

Mas assim como os outros personagens com os quais dividem o palco, eles devem, daí em diante, recitar um texto já redigido que faz que, sob seus nomes tradicionais, tornem-se personagens singulares, dotados dos defeitos ou virtudes que caracterizam a condição humana. Para Orazio,

> Convém pesquisar para, de modo incontestável, empregá-los e afirmá-los em seu caráter ridículo, mesmo diante do sério, mais agradável e mais fino.[21]

Consequentemente, a escrita das comédias deve adotar um estilo leve, familiar, verossímil, e os comediantes devem respeitar esse aspec-

---

[21] GOLDONI, Carlo. *Il Teatro comico*. Op.cit., Atto Secondo, scena X, p.66-7: "Guai a noi, se facessimo una tal novità: non è ancor tempo di farla" e "anzi convien cercare di bene allogarle e di sostenerle con merito nel loro crattere ridicolo, anche a fronte del serio più lepido e più grazioso" (trad. fr., p.158).

to natural, tanto na maneira de recitar o texto quanto no jogo cênico. É o que tenta lhes ensinar o diretor da companhia do *Teatro comico*:

> Evitem, principalmente, fazer do texto uma cantilena, ou mesmo uma declamação. Recitem-no naturalmente como se falassem, pois na comédia, sendo ela uma imitação da natureza, deve-se mostrar somente o que é verossímil. Quanto aos gestos, é preciso igualmente que sejam naturais. Façam suas mãos se moverem conforme o sentido do texto.[22]

A comédia assim reformada requer do público uma nova atitude, que rompa com a atitude tradicional dos espectadores barulhentos e agitados, conforme mencionam, não sem amargura, dois comediantes do *Teatro comico*. Para Eugênio, o *secondo amoroso*, para "melhorar a ordem e o conforto dos teatros" (*il buon ordine de'teatri*) seria preciso que "esses espectadores dos camarotes não fizessem tanta algazarra" (*nei palchetti non facciano tanto romore*). Já, Plácida, a *prima donna*, lamenta-se:

> Mas, no entanto, é preciso dizer: é muito fatigante, para todos nós no palco, encenarmos enquanto o público faz barulho (*Per dirla, è un gran pena per noi altri comici recitare, allora quando si fa strepito nell'udienza*).[23]

Para captar a atenção do maior número possível de espectadores, o teatro deve levar para o palco os dias e os sofrimentos de personagens que se lhe assemelhem. No prefácio que redige para o *Baruffe*

---

[22] Ibidem, Atto Terzo, scena III, p.80-1: "Guardatevi sopra tutto dalla cantilena e dalla declamzione della natura, si deve fare tutto quello che è verisimile. Circa al gesto, anche questo deve essere naturale. Movete le mani secondo il senso della parola" (trad. fr., p.180).

[23] Ibidem, Atto Terzo, scena X, p.88, trad. fr., p.192.

Chiozzotte, publicado no tomo XV da edição de Pasquali, Goldoni justifica a nova dignidade teatral atribuída ao *popolo minuto*, à *gente volgare* que constitui o protagonista desse tipo de peça, representada nos últimos dias de janeiro de 1762:

> Os teatros da Itália são frequentados por todas as classes sociais e o preço dos lugares é tão barato que os comerciantes, os domésticos e os infelizes pescadores podem fazer parte dessa diversão pública. Muito diferente dos teatros franceses, onde se paga, aproximadamente, doze *paoli* por um único lugar entre os melhores e dois *paoli* para ficar de pé na plateia. Eu já os tinha privado do Arlequim, com que já estavam tão habituados. O povo ouvia falar da reforma da comédia e desejava conhecê-la, mas nem todos os personagens se dirigiam à plebe. Seria justo que, para agradar a essa categoria de gente, que pagava como todos os nobres e ricos, se fizessem comédias nas quais eles identificassem seus modos, seus defeitos e, se me permitem acrescentar, suas virtudes.[24]

No palco do *Teatro San Luca*, os personagens da vizinhança em *Campiello*, representada nos últimos dias do Carnaval de 1756, os

---

[24] GOLDONI, Carlo. *Le Baruffe Chiozzotte/Baroufe à Chioggia*, comédia traduzida e apresentada por Felice Del Beccaro e Raymond Daubreaux, ed. bilíngue. Paris: Aubier-Flammarion, 1968, p.38-9: "I Teatri d'Italia sono frequentati da tutti gli ordini di persone; e la spesa è si mediocre, che il bottegaio, il servitore ed il povero pescatore possono partecipare di questo pubblico divertimento, alla differenza de'Teatri Francesi, ne' quali si paga dodici paoli in circa per un solo posto nell'ordine nobile, e due per istare in piedi in platea. Io aveva levato al popolo minuto la frequenza dell'Arlecchino; sentivano parlare della riforma delle Commedie, voleano gustarle; ma tutti i caratteri non erano adattati alla loro intelligenza: ed era bien giusto, che per piacere a quest'ordine di persone, che pagano come i Nobili e come i Ricchi, facessi delle Commedie, nelle quali riconoscessero i loro costumi e i lori defetti e, mi sia permesso di dirlo, le loro virtù".

pescadores e barqueiros em *Baruffe Chiozzotte* e os tecelões em *Una delle ultime sere di carnovale* são essa plebe, apresentada como em um espelho aos espectadores mais humildes.[25]

Desenhistas, fabricantes e mercadores

Em várias retomadas de *Una delle ultime sere di carnovale*, Anzoletto promete que sua partida para Moscóvia não o impedirá de enviar novos desenhos aos tecelões de Veneza. Mas Bastian, o mercador, inquieta-se com a qualidade de sua execução na ausência do desenhista e também com o possível descontentamento de sua clientela:

> Se não estiveres presente, em pessoa, no negócio da tecelagem, acreditas que nossos tecelões possam trabalhar a trama segundo vosso desejo?[26]

A resposta de Anzoletto mostra que a alegoria, que fundamenta toda a comédia, não se reduz a uma relação única e fixa entre o desenhista e os tecelões ou, dito de outro modo, entre o autor e os comediantes:

> De modo mais prudente, farei os desenhos mais detalhados, com todos os claros e escuros. Arrematarei detalhadamente meus cartões. Eles terão todas as cores. Não duvides. Tenho muita espe-

---

[25] As duas primeiras dessas comédias foram objeto de encenações inesquecíveis de Giorgio Strehler para a trupe do Piccolo Teatro de Milan durante a temporada de 1964/1965 para *Le Baruffe Chiozzotte* (com nova encenação em 1992/1993) e a temporada de 1974/1975 para *Il Campiello*.

[26] GOLDONI, Carlo. *Una delle ultime sere di carnovale*. Op.cit., Atto Secondo, scena IV, p.113: "Co no se' vu assistente al teler, credéu che i testori possa redur i drappi segondo la vostra intenzion?" (trad. fr., p.85).

rança de que os clientes ficarão contentes e de que vosso servidor Anzoletto não lhe será inútil, mesmo de longe.[27]

Por um lado, os "cartões" podem ser mais ou menos precisos – e, nessa nova situação, com os diálogos inteiramente redigidos, Goldoni acrescentará todas as indicações indispensáveis para sua representação. Por outro, a partida se joga com vários parceiros e não somente entre o artista que compõe e os operários que a executam. A comédia coloca em cena uma rede de relações de dependência, cujos mestres não são nem o desenhista, nem os fabricantes de tecido. Estes trabalham para o mercador que, como o diz Zamaria, "vende a seda e me oferece trabalho durante todo o ano".[28] Essas relações remetem à hierarquia dos negócios da seda em todas as cidades nas quais ela é uma atividade essencial, como Veneza e Lyon, mas também, alegoricamente, na organização dos teatros venezianos. Cada sala é propriedade de um empreendedor, frequentemente um nobre, que a aluga para uma trupe de comediantes e é, em geral, com o diretor dessa trupe que os autores assinam um contrato que os obriga a fornecer todo ano um certo número de peças, *canovaccios* (esboços) ou comédias, por uma remuneração fixa.[29] Essa é a situação que Goldoni conhece no *Teatro San Samuele*, propriedade do nobre Michele Grimani, onde trabalhava a trupe de Imer para quem ele escreve entre 1734 e 1743, e é a que encontra em Veneza em 1747, no *Teatro Sant'Angelo*, cujo proprietário é o senador Antonio

---

[27] Ibidem, p.114: "Per maggior cautela, farò dessegni più sminuzzadi, con tutti quei chiari e scuri, e con tutti quel ombrizamenti che sarà necessari. Minierò le carte; ghe sarà su i colori. No la s'indubita; gh'ho tanta speranza che i aventori sarà contenti; e che 'l so servitore Anzoletto no ghe sarà desutile gnanca lontan" (trad. fr., p.85-6)

[28] Ibidem, Atto Primo, scena II, p.54: "El xe mercante de sea, ch' el me dà tutto l' anno da laorar" (trad. fr., p.34).

[29] Cf. MANGINI, Nicola. *I teatri di Venezia*. Milão: Mursia, 1974.

Codulmer e o diretor é Girolamo Medebach. O contrato que assina com este diretor estipula que todo ano, por 450 ducados, ele deve fornecer oito comédias, duas óperas e a adaptação de um *canovaccio* antigo.

A partir de 1753, a situação muda, já que seu novo contrato com o *Teatro San Luca* o liga diretamente ao proprietário da sala, Antonio Vendramin, que combina com ele 600 ducados anuais por oito comédias e algumas outras composições. Goldoni comenta assim, em suas *Memórias*, sua mudança de teatro e de condição:

> Passei do *Teatro Sant'Angelo* ao de *San Luca*, onde não havia Diretor; os Comediantes dividiam a receita e o proprietário da sala, que gozava do benefício dos camarotes, cobrava deles pensões proporcionais ao mérito ou à estada já antiga. Era com esse patrício que eu trabalhava; era para ele que enviava minhas Peças, que eram pagas à vista e antes mesmo da leitura; meus lucros eram quase o dobro: tinha total liberdade para imprimir minhas Obras [o que lhe recusava Medebach que concedia a Goldoni somente a permissão de imprimir, todo ano, um volume de suas comédias], e não tinha nenhuma obrigação de seguir a Trupe em terra firme [o que era comum durante o fechamento dos Teatros de Veneza entre a Terça-feira Gorda e a primeira segunda-feira de Outubro]. Minha condição tornara-se muito mais lucrativa e infinitamente mais honrosa.[30]

Nesse mundo do teatro, tanto o "desenhista" quanto os "tecelões" dependem dos "mercadores", a saber, os proprietários das salas. Mas, por seu turno, estes últimos dependem de seus fornecedores, assim como o enuncia Marta, a esposa de Bastian:

---

[30] GOLDONI, Carlo. *Mémoires*. Op.cit., p.316-7.

Que vocês querem? Nós, mercadores, precisamos dos tecelões que, por seu turno, precisam de um desenhista...[31]

As relações recíprocas que ligam mercador, tecelões e desenhista não esgotam a complexidade da alegoria. Os outros personagens da comédia têm igualmente seu equivalente no universo do teatro e da produção textual. Os jovens operários de Zamaria (*garzoni lavoranti*) são como os aprendizes comediantes. Siora Polônia, fiandeira de ouro (*che fila oro*), e Momolo, o calandreiro, são os que dão a forma definitiva aos tecidos a exemplo daqueles que, no teatro, fabricam a decoração e o figurino. Isso ocorre com o público, personagem também presente nas peças, apresentado como clientes difíceis de contentar e ávidos por novidades, o que é evocado por vários personagens. Lamentando a futura partida de Anzoletto, Marta inquieta-se com o possível desagrado de sua clientela:

Realmente, isso me contraria também, porque em matéria de tecido, todo ano, você sabe, é preciso renovar. E, para nossa loja, sempre encontrou ideias que agradavam a todo mundo.[32]

Em correspondência com Zamaria, Anzoletto atenua a entusiasmada apreciação deste em relação a seus méritos, lembrando que os clientes venezianos nem sempre gostaram de suas composições:

---

[31] GOLDONI, Carlo. *Una delle ultime sere di carnovale*. Op.cit., Atto Primo, scena XIII, p.79: "Cossa serve? Nu altri marcanti gh'avemo bisogno de' testori; i testori ha bisogno del dessegnador..." (trad. fr., p.55).
[32] Ibidem, Atto Primo, scena XIV, p.83: "Dasseno me despiase anca a mi; perché in materia de drapi, la sa che ogni ghe vol dele novità; e lu, per dir quel che xe, per la nostra bottega, l'ha sempre trovà qualcossa, che ha dà int'el genio all'universal" (trad. fr., p.59).

Em uma centena de desenhos, e mesmo em mais, que fiz, alguns não agradaram e lhe ocorreu de desperdiçar seda, ouro e prata por minha causa.

Zamaria faz notar que as peças desprezadas em Veneza receberam excelente acolhida em outras cidades italianas:

> Não foi isso que eu disse. Os tecidos feitos segundo seus modelos, e os quais não vendi em Veneza, vendi em Terra Firme. Se alguns não fizeram sucesso, eu me recuperei largamente com aqueles que venderam bem.[33]

Uma das chaves da resposta ambígua dos clientes encontra-se na ambivalência da relação com os motivos franceses. Os modelos franceses são a medida segundo a qual são julgadas as produções venezianas. Para Momolo, não há melhor forma de julgar os desenhos de Anzoletto senão comparando-os com os inventados na França:

> Eu vos digo que vi, em um comércio lá no alto, um desses tecidos! Eu nunca tinha visto um tão belo! Um desenho do Sior Anzoletto, um encantamento, que não deixa nada a desejar aos mais belos modelos franceses.[34]

---

[33] Ibidem, Atto Secondo, scena I, p.92: "Anzoletto: Caro sior Zamaria, vu parlé con tropa bontà. De cento e più dessegni che ho fatto qualchedun ghe n'è andà mal, e qualche volta avé vutà via la seda, l'oro e l'arzento per causa mia. / Zamaria: Mi no digo cussì. So che i mii drapi laorai sui vostri dessegni, se no i ho smaltii a Venezia, i ho smalttii in terraferma; e se in qualcun ho descapità, m'ho reffatto sora la brocca con queli che xe andai ben" (trad. fr., p.67).

[34] Ibidem, Atto Primo, scena XI, p.76: "Ghe digo ben, che ho visto desuso in teler un drapo, che no ho visto el più belo. Un dessegno di sior Anzoletto, che xe una cossa d'incanto. Che no gh'ha invidia a uno dei più beli de Franza" (trad. fr., p.52-3).

E para Bastian, o sucesso de alguns tecidos feitos no ateliê de Lázaro é fruto do fato de que se acreditou que fossem franceses:

> Lázaro: O que dizes, Sior Bastian, dos tecidos que saíram este ano do meu negócio? / Bastian: Magníficos, arrancaram-nos das minhas mãos. Lembras daquele cetim com pele falsa de martas? Todo mundo acreditava que fosse francês. Queriam até apostar.

Mas como um bom patriota veneziano, adepto de um mercantilismo protecionista, ele acrescenta:

> Mas, graças a Deus, em minha loja mercadorias estrangeiras não entram.[35]

Contratos, assinaturas, gratificações

A escrita das comédias, assim como o desenho dos tecidos é, ao mesmo tempo, uma arte e um negócio, situados em uma antiga dicotomia, já presente em *Dom Quixote*, entre a honra e o lucro. Por duas vezes, as razões da partida de Anzoletto para Moscóvia oscilam entre *onor* e *danari*. No segundo ato, durante o jogo da *Meneghella* que reuniu todos os personagens, Domènica, que está enamorada de Anzoletto, lhe reprova a partida movida por dinheiro e o acusa de que "esse maldito dinheiro é a causa de vossa partida". Anzoletto responde, então: "Não somente o dinheiro, mas também, um pouco,

---

[35] Ibidem, Atto Primo, scena XI, p.76: "Lázaro: Cossa diséu, sior Bastina, de quei drapi che st'anno xe vegnui fora dai mii teleri? / Bastian: Stupendi: il me li ha magnai dale man. V'arecordéu quel raso con quei finti màrtori? Tutti lo credeva de Franza. I voleva fina scometter; ma per grazia del Cielo, roba forastiera inte la mia bottega no ghe ne vien" (trad. fr., p.53)

a honra".³⁶ No final do ato, sozinha no palco, ela admite a sinceridade daquele que ela ama, estigmatizando totalmente sua partida como a busca da glória vã e do desejo de reconhecimento que Anzoletto espera satisfazer fora de sua pátria:

> Ele parte, principalmente, mais por capricho do que por interesse. O dinheiro, não acredito que queira deixá-lo de lado. Mas eu o conheço, é um homem honesto: que ele ganhe pouco ou muito, no final do ano, isso não lhe fará diferença. Ele diz que parte em busca de honra. O que ele quer mais que não tem aqui? Não vimos quatro ou cinco comércios trabalhar ao mesmo tempo com seus desenhos? As lojas não estão plenas de seus tecidos? Quer ele ainda que lhe dediquemos uma estátua, inaugurada ao som de tambores e trombetas? Talvez valesse mais, para ele e para mim, que ele ficasse. Para dez pessoas descontentes, ele teria cem pessoas felizes em mantê-lo aqui entre nós.³⁷

Assim, a comédia visa, pela metáfora, à contradição fundamental de toda prática literária nas sociedades do Antigo Regime: como conciliar, de fato, um modelo aristocrático de honra, que pressupõe a liberdade e o desinteresse, com a necessidade de viver (ao menos

---

[36] Ibidem, Atto Secondo, scena III, p.102: "Domènica: Sti maledetti danari xe queli che lo fa andar via / Anzoletto: No solamente i danari, ma anca un pocheto de onor" (trad. fr., p.76).
[37] Ibidem, Atto Secondo, scena VII, p.122: "El va più per capricio che per interese. Bezzi no credo che 'l ghe ne voggia avanzar. Lo conosso, el xe un galantomo: vadagna poco, vadagna assae, in fin dell'anno sarà l' istesso. El dise che 'l va via per l'onor; cossa vorlo de più de quel ce l'ha avudo qua? No s'ha visto fina quatro, o cinque teleri int'una volta laorar sui so dessegni? No xe piene de boteghe de roba dessegnada da lu? Vorlo statue? Vorlo trombe? Vorlo tamburi? Sarave forsi meggio per elo, e per mi, che 'l restasse qua: che se a diese ghe despiaseria che 'l restasse qua: che se a diese ghe despiaseria che 'l restasse, ghe sarà cento che gh'averà da caro che 'l resta" (trad. fr., p.93).

parcialmente) do trabalho? A própria trajetória de Goldoni é habitada por essa tensão, uma vez que ele tenta se libertar da dependência mercenária imposta pelos contratos assinados com Medebach, em 1749, e depois com Antonio Vendramin, em 1752. Esse último contrato, aliás, foi revisado em 1756 e substituído por um novo acordo com Francesco Vendramin, no qual se atribuíam condições mais favoráveis a Goldoni, que teria de fornecer somente seis comédias por ano, no valor de 200 ducados cada uma, para receber mais uma gratificação de 200 ducados. Em suas *Memórias*, Goldoni tem consciência, retrospectivamente, da submissão implícita em tais contratos. Se ele se lembra do de 1749 como satisfatório ("Estava muito contente com a minha situação e com o que fora combinado com Medebach"), comenta sobre Paris:

> Eis, então, minha musa e minha pena comprometidas com as ordens de um particular. Um autor francês talvez ache esse tipo de contrato singular. Um homem de letras, digamos, deve ser livre, deve desprezar a servidão e a falta de dinheiro. Se esse homem de letras for abastado como Voltaire ou cínico como Rousseau, não tenho nada a dizer, mas se é um desses que não recusa a divisão da receita e o lucro da impressão, eu lhe peço reverentemente que ouça a minha justificativa.

> Essa se sustenta em duas razões: na Itália, a parte das receitas das representações destinada ao autor é muito baixa, já que os valores recebidos com a venda de lugares nos camarotes vão diretamente para o proprietário do teatro e o preço da entrada para a plateia é muito baixo; além disso, a Itália, diferentemente da França, não conhece "as gratificações da Corte, as pensões, as doações do Rei".[38]

---

[38] GOLDONI, Carlo. *Mémoires*. Op.cit., p.235-6.

Como outros autores de seu tempo, que não podem viver de seus bens ou de seu cargo, é pela venda de suas obras aos livreiros e pelas gratificações do mecenato que Goldoni tenta diminuir um pouco as coerções que lhe são impostas pelos contratos assinados com os diretores de trupes ou os proprietários de teatro. É, primordialmente, o "lucro da impressão" que ele busca.[39] Sua primeira experiência não foi muito feliz. O contrato que o liga a Medebach permite-lhe imprimir apenas um só volume de comédias por ano. Além disso, depois da publicação dos dois primeiros tomos de sua obra *Teatro*, iniciada em 1750, o livreiro veneziano Bettinelli declara:

> que ele não podia mais receber de mim meus originais, os quais pertenciam a Medebach, e seria por conta desse Comediante que ele daria continuidade à Edição.[40]

Preferindo evitar um processo

> contra o diretor que disputava comigo a propriedade de minhas Peças e contra o livreiro que possuía a faculdade de as publicar,

tendo sido o privilégio estabelecido em seu nome, então, Goldoni se dirige ao florentino Paperini, "Impressor muito confiável e homem muito honesto" com quem publica uma nova edição de suas peças com "mudanças e correções". A edição, feita em regime de assinaturas, é impressa com 1.700 exemplares, dos quais quinhentos já estão destinados aos assinantes venezianos, apesar da interdição que o proibia de entrar no território da República, conforme solicitada

---

[39] Cf. MATTOZZI, Ivo. "Carlo Goldoni e la professione di scrittore", *Studi e Problemi di Critica Testuale*, 1972, 194, p.95-153.
[40] GOLDONI, Carlo. *Mémoires*. Op.cit., p.318.

por Bettinelli e pela comunidade de livreiros. Essa edição engloba dez volumes, lançados entre 1753 e 1757.[41]

Em 1760, Goldoni planeja uma terceira edição de suas peças:

> Vendo que depois de minha primeira edição Florentina, meu Teatro era plagiado em todos os lugares e já tinham sido feitas quinze edições sem o meu aval, sem me avisarem e, o que é pior ainda, muito mal impressas, concebi o projeto de realizar uma segunda edição às minhas custas.

A edição é feita pelo sistema de assinaturas e dela se encarrega o livreiro impressor florentino Pasquali, "honesto e confiável". Ela comportará dezessete volumes (mais dois complementos) publicados entre 1760 e 1778. A originalidade da edição está nos resumos autobiográficos que Goldoni decidiu acrescentar:

> Concebi o projeto ... de colocar em cada volume, no lugar do Prefácio, uma parte de minha vida, imaginando que, ao final da Obra, a história de minha pessoa e a do meu Teatro pudesse estar completa.

A partida sem volta para Paris perturba gravemente a regularidade da publicação e, no Prefácio das *Memórias*, Goldoni constata

> que uma Obra, que devia compor até trinta volumes e devia ter sido finalizada no intervalo de oito anos, ainda está, ao final de vinte anos, apenas no tomo XVII, e não viverei o bastante para ver essa edição terminada.[42]

---

[41] Ibidem, p.318-9
[42] Ibidem, p.5-6.

Os "prefácios históricos" dos dezessete volumes lhe servirão de material para a redação de suas *Memórias*, ao menos para o período que vai

até o começo do que chamamos, na Itália, de Reforma do Teatro Italiano.[43]

Decepcionado com a edição, Goldoni está também decepcionado com a proteção dos Grandes. Alguns, como o duque de Parma continuam fiéis a ele e mantêm, com o título de "Poeta e servidor atual de sua Alteza Real", a pensão anual de 2.200 liras de Parma, que lhe foram atribuídas depois de sua permanência na cidade e das representações de três óperas cômicas em 1756. A corte da França, muito admirada, não foi tão generosa. É apenas ao final de três anos que, em 1769, suas aulas de italiano para as filhas de Luís XV lhe garantem uma pensão anual de 3.600 libras. Quando ele deixa Versalhes, pela segunda vez, em 1780, no momento em que retomava sua função de professor de italiano junto às irmãs de Luís XVI, as "bondades do rei" (uma gratificação extraordinária de 6 mil libras e um pagamento de 1.200 libras anuais de responsabilidade de seu sobrinho) não lhe permitem pagar as dívidas que havia contraído para assegurar seu modo de vida na corte. Ele se vê obrigado a vender uma parte de sua biblioteca ao cavalheiro Gradenigo, embaixador de Veneza em Paris.[44]

Em 1762, partindo para a "Moscóvia" parisiense, Goldoni espera tornar mais sólida sua situação financeira. Mas ele deve também

---

[43] Ibidem, p.7. Os dezessete resumos autobiográficos estão publicados em GOLDONI, Carlo. *Il Teatro comico / Memorie italiane*. Op.cit., p.95-231. Cf. HERRY, Ginette. "Goldoni de la *Préface Bettinelli* aux *Préfaces Pasquali* ou o destino das lembranças". In: *Il tempo vissuto*, Actes du Colloque de Gargnano, 9-11 de setembro de 1985, Roma: Cappelli, 1988, p.197-211.

[44] GOLDONI, Carlo. *Mémoires*. Op.cit., p.477-8 e 544-5.

defender sua honra e sua reputação contra as piadas de Gozzi. A polêmica criada em 1756 com a publicação de *La Tartana degl'influssi* [A Tartana da influência], que ridiculariza ao mesmo tempo Goldoni e seu rival, o abade Chiari, retorna mais bela em 1760 e 1761, com a representação de *L'amore delle tre melarance* [O amor das três laranjas] no *Teatro San Samuele*, depois de duas outras *fiabe* (fábulas dramáticas) de Gozzi, *Il corvo* [O corvo] e *Il re cervo* [O rei cervo].⁴⁵ Em um diálogo com Momolo, ao qual promete enviar frequentemente notícias suas, Anzoletto faz alusão a esses ataques cruéis e injustos, mas que não merecem réplica. Para Momolo, falando das peças que ele enviará de Moscóvia para Veneza:

> E se saírem críticas, gostaria que eu as enviasse?

ele responde:

> Eu lhe diria que, se são mesmo críticas, sim, mas se são sátiras, não. Hoje em dia, me parece ser difícil criticar sem satirizar, então, também não se dê ao trabalho de mas enviar. Isso não me agrada, nem a mim, nem aos outros. Se me atacam, não me importo. Responder não serve de nada, porque se não tens razão, falar é pior, e se tens razão, cedo ou tarde, o mundo o reconhecerá.⁴⁶

---

⁴⁵ Sobre os temas da querela afetada de Goldoni, cf. LUCIANI, Gerard. *Carlo Gozzi (1720-1806)*. *L'homme et l'œuvre*, Lille/Paris: Atelier de reproduction des thèses/Librairie Honoré Champion 1977, retomada em *Carlo Gozzi ou l'enchanteur désenchanté*, Grenoble, Presses Universitaires de Grenoble, 2001; BOSISIO, Paolo. *Carlo Gozzi e Goldoni. Una polemica letteraria con versi inediti e rari*. Florence: Olschski, 1979, e HERRY, Ginette. "Une poétique mise en action". In: GOLDONI, Carlos. *Le Théâtre comique*. Op.cit., p.9-92.

⁴⁶ GOLDONI, Carlo. *Una delle ultime sere di carnovale*. Op.cit., Atto Terzo, scena XII, p.154-5: "Momolo: E se vien fora critiche, voléu che ve le manda? / Anzoletto: Ve dirò; se le xe critiche, sior, sì; se le xe satire, sior, no. Maal dì

Fere o coração de Anzoletto ter de partir e a dor da separação já está lá, antes mesmo da viagem. Mas o reconhecimento promete que, longe da "pátria adorada", esta será a melhor maneira de restabelecer aos olhos de todos a honra manchada pelas maldosas sátiras.

De uma alegria muito melancólica, *Una delle ultime sere di carnovale* é

> uma comédia de adeus e de nostalgia, uma metáfora autobiográfica de uma partida dolorosa, mas também o balanço incerto da mudança.[47]

A alegoria que ela apresenta pode estender-se para o registro biográfico, com um Goldoni mascarado sob a feição de Anzoletto – e, talvez, também sob a feição de Momolo – e, igualmente, para o registro teatral, com a equivalência entre os desenhos italianos à moda francesa e a comédia reformada exportada para fora de Veneza. Mas, mais profundamente, essa alegoria se sustenta nas proximidades metafóricas e materiais que ligam os textos e os tecidos, os negócios dos têxteis e aqueles da escrita.[48]

---

d'ancuo par che sia dificile ed criticar senza satirizar; onde no ve incomodé de mandarmele. No le me piase, né per mi, né per altri. Se vegnirà fora dele cosse contra de mi, pazzenzia: za el responder no serve a gnente; perché se gh'avé torto, fé pezo parlar; e se gh'avé rason, o presto, o tardi, el mondo ve la farà" (trad. fr., p.122).

[47] PIZZAMIGLIO, Gilberto. "Introduzione". In: GOLDONI, Carlo. *Una delle ultime sere di carnovale*. Op.cit., p.9: "Commedia delgi adii e della nostalgia, metafora autobiografica di una sofferta partenza, nonché dubitoso bilancio della riforma".

[48] Sobre esta dimensão essencial da comédia, cf. FRAJESE, Franca Angelini. "*Una delle ultime sere di carnovale*: il mestiere, la festa, el teatro". In: *Problemi*, 38, 1973, p.409-13.

Metáforas poéticas, proximidades materiais

É preciso lembrar primeiro que a metáfora não tem valor trans-histórico. John Scheid e Jesper Svenbro mostraram que ela aparece em Homero somente para designar o confronto de argumentos e as disputas verbais. Para que o próprio poema possa ser considerado um tecido e o poeta, um tecelão, são necessárias duas condições, que não estão reunidas antes dos séculos VI e V antes de Cristo: por um lado, o reconhecimento da composição poética como resultante de um trabalho de artesão e não como um trabalho produzido pela inspiração da Musa que invade o bardo; por outro, tem-se uma situação de criação onde se cruzam a matéria proposta pelo comanditário e a maneira do poeta. Empregada primeiro pelos poetas líricos (Píndaro, Baquílides) para assimilar a atividade poética ao fazer do tecelão, a metáfora se desloca para o próprio discurso, pensado como o cruzamento de uma tela, estabelecida pelos esboços da obra, com uma trama, que é a voz leitora que a tece.[49]

A metáfora artesanal tal como aparece na Grécia antiga não deve, todavia, conduzir a um anacronismo. Distante da noção moderna de trabalho, ela supõe, com efeito, "uma separação entre a operação produtora e o produto", como diz Jean-Pierre Vernant: "Entre o trabalho do artesão e a essência da obra definida por seu uso não há medida em comum".[50] Seja ela do tamanho que for, a excelência do poeta artesão reside no julgamento que os ouvintes enunciam sobre a "forma" realizada e não mais sobre o esforço despendido no trabalho. Portanto, para a criação poética, a metáfora tem um estatuto ambíguo já que, atribuindo totalmente a obra a seu autor e não mais a uma inspiração que a perpassa, ela o submete às demandas e decretos dos comanditários e ouvintes.

---

[49] SCHEID, John; SVENBRO, Jesper. *Le métier de Zeus. Mythe du tissage et du tissu dans le monde gréco-romain.* Op.cit., p.119-38.

[50] VERNANT, Jean-Pierre. *Mythe et pensée chez les Grecs. Études de psychologie historique.* Paris: François Maspero, 1965, p.222-5.

Com os latinos, como já o indicou a etimologia, a metáfora torna-se ordinária, aplicada a todos os gêneros escritos: cartas, poemas, histórias e obras filosóficas. A razão disso é dupla: primeiro, material, já que o próprio papiro é um material "tecido", feito do entrecruzamento de fibras verticais e horizontais; segundo, cultural, uma vez que a apropriação romana da cultura grega é frequentemente concebida como uma trama latina tecida sobre uma tela helênica. Em Roma, a metáfora torna-se fundamentalmente escritural, referida não mais à tessitura da fala poética como na Grécia do século V, mas à trama das palavras inscritas sobre o papiro.[51]

Nas sociedades antigas, os parentescos entre os escritos e os tecidos não são somente metafóricos. Eles são também manifestos pela proximidade completamente material entre as produções da escrita e os objetos da costura e do bordado. Isso também acontece com o cesto do vendedor ambulante – por exemplo, o de Autolycus, o ambulante colocado em cena por Shakespeare nos dois últimos atos do *Conto de inverno*.[52] Seu comércio é caracterizado pela proximidade entre as canções impressas e os instrumentos ou produtos dos trabalhos de agulha. Ao mesmo tempo que as baladas que cantam os amores felizes ou infelizes, ele propõe aos camponeses de uma Boêmia fantasiosa todos os objetos de mercearia que se encontram nos cestos dos vendedores ambulantes ingleses do século XVII.[53] A Servente os enumera:

---

[51] Ibidem, p.149-55.
[52] SHAKESPEARE, William. *Le conte d'hiver* (The Winter's Tale), trad. Louis Lecocq. In: SHAKESPEARE, William. *Œuvres complètes*, edição bilíngue, *Tragicomédies*, t.II, GRIVELET, Michel; MONSARRAT, Gilles. (Orgs.). Texto inglês organizado por Stanley Wells e Gary Taylor (Oxford University Press), Paris: Robert Laffont, 2002, p.216-371. O texto é o do fólio de 1623.
[53] SPUFFORD, Margaret. *The great reclothing of rural England: petty chapmen and their wares in the seventeenth century*, Londres: The Hambledon Press, 1984.

Tem laços de todas as cores do arco-íris ... presilhas, ligas, cambraias de algodão e de linho.[54]

Nas canções que ele mesmo canta, Autolycus completa o inventário: cambraia de linho branca, crepe preto, luvas, máscaras, braceletes negros, colares de âmbar, águas de cheiro, toucas, corpetes, prendedores de cabelo, ferros de frisar, que aparecem em *Lawn as white*,[55] cordões de retrós, rendas, sedas, fios, pequenos enfeites para os cabelos, que aparecem em *Will you buy*.[56] Uma vez que ele deixa seus compradores, Autolycus faz o balanço de seu negócio lucrativo:

Nenhuma pedra falsa, nem um laço, um espelho, uma água de cheiro, um vidro de perfume, um broche, um caderno de notas, uma balada, um canivete, um galão, uma luva, um laço de sapato, um bracelete, um anel de chifre, nada mais para impedir meus cestos de ficarem em jejum.[57]

Portanto, em seus cestos, a mercearia encontra-se estreitamente associada aos impressos, que dão a ler e a cantar as canções, e aos

---

[54] SHAKESPEARE, William. *Le conte d'hiver* (The Winter's Tale). Op.cit., p.312-3: "He hath ribbon of all colours i'th' rainbow [...] inkles, caddises, cambrics, lawns".
[55] Ibidem, p.312-3: "Lawn as white as driven snow, / Cypress black as e'er was crow, / Gloves as sweet as damask roses, / Golden coifs, and stomachers / For my lads to give their dears; / Pins and pocking-sticks of steel. / What maids lack from head to heel".
[56] Ibidem, p.316-7: "Will you by any tape, / Or lace for your cape, / My dainty duck, my dear-a? / Any silk, any thread, / And toys for your head, / Of the new'st and fin'st wear-a?"
[57] Ibidem, p.332-3: "I have sold all my trumpery; not a counterfeit stone, not a ribbon, glass, pomander, brooch, table-book, ballad, knife, tape, glove, shoe-tie, bracelet, horn-ring to keep may pack from fasting".

objetos de escrita, como as *table-books* (tabuletas de cera) que são, sem dúvida, as *tables* que Hamlet leva consigo e cujas folhas apagáveis lhe permitem, como vimos, substituir as anotações inúteis pelas únicas palavras que importam, aquelas do fantasma de seu pai: "Lembre-se de mim".

Uma forte ligação é então instaurada no enredo a respeito de Autolycus, entre as baladas, que compõem uma boa parte das canções de amor, e todos os objetos ligados à costura e ao bordado, oferecidos pelos rapazes às moças com o objetivo de seduzi-las. Mas o cesto do vendedor ambulante não é o único objeto que, na Inglaterra elizabetana, aproxima os textos e os tecidos. Os baús das moças provenientes de meios mais abastados, que encerram, com suas joias e perfumes, os instrumentos necessários à escrita, são frequentemente cobertos de seda ou cetim bordado. Sobre esses que foram conservados, o imaginário que permaneceu é geralmente bíblico, ao apresentar, em particular, as histórias de Jael e da Rainha de Sabá.[58]

Aracne, Filomela e Lavínia

O cesto de Autolycus e os baús das jovens inglesas dão um caráter feminino à relação entre o texto e o têxtil que Goldoni situará no universo masculino dos negócios e dos mercados. A alegoria do dramaturgo veneziano, que se desdobra no mundo da manufatura e da produção de tecidos para o mercado, não deve, todavia, ocultar as representações e as práticas que fazem do bordado ou da tapeçaria uma escrita para mulheres e sustentam a tecelagem como uma me-

---

[58] JONES, Ann Rosalind; STALLYBRASS, Peter. *Renaissance clothing and the materials of memory*, Cambridge: Cambridge University Press, 2000, mencionam dois exemplos, p.159 e 162-3.

táfora possível da união sexual e da gestação. Nas mãos das meninas e das mulheres, e contra os modelos pedagógicos que as distanciam do aprendizado da escrita, a agulha ou a naveta de tear podiam se transformar na pena e o fio, em tinta.

O tema, amplamente discutido na Renascença, tem uma fonte antiga: a história de Filomela contada por Ovídio no Livro VI das *Metamorfoses*.[59] Esse livro começa com uma competição têxtil que opõe Aracne a Pallas após a primeira ter pretendido derrotar a deusa na arte de fiar a lã.[60] Contra Pallas, que escolheu representar sua vitória sobre Netuno na disputa pela atribuição de Atenas, acrescentando nos cantos de sua composição os castigos infligidos aos mortais que ousaram desafiar os deuses, Aracne contrapõe-se apresentando uma tapeçaria com movimento e sensualidade, que mostra os deuses metamorfoseados em animais, em coisas ou em homens, com o intuito de seduzir e enganar os humanos.

Nem Pallas, nem a Inveja poderiam encontrar o que criticar nessa obra. Então, a deusa virgem de cabelos loiros, irritada com tal sucesso, rasga o tecido colorido que reproduz as falhas dos deuses.[61]

---

[59] OVÍDIO, *Les Métamorphoses*, org. e trad. LAFAYE, Georges. (1925), edição revista e corrigida por J. Fabre, Paris: Les Belles Lettres, 2002, t.II, p.1-6, liv. VI, vv. 1-145.

[60] Sobre o tratamento do mito por Velásquez em *Las Hilanderas*, quadro pintado entre 1655 e 1660, cf. nota de Jonathan Brown no catálogo da exposição *Velázquez, Rubens y Van Dick. Pintores cortesanos del siglo XVII*, Madri: Museu do Prado e Ediciones El Viso, 1999, p.219-22 e a interpretação de Ann JONES, Rosalind; STALLYBRASS, Peter. *Renaissance clothing and the materials of memory*. Op.cit., p.89-103.

[61] OVIDE. *Les Métamorphoses*. Op.cit., liv. VI, vv. 129-131: "Non illud Pallas, non illud carpere Liuor / Possit opus; doluit successu flaua uirago / Et rupit pictas, caelestia crimina, uestes".

E depois ataca Aracne com sua naveta de tear, em razão da excelência de seu trabalho, interditada aos humanos. Esta última, diante do ultraje e "no seu despeito, amarra uma corda em torno de seu pescoço".[62] Pallas a impede de se matar, mas a condena a uma metamorfose têxtil: Aracne tornar-se-á a aranha que "se dedica, para todo o sempre, a tecer suas teias".[63]

Esse começo do Livro VI das *Metamorfoses* pode ser aproximado da competição que, no Livro V, opõe as Musas e as Piérides.[64] Arbitrado pelas Ninfas, o desafio lançado pelas filhas do rei Piéros tem por objetivo verificar a superioridade de umas em relação às outras, na arte do canto. A competição, vencida por Calíope que cantou longamente a história de Ceres, derrotou Piéride que, como Aracne, escolheu ironizar os deuses, que descreve como derrotados pelos Gigantes e metamorfoseados em animais para que pudessem escapar deles. Más perdedoras, as filhas de Piéros são castigadas e transformadas em corvos:

> Hoje em dia, elas ainda conservam em seu corpo alado seu antigo falatório, sua tagarelice rouca e sua vontade desmesurada de falar.[65]

O paralelismo entre o canto da Piéride e da tela tecida por Aracne faz que Jesper Svenbro e John Scheid concluam que o encantamento dos dois desafios é a forma que Ovídio encontra para propor uma

---

[62] Ibidem, liv. VI, vv. 134-135: "Non tulit infelix laqueoque animosa ligauit / Guttura".
[63] Ibidem, liv. VI, vv. 144-145: "De quo tamen illa remittit / Stamen et antiquas exercet aranea telas".
[64] OVÍDIO, *Les Métamorphoses*. Op.cit., t.I, p.131-47, liv. V, vv. 294-678.
[65] Ibidem, liv. V, vv. 677-678: "Nunc quoque in alitibus facundia prisca remansit / Raucaque garrulitas studiumque immane loquendi".

dupla metaforização: a do canto poético em tela, a da tela tecida em canto.[66]

Mas é também possível ler (ou entender) a competição entre Pallas e Aracne como o anúncio de outra narrativa que, no mesmo Livro VI, liga tecelagem, vingança e metamorfoses. Filomela foi estuprada por Tereu, rei da Trácia e marido de sua irmã Progne. Para que ela não pudesse confiar a ninguém a narração do crime aterrador, que transgride, ao mesmo tempo, todas as leis da hospitalidade, da família e do casamento, Tereu "segura sua língua com pinças e a corta com sua espada bárbara".[67] Presa entre as "espessas muralhas de uma estrebaria, construída com pedras maciças" onde foi presa à força, vigiada severamente e incapacitada de falar, "o que poderia fazer Filomela"?[68]

Mas a engenhosidade criada pela dor é infinita e a adversidade gera a potência. Por uma hábil estratégia, tendo arrancado a urdidura de uma tela de um tear bárbaro, ela tece em seus fios brancos letras púrpuras que denunciam o crime; acabada a obra, ela a confia a uma mulher e lhe pede por meio de gestos, para que a leve a sua patroa; essa, por quem ela havia endereçado a obra, a entrega a Progne, sem conhecer o segredo que esta obra, ao mesmo tempo, desvenda.[69]

---

[66] SCHEID, John; SVENBRO, Jesper. *Le métier de Zeus. Mythe du tissage et du tissu dans le monde gréco-romain.* Op.cit., p.139-44.
[67] OVÍDIO, *Les Métamorphoses.* Op.cit., liv. VI, vv. 555-556: "Luctantemque loqui conpresam forcipe linguam: Abstulit ense fero".
[68] Ibidem, liv. VI, vv. 570-574: "Quid faciat Philomela? Fugam custodia claudit, / Structa rigent solido stabulorum moenia saxo / Os mutum facti caret indice".
[69] Ibidem, liv. VI, vv. 574-580: "Grande doloris / Ingenium est miserisque uenit sollertia rebus. / Stamina barbarica suspendit callida tela / Purpureasque notas filis intexuit albis, / Indicium sceleris, perfectaque tradidit uni, / Utque ferat dominae gestu rogat; illa rogata / Pertulit ad Prognem;

Vestida com a roupa das Bacantes, Progne liberta Filomela e imagina a mais terrível das vinganças. Ela golpeia o filho que teve com Tereu, Itys, em seguida corta sua garganta. As duas irmãs, depois de terem despedaçado o cadáver,

> cozinham uma parte em vasos de bronze; as outras, atravessadas com espetos, crepitam no fogo. No quarto, jorra o sangue.[70]

Em seguida, elas o servem ao rei:

> Sentado no trono construído por seus ancestrais, Tereu consome esse jantar e deglute sua própria carne em suas entranhas.[71]

Para essas abominações, o castigo é imediato: Progne é metamorfoseada em andorinha; Filomela, em rouxinol, e Tereu, em poupa.

Da Idade Média ao século XVII, são numerosas as alusões ao drama de Filomela. Em vários poemas, Baudri lembra, senão a obra, ao menos as lamentações da jovem moça martirizada.[72] Cinco séculos

---

nescit queid tradat in illis". Em seu livro *L'homme-cerf et la femme-araignée. Figures grecques de la métamorphose*, Paris: Gallimard, 2003, Françoise Frontisi-Ducroux interpreta, inspirada em alguns mitógrafos alexandrinos, a tecelagem de Filomela como uma representação figurada de sua infelicidade, não como um texto que fala dela, cf. p.236.

[70] Ibidem, liv. VI, vv. 645-646: "Pars inde cauis exsultat aenis, / Pars ueribus stridunt; manant penetralia tabo".

[71] Ibidem, liv. VI, vv. 650-651: "Ipse sedens solio Tereus sublimis auito / Vescitur inque suam sua uiscera congerit aluum".

[72] BOURGUEIL, Baudri de. *Poèmes*, TILLIETTE, Jean-Yves. (Org.). Paris: Les Belles Lettres, 1998, poema 126, t.I, p.133, *De sufficientia uotorum suorum*: "Filomela, ao longo da noite, continuaria no meu enclausuramento para repetir em tom lastimoso suas antigas mágoas" [texto em latim: "Sepibus in nostris pernox, Filomela maneret, / Antiquos fletus et querulos replicans"],

mais tarde, Shakespeare volta à antiga fábula em *Titus Andronicus*, representada em 1594 e impressa em várias edições in-quarto (em 1594, 1600, 1611) antes de ser impressa no fólio de 1623.[73] Lavínia, filha de Titus, estuprada e mutilada por Quirão e Demétrio, os dois filhos da princesa Tamora que reina sobre o imperador Saturnino e sobre Roma, é outra Filomela, mas mais desafortunada ainda. Na terceira cena III do II Ato, as didascálias do in-quarto indicam:

> Entram os filhos da imperatriz com Lavínia, que tem as mãos arrancadas, a língua cortada e fora estuprada.

Vendo-a, Marcus Andronicus, seu tio, lembra-se da trágica história contada por Ovídio:

> Um Tereu, sem dúvida, te deflorou, / Depois, com medo de ser denunciado, cortou-te a língua.

Sem mãos, Lavínia é privada do recurso de que dispôs Filomela. Ela não pode escrever sua desgraça, nem mesmo com a lã púrpura:

> Ah! A bela Filomela perdeu apenas a língua, / E em um trabalhoso esboço pôde bordar seu pensamento. / Mas, doce sobrinha, desse meio eis que foste privada. / Um Tereu mais astuto, minha

---

e o poema 129, t.I, p.138, *Ad Auitum ut ad eum ueniret:* "É aí que, ao longo de toda a noite, Filomela modula sua antiga lamentação e que os trinados lembram uma vez mais seus sofrimentos de outrora." [texto em latim: " Huc agit antiquam pernox Filomela querelam/ Et replicat ueteres lubricata uoces dolores"].

[73] SHAKESPEARE, William. *The Most Lamentable Roman Tragedy of Titus Andronicus / La Très lamentable tragédie romaine de Titus Andronicus*, trad. Jean-Pierre Richard, *in* Shakespeare, *Tragédies*, t.I, DÉPRATS, Jean-Michel; VERNET, Gisèle. (Orgs.). Paris: Gallimard, Bibliothèque de la Pléiade, 2002, p.1-195. O texto é aquele do in-quarto de 1594.

filha, cruzou teu caminho, / E arrancou teus lindos dedos / Que saberiam bordar melhor que Filomela.[74]

Na primeira cena do IV Ato, a comparação se inverte. A infelicidade de Lavínia não é mais medida com base no que sofrera Filomela, mas é a história desta que permite desvendar o crime do qual fora vítima a filha de Titus. Lavínia procura um livro entre aqueles que o jovem Lucius derrubou no chão. Ao encontrá-lo, vira as páginas de modo febril. Trata-se de *Metamorfoses*, onde localiza os versos que descrevem o lugar do suplício de Filomela:

> O rei prende a filha de Pandião numa estrebaria com uma muralha alta, escondida no meio de uma antiga floresta.[75]

Esta floresta, designada pelo poema, bordada sobre o tecido enviado por Filomela a sua irmã (e, talvez, representada por uma gravura no livro aberto por Lavínia), é onde Titus procurou sua filha estuprada:

> Lavínia, tu foste também capturada, minha querida, / Violentada e ultrajada como o foi Filomela? Levada à força e sem perdão, para o fundo escuro da floresta? / Veja, veja. Sim, existe esse lugar onde nós a procuramos / (Ah! Se por acaso tivéssemos procurado

---

[74] Ibidem [Ato II, cena III], p.80-1: "But, sure, some Tereus hath deflower'd thee, / And lest thou shouldst detect him, cut thy tongue" e "Fair Philomel, why she but lost her tongue / And in a tedious sampler sew'd her mind. / But, lovely niece, that mean is cut from thee. / A craftier Tereus, cousin, hast thou met, / And he hath cut those pretty fingers off / That could have better sew'd than Philomel".

[75] OVÍDIO, *Les Métamorphoses*. Op.cit., liv. VI, vv. 520-521: "Cum rex Pandione natam / In stabula alta trahit, siluis obscura uetustis".

somente lá!) / semelhante ao que o poeta descreve aqui, / Criado pela natureza para os assassinatos e estupros.[76]

Lavínia não pode escrever o nome de seus malfeitores com uma agulha sobre a tela mas, seguindo o exemplo dado pelo tio ("Ele escreve seu nome com seu bastão e o conduz com a ajuda dos pés e da boca"), um bastão será sua pena e a areia, sua página:

> Que o Céu guie tua pena para que possas inscrever tua desgraça claramente, / Para que conheçamos os malfeitores e a verdade.[77]

Ela coloca o bastão na boca e o movimenta com a ajuda dos cotos dos braços para escrever: "*Stuprum*. Quirão, Demétrios".[78]

A tragédia apresenta assim uma imagem extrema da capacidade feminina para inventar instrumentos e suportes que permita às mulheres subverter todas as coerções, ordinárias ou trágicas, que visam a interditar-lhes a escrita. Como em Ovídio com Progne, mas, mais ainda, como na tragédia de Sêneca, *Thyeste* com Atreo,[79] a vingança de Titus será terrível, culinária e sacrificial:

---

[76] SHAKESPEARE, William . *The Most Lamentable Roman Tragedy of Titus Andronicus / La Très lamentable tragédie romaine de Titus Andronicus*. Op.cit. [Ato IV, cena I], p.114-5: "Lavínia, were thou thus surpris'd, sweet girl, / Ravish'd and wrong'd as Philomel was? / Forc'ed in the ruthless, vast and gloomy woods? See, see. Ay, such a place there is where we did hunt / (O had we never, never hunted there!) / Pattern'd by that the poet here describes / By nature made for murders and for rapes".

[77] Ibidem, p.116-7: "Heaven guides thy pen to print thy sorrows plain, / That we may know the traitors and the truth."

[78] Ibidem. "She takes the staff in her mouth, and guides it with her stumps and writes: '*Stuprum*. Chiron, Demetrius'." Sobre essa cena, cf. o comentário de Eve Rachele Sanders, *Gender and literacy on stage in early modern England*, Cambridge: Ca,bridge University Pres, 1998, p.62-3 e 174-5.

[79] SÊNECA, *Thyeste*. In: *Théâtre complet*, trad., prefácio e notas de Florence Dupont, Paris: Imprimerie Nationale, 1990, p.103-206.

Pois tratardes minha filha pior que Filomela, / E pior que Progne, me vingarei.[80]

Tendo matado os dois filhos de Tamora, ele os transforma em patês e serve no jantar para a mãe deles:

Eles estão aqui, todos os dois, cozidos nesta massa / que sua mãe provou docemente, / Comendo a carne que ela mesma dera à luz.[81]

Samplers e marcas

A triste história de Filomela é, sem dúvida, um tema frequente dos bordados sobre tecidos na Inglaterra elizabetana porque, como indicam Ann Rosalind Jones e Peter Stallybrass, ela ilustra a tensão fundamental que existe entre dois papéis atribuídos aos trabalhos de agulha: prender as mulheres no espaço privado da casa e, assim, submetê-las à dominação masculina, mas também, permitir a transgressão dessa clausura graças à "voz da naveta" (como escreve Aristóteles ao fazer alusão à maneira pela qual Sófocles usa a tapeçaria de Filomela em sua tragédia *Tereu*[82]), ou a linguagem da agulha com a

---

[80] SHAKESPEARE, William. *The Most Lamentable Roman Tragedy of Titus Andronicus / La Très lamentable tragédie romaine de Titus Andronicus*. Op.cit. [Ato V, cena II], p.178-9: "For worse than Philomel you us'd my daughter, / And worse than Procne I will be reveng'd".
[81] Ibidem. [Ato V, cena III], p.186-7: "They are, both baked in this pie, / Whereof their mother daintily hath fed, / Eating the flesh she herself hath bred".
[82] ARISTÓTELES. *Poétique*, 16, trad., introd. e notas de Barbara Gernez, Paris: Les Belles Lettres, 2001, p.61. Em sua tradução desse capítulo consagrado às diferentes formas de reconhecimento no teatro, Ch.-Émile Ruelle prefere a expressão "a linguagem da tela" para retomar a alusão das letras bordadas sobre o tecido por Filomela, cf. ARISTÓTELES. *Poétique et Rhétorique*, trad. de Ch.-Émile Ruelle, Paris: Librairie Garnier Frères, 1883.

qual elas escrevem suas obras.[83] Por sorte, todos os tecidos bordados pelas mulheres inglesas do século XVII não são tão trágicos como o da denúncia do crime de Tereu. Sobre os *samplers* (espécie de moldes, de modelos) as moças escrevem com a agulha as letras do alfabeto, os números, uma oração e, às vezes, um texto curto, como o que mistura, como as escritas inábeis da época, letras maiúsculas e minúsculas:

> I AM A MAID BUY YOUNG SKILL / IS YeT BVT SMALL BVT GOD / I HOP WILL Bles Me SO I MAY LIVE / TO MeND THIS ALL RACHEL LOADer / WROVGHT THIS SAMPLeR BeING / TWeLVE YEARS OVLD THE THENTH / DAY DeSeMBeR 1666 HL.[84]

O *sampler* em geral indica o nome daquela que o bordou, a data do trabalho e, eventualmente, o nome daquela a quem a peça foi dedicada: mãe, tia, amiga. Ele permite a afirmação de uma identidade feminina que não tem ainda espaço para se fazer reconhecer e fundamenta as cumplicidades entre as moças que bordam juntas. É esse tempo feliz que Helena lembra a Hérmia, de quem reprova o que pensa ser uma traição:

> Nós, Hérmia, como duas engenhosas deusas, / Nossas duas agulhas criam apenas uma flor / Sobre um único esboço, sobre

---

[83] JONES, Ann Rosalind; STALLYBRASS, Peter. *Renaissance Clothing and the Materials of Memory*. Op.cit., p.158-9 e Fig. 37, reprodução de uma colcha de lã e seda bordada, representando Filomela bordando e uma senhora fiando (*c.* 1600).

[84] Ibidem, p.141: "Sou uma jovem, com uma nova habilidade. Mas ainda é pequena, mas Deus, eu o espero, me dará sua bênção para que eu possa viver para melhorar tudo isso Rachel Loader fez esse molde na idade de doze anos em dez de dezembro de 1666".

uma mesma almofada de base, cantamos com o mesmo fôlego e no mesmo tom / Como se nossas mãos e ventres, vozes e espíritos / Fossem incorporados.[85]

Além dos *samplers*, muitos outros objetos (tapeçarias, telas para tecer, cobertores, lenços etc.) levam as "escritas" bordadas.[86] Essas podem ser representações em imagens, mas também, em um sentido mais literal, podem ser legendas e citações que acompanham as cenas representadas, emprestadas mais frequentemente da *Bíblia* ou da mitologia, ou ainda, na Inglaterra da Revolução, da atualidade política. As matrizes iconográficas mobilizadas têm numerosas fontes: livros com emblemas, pranchas de obras de filosofia natural, ilustrações de relatos de viagem, estampas de propagandas religiosas e políticas. Sua execução pode apoiar-se em coleções de modelos impressos, com frequência reeditados e traduzidos – assim como, na Inglaterra, *A schole-house for the Needle* de Richard Shorleyker, lançado em 1624,[87] e *The Needles Excellency* de John Taylor, o popular *Water*

---

[85] SHAKESPEARE, William. *Songe d'une nuit d'été (A Midsummer Night's Dream – Sonho de uma noite de verão)*, trad. Jean Malaplate. In: SHAKESPEARE, William. *Œuvres Complètes*, ed. bilíngue, *Comédies*, t.I, GRIVELET, Michel; MONSARRAT, Gilles. (Orgs.), texto inglês organizado por WELS, Stanley; TAYLOR, Gary. (Oxford University Press), Paris: Robert Laffont, Bouquins, 2000, III, 2, vv. 204-209, p.718-9. O texto é o do in-quarto de 1600: "We, Hermia, like two artificial gods / Have with our needles created both one flower, / Both on one sampler, sitting on one cushion, / Both warbling of one song, both in one key, / As if our hands, our bodies, voices, and minds / Had been incorporated".

[86] Como os primeiros resultados de uma pesquisa em curso, cf. LACERDA, Lilian Maria de. "Letras bordadas sob livros: pelo imaginário tecido como a palavra", comunicação apresentada no XXVI Congresso Intercom, Belo Horizonte: 2003.

[87] SHORLEYKER, Richard. *A schole-house for the needle*, Londres, 1624, reed. pela viúva de Shorleyker, Londres: 1632.

poet, publicada em 1631,[88] ou, em toda a Europa *La Corona delle nobili e virtuose Donne* de Cesare Vecellio, publicada em Veneza em 1591.[89] Na França, essas coleções fazem parte do gênero de livros de "retratos" que servem para o trabalho dos ateliês, como o atestam os inventários das bibliotecas dos mercadores e artesãos da cidade de Amiens no século XVI.[90] Eles são igualmente destinados a um uso doméstico, como mostra a gravura da página frontal de *Fleur des patrons de lingerie*, publicado em Lyon por Pierre de Sainte-Lucie em 1549. A imagem representa duas moças trabalhando em teares de pequeno porte, muito diferentes daqueles dos tecelões.[91]

A ligação entre a identidade feminina, o trabalho de bordado e a escrita com a agulha é um dado fundamental das sociedades tradicionais como o comprovou magnificamente Yvonne Verdier,

---

[88] TAYLOR, John. *The needles excellency. A new booke wherein are divers admirable workes wrought with the needle*, impresso por James Boler, Londres, 1631. A obra foi reeditada em 1634 (é apresentada então como a "décima edição"), em 1636, em 1640 ("décima segunda edição").

[89] VECELLIO, Cesare. *Corona delle nobili e virtuose Donne. Libro primo Nel quale si dimostra in varii dissegni tutte le sorti di Mostre di punti tagliati [...] che con l'Aco si usano hoggi per tutta Europa*, Veneza, 1591.

[90] LABARRE, André. *Le livre dans la vie amiénoise du XVIᵉ siècle. L'enseignement des inventaires après décès, 1503-1576*, Paris/Louvain: Nauwelaerts, 1971, p.164-77.

[91] *La fleur des patrons de lingerie a deux endroitz a point croise a point couche et a point picque, en fil dor fil dargent et fil de soye en quelque ouvrage que ce soit en comprenant lart de broderie et tissuterie*, Lião, Pierre de Sainte-Lucie dito Príncipe, 1549 (que apresenta vinte e dois modelos). Nos anos 1520, Claude Nourry tinha publicado com o mesmo título, ou quase, um *Livre nouveau dict patrons de lingerie*, que Pierre de Sainte-Lucie reedita em 1549. Ele oferece 46 modelos e apresenta em sua página de título a imagem de um tear utilizado nos ateliês. Cf. BAUDRIER, Henri. *Bibliographie lyonnaise*, Lyon, 1895-1915, t.XII, p.92 (para Claude Nourry) e 187-9 (para Pierre de Sainte-Lucie).

em seu seu estudo de Minot, uma vila da Borgonha do norte.[92] O conjunto de funções atribuídas ao aprendizado da costura e do bordado organiza-se com base no léxico da "marca". Para poder "marcar" seu enxoval de futura mulher casada, ou seja, bordar nele seu nome ou um monograma, a moça deve executar uma primeira obra, a "marca", sobre a qual, assim como sobre os *samplers* ingleses ou americanos, ela borda, em ponto cruz, com um fio de algodão vermelho (vermelho como o fio empregado por Filomela) um abecedário, a série de números, seu nome, sua idade e o ano do trabalho. A esse exercício correspondem, em conjunto, o momento de passagem, aquele da puberdade e das primeiras "regras", designadas também pelo verbo "marcar"; um papel especificamente feminino, como o cuidado com as roupas brancas; e uma figura de mulher, a da costureira da vila que "prepara" as jovens, introduzindo-as no mundo dos adornos e da moda. Ela as acompanha até a cerimônia do casamento, na qual desempenha o papel de vestir a noiva.

Bordando a escrita, tecendo os textos, as moças e mulheres não tão jovens respeitam as normas que lhes atribuem tarefas particulares e aprendizados específicos. Mas, ao mesmo tempo, quando deveriam ser somente leitoras obedientes, a escrita com a agulha, e depois com a pena, permite que construam outra imagem de si mesmas e a possibilidade de uma existência menos completamente submissa à ordem masculina. A proximidade entre texto e tecido pode, desse modo, ser compreendida como um dos recursos que autorizaram as mulheres a superar as coerções tradicionais e a entrar no universo da escrita.[93]

---

[92] VERDIER, Yvonne. *Façons de dire, façons de faire. La laveuse, la couturière, la cuisinière.* Paris: Gallimard, 1979, p.157-258, e o comentário de Daniel Fabre, "Passeuses aux gués du destin". *Critique*, 402, 1990, p.1075-99.
[93] Cf. CHARTIER, Roger. "Culture écrite et littérature à l'âge moderne", e ROGGERO, Marina. "L'alphabétisation en Italie: une conquête féminine?",

Mirandolina

Dez anos antes de sua partida para Paris, dez anos antes da alegoria que leva para o palco o mundo masculino dos ateliês, onde cada um, como no teatro, tem sua tarefa e desempenha seu papel, Goldoni imagina um personagem feminino que domina com liberdade e competência múltiplas habilidades. Para seduzir o Cavalheiro que diz desprezar as mulheres, mas sem amá-lo, Mirandolina, a *estalajadeira*, provoca um encontro levando, ela mesma, para o quarto dele finos lençóis de linho:

> Esses lençóis que eu mesma embainhei e bordei ao visar viajantes qualificados.[94]

Mirandolina aprendeu, portanto, como as outras moças, as habilidades próprias a seu sexo, não somente o bordado mas também a cozinha, o que lhe permite preparar um delicioso guisado que deve, infalivelmente, derrubar o Cavalheiro em suas armadilhas. Porém ela também conquista o poder totalmente masculino da escrita. Desejoso de deixar o albergue para evitar os perigosos encantos de Mirandolina, o Cavalheiro pede sua conta. Fabrício, o criado com quem, por fim, ela se casará, declara: "A patroa a está preparando".

Annales. Histoire, Sciences Sociales, jul.-out. 2001, "Pratiques d'écriture", p.783-802 e 903-25.

[94] GOLDONI, Carlo. *La Locandiera*. In: GOLDONI, Carlo. *Commedie*, Introduzione e scelta dei testi di Guido Davico Bonino, Milão: Garzanti, 1976, v.I, p.335-421, Atto Primo, scena XV, p.355: "Questa biancheria, l'ho fatta per personaggi di merito: per quelli che la sanno conoscere", trad. fr., *La locandiera*. In: Goldoni, *Théâtre*, textos traduzidos e anotados por Michel Arnaud. Paris: Gallimard, Bibliothèque de la Pléiade, 1972, p.685-779 (citação, p.704). Sobre essa comédia, cf. BARATTO, Mario. *Sur Goldoni*. Paris: L'Arche, 1971, p.87-106.

Ao Cavalheiro que se impressiona: "É ela quem faz as contas?", ele responde: "Sim, sempre ela! Mesmo quando seu pai era vivo. Ela sabe escrever e contar melhor do que qualquer caixeiro".[95] "Amável e inteligente, trabalhadora e espirituosa",[96] a encantadora, vaidosa e, afinal de contas, astuta Mirandolina sabe bordar, como também escrever, cozinhar e fazer contas. Em face do mundo masculino dos tecelões venezianos, ela é a encarnação de uma mulher independente, inteligente e racional, que larga a agulha e enverga a pena.

---

[95] Ibidem, Acto Secondo, scena XV, p.392: Fabrizio: "È vero, signore, che vuole il conto?" / Cavaliere: "Si, l'avete portato?" / Fabrizio: "Adesso la padrona lo fa." Cavaliere: "Ella fa i conti?" / Fabrizio: "Oh, sempre ella. Anche cuando viveva suo padre. Scrive e sa far di conto meglio di qualche giovane di negozio", trad. fr., ibidem, p.745.

[96] FIDO, Franco. *Nuova guida a Goldoni*. Op.cit., p.128: "C'era la donna coquette certo, ma anche amabile e intelligente, laboriosa e spiritosa, pienamente degna della nostra simpatia e ammirazione".

Capítulo 7

O comércio do romance
As lágrimas de Damilaville e
a leitora impaciente

No topo de seu fascículo de janeiro de 1762, o *Journal étranger* [Jornal estrangeiro] publica um *Éloge de Richardson*.[1] O texto que aparece alguns meses depois da morte do romancista inglês, ocorrida em 4 de julho de 1761, foi redigido por Diderot, sem dúvida entre setembro e novembro desse mesmo ano. O periódico que o publica é dirigido, há dois anos, pelo abade Arnaud e se propõe a dar notícias literárias do estrangeiro.[2] Apesar de sua boa reputação internacional e o apoio de Suard e Turgot, esse periódico sairá de circulação depois de seu número de setembro de 1762 – exemplo, entre muitos outros, da

---

[1] Citamos o texto segundo sua edição *in* DIDEROT. *Arts et lettres (1739-1766), Critique I*, ed. crítica e notas de VARLOOT, Jean. Paris: Hermann, 1980, *Éloge de Richardson*, p.81-208 (com introd. de Jean Sgard). Ver igualmente sua recente reedição como Apêndice *in* DIDEROT. *Contes et romans*, DELON, Michel. (Org.). com a colaboração de Jean-Christophe Abramovici, Henri Lafon e Stéphane Pujol, Paris: Gallimard, Bibliothèque de la Pléiade, 2004, p.895-911, trad. br., DIDEROT, Denis. "Elogio a Richardson". In: DIDEROT, Denis. *Obras II: Estética, Política e Contos*. Guinsburg, J. (Org.). São Paulo: Perspectiva, v. II, 2002.

[2] *Dictionnaire des journaux (1600-1789)*, organizado por SGARD, Jean. Paris: Universitas, 1991, n. 732, *Journal étranger*, I (1754-1762), p.731-2.

vulnerabilidade dos jornais antigos cuja existência foi sempre muito efêmera.

Desde 1762, o *Elogio a Richardson* é reeditado separadamente em Lyon pelos irmãos Périsse que o acrescentam ao *Supplément aux Lettres anglaises, ou Histoire de Miss Clarisse Harlove*, que eles publicam nesse mesmo ano. A partir de 1766, ele figura em todas as reedições da tradução de *Clarissa* realizadas pelo abade Prévost, que incluem os fragmentos ausentes da primeira edição lançada em 1751 – a saber, a narração do enterro de Clarissa por Morden, a leitura do testamento dela, assim como oito cartas póstumas. O texto é reeditado em 1768 e, em 1770, em uma antologia composta por Arnaud e Suard – *Variétes littéraires, ou Recueil de pièces tant originales que traduites, concernant la Philosophie, la Littérature et les ArtsI* –, depois em 1784 e 1810 em suas *Œuvres choisies* [Obras escolhidas], composta por Prévost e editada em Amsterdã e Paris.[3] Na Alemanha, o texto é retomado em fevereiro de 1766 por um periódico de Hamburgo, intitulado *Unterhaltungen*, em uma tradução que Herder comenta com entusiasmo em *Könisgsbergsche gelehrte und politische Zeitungen*, em agosto do ano seguinte.[4]

Quadros e palavras

Nos *Salões*, Diderot devia enfrentar um desafio temível, assim formulado por Louis Marin: "Como fazer quadros com palavras", ou,

---

[3] Cf. bibliografia apresentada por LAFON, Henri. In: DIDEROT, Denis. *Contes et romans*. Op.cit., p.1264-6.

[4] MORTIER, Roland. *Diderot en Allemagne (1750-1850)*. Paris: Presses Universitaires de France, 1954, p.325-8. Sobre a recepção alemã de Diderot, cf. SAADA, Anne. *Inventer Diderot. Les constructions d'un auteur dans l'allemagne des Lumières*. Paris: CNRS Éditions, 2003.

Dito de outro modo, que poderes da linguagem convocar e mobilizar para que, na leitura – em voz alta, baixa, ou de modo silencioso –, uma imagem apareça, primeiro imprecisa, errante como uma sombra elisiana, depois insistente, obsessiva, logo como que encantada, invadindo a alma, ocupando o espírito, trabalhando o sentir e os sentidos, pronta para ultrapassar as fronteiras do interior e do exterior, tornando-se uma visão ou alucinação?[5]

A proposta do *Elogio a Richardson* inverte o projeto dos *Salões*. Não se trata de trazer de volta na e pela narração uma imagem real, mas ausente, da obra exposta, mas de converter as cenas do romance ou essas de sua leitura em uma sequência de quadros de escrita. O editor do *Journal étranger* não se enganou no preâmbulo que acrescenta ao texto de Diderot, no qual redige o retrato do autor-leitor como pintor:

O autor deixa sua pluma errar ao gosto de sua imaginação. Mas, por meio da desordem e da negligência amável de um pincel que se abandona, reconhece-se facilmente a mão segura e sábia de um grande pintor.[6]

A crítica dos *Salões*, onde se deve traduzir com a escrita uma representação, aquela proposta pelo quadro, é aqui instalada em uma posição inversa: a de um "pintor que deve transformar as palavras em imagens".

Para demonstrar os recursos de que se valem para tal operação, é preciso lembrar primeiro que o ensaio de Diderot nasceu de discus-

---

[5] MARIN, Louis. *Des pouvoris de l'image. Gloses*. Paris: Le Seuil, 1993. "Le descripteur fantaisiste. Diderot, *Salon de 1765*, Casanove, n. 94, 'Une marche d'armée', description", p.72-101 (cit. p.72-3).

[6] Cf. DIDEROT, Denis. *Éloge de Richardson*. In: *Œuvres esthétiques*. VERNIÈRE, Paul. (Org.). Paris: Garnier, 1959, p.21-48 (cit. p.25).

sões em torno dos romances de Richardson, conhecidos na França por suas traduções. A de *Pamela* é lançada em 1742 graças, sem dúvida, aos refugiados protestantes, possivelmente dirigidos por Jean-Frédéric Bernard; depois vieram as traduções de *Clarissa*, em 1751, e dos três primeiros tomos de *Sir Charles Grandisson*, em 1755, todas duas feitas pelo abade Prévost (a quem precocemente, mas sem razão, fora atribuída a paternidade da tradução de *Pamela*).[7*] As traduções francesas seguem de perto – respectivamente, dois anos, três anos ou apenas um ano – a publicação dos romances na Inglaterra.[8] Nas correspondências com Sophie Volland, das quais nove cartas citam ou comentam a obra de Richardson entre 1760 e 1762, duas alusões são feitas aos tais debates literários. A primeira acontece em outubro de 1760 na casa de Holbach, no Grandval, com a presença de Galiani, Grimm e Diderot. A segunda ocorre um ano mais tarde, em setembro de 1761, na casa dos Volland, no castelo de Isle, na qual se opõem Madame Volland, que não gosta de *Clarissa*, e suas duas filhas que defendem o romance.

---

[7] Cf. SGARD, Jean. *Prévost romancier*. Paris: Librairie José Corti, 1989, p.538-51 e 610.

[*] Para uma indicação de tradução do romance *Pamela*, com fins meramente históricos, citamos a trad. port. publicada em 1740 e traduzida livremente, resumida e adaptada à linguagem portuguesa com o título *Pamella Andrews, ou a virtude recompensada*, por D. Felix Moreno de Monroy. Nova edição, Lisboa, Tip. de José B. Morando, 1834-36. (N.T.)

[8] Para as edições modernas dos três romances, cf. RICHARDSON, Samuel, *Pamela, or Virtue Rewarded*, KEYMER, Thomas; WAKELY, Alice (Orgs.). Oxford/Nova York: Oxford University Press, 2001; *Clarissa or the History of a Young Lady*, e, por ROSS, Angus. Harmondsworth/Nova York: Penguin Books, 1985, e *The History of Sir Charles Grandisson*. HARRIS, Jocelyn. (Org.). Oxford/Nova York: Oxford University Press, 1972. Para as traduções fr., cf. RICHARDSON, Samuel. *Paméla ou la Vertu récompensée*, Bordeaux: Ducros, 1970 (que atribui sem razão a tradução a Prévost), e *Lettres anglaises ou histoire de Miss Clarisse Harlove*. Paris: Desjonquères, 1999 (da qual Prévost é efetivamente o tradutor).

Entre as evocações dessas duas discussões, uma por Diderot, outra por Sophie, Diderot é convertido a leitor de Richardson. Em 20 de outubro de 1760, escreve:

> Discutia-se muito sobre *Clarissa*. Os que desprezavam essa obra, desprezavam-na definitivamente. Os que a estimavam, tão exagerados em sua estima como os primeiros em seu desprezo, olhavam-na como um golpe de mestre do espírito humano.[9]

Observador neutro, Diderot permanecia, então, afastado da querela e, ao ler a obra, não toma partido nenhum. Um ano mais tarde, em 17 de setembro de 1761, em sua resposta a Sophie, seu sentimento é totalmente outro:

> O que me disse do enterro e do testamento de Clarissa, eu já o tinha sofrido. É apenas uma prova a mais da semelhança de nossas almas.[10]

Dois fatos explicam tal evolução.[11] Por um lado, no final de agosto de 1761, Madame de Épinay remetera a Diderot dois cadernos contendo a tradução feita por Prévost dos episódios que ele tinha retirado da edição de 1751 e cuja supressão havia sido criticada por Grimm, desde agosto de 1758, na *Correspondance littéraire*. Antes de os emprestar a Sophie, Diderot os lê com a maior emoção, como o menciona a carta de 17 de setembro:

---

[9] DIDEROT, Denis. *Correspondance*. VERSINI, Laurent. (Org.). Paris: Robert Laffont, Bouquins, p.272.
[10] Ibidem, p.348.
[11] Cf. SIEGEL, June S. "Diderot and Richardson: manuscripts, missives, and mysteries". *Diderot Studies XVIII*, FELLOWS, Otis; GUIRAGOSSIAN, Diana. (Orgs.). Genebra: Librairie Droz, 1975, p.145-67, e introd. de Jean Sgard ao *Éloge de Richardson*. In: DIDEROT. *Arts et lettres (1739-1766)*. Op.cit., p.181-4.

Não somente meus olhos se encheram de lágrimas como ainda estão marejados. Não podendo mais ler; levantei-me, comecei a desolar-me, a invectivar contra o irmão, a irmã, o pai, a mãe e os tios, e a falar alto, para o grande espanto de Damilaville, que não entendia nada do meu arroubo, nem dos meus discursos, e me perguntava com quem eu falava.[12]

Por outro lado, em setembro e outubro de 1761, Diderot lê o texto original, faz anotações e aí encontra a força de uma obra mutilada, enfraquecida e tornada insípida pelas traduções de Prévost.

Ler Richardson

Da emoção produzida por essas leituras de *Clarissa* nasce a escrita do *Elogio*. O texto é uma representação dos efeitos produzidos pela leitura do romance. Vários traços caracterizam, na pena de Diderot, as modalidades e os efeitos dessa leitura pela qual o leitor real se identifica ao "leitor-simulacro", segundo a expressão de Louis Marin, tal como ele fora construído na obra e por ela.

O primeiro traço designa tal leitura como uma "releitura", a retomada de uma leitura já feita, como se a obra tivesse sempre estado aqui, já dada e perene. A ideia é expressa pela ficção da venda forçada da biblioteca:

Oh! Richardson, Richardson, homem único a meus olhos! Tu serás minha leitura de todos os tempos. Forçado por necessidades prementes, tais como se teu amigo cai na indigência, se a mediocridade de minha fortuna não bastar para dar a meus filhos os cuidados necessários a sua educação, venderei meus livros, mas tu me restarás;

---

[12] DIDEROT, Denis. *Correspondance*. Op.cit., p.348.

tu me restarás na mesma estante com Moisés, Homero, Eurípedes e Sófocles, e eu vos lerei um após o outro.

Essa mesma exigência leva às reiteradas recomendações dirigidas aos leitores: "Meus amigos, releiam-no", ou ainda, "Pintores, poetas, pessoas de bom gosto, pessoas de bem, leiam Richardson, leiam-no sem cessar". O romance deve ser frequentado pelo menos da mesma forma como o texto sagrado o é entre os protestantes. Graças a essas incessantes releituras, a obra acompanha as dificuldades e os dias, habita a memória, torna-se um guia da existência. Nessa apropriação íntima, a escrita do leitor participa e vai ao encontro do texto na página impressa. Assim o é para Diderot, que lê a edição inglesa em 1759 com a pena ou o lápis na mão:

> Eu esboçava a lápis, em meu exemplar, a centésima vigésima quarta correspondência de Lovelace a seu cúmplice Léman.

O segundo traço é o de que a leitura de Richardson pode tanto ocorrer de maneira solitária quanto socialmente. Seguindo o *Elogio*, a leitura coletiva pode ser feita "em comum", pelos membros de uma assembleia, cada qual a seu turno, mas também "separadamente", ou seja, por cada um em particular, com o objetivo de estabelecer uma discussão:

> Percebi que em uma sociedade na qual a leitura de Richardson se fazia em comum ou separadamente, a conversa tornava-se mais interessante e mais viva. Ouvi, na ocasião dessa leitura, os pontos mais importantes da moral e do bom gosto, discutidos e aprofundados.

Todavia, a verdadeira leitura de Richardson, a que o romance espera e merece, pressupõe que o leitor se subtraía às urgências do mundo:

O detalhismo de Richardson desgosta e deve desgostar o homem frívolo e dissipado; mas não é para esse tipo de homem que ele escrevia, mas, sim, para o homem tranquilo e solitário, que conheceu a vaidade do barulho e das diversões do mundo, e o qual ama habitar à sombra de um retiro e comover-se eficazmente no silêncio.

O léxico – "solitário", "retiro", "silêncio" – marca a transposição de um antigo modelo, o da leitura espiritual, para o da leitura do texto romanesco. Ele indica também que esse último pode tocar plenamente apenas um pequeno número:

> As obras de Richardson agradariam mais ou menos a todo e qualquer homem, de todos os tempos e de todos os lugares, mas o número de leitores que perceberão todo o seu valor nunca será grande ...

Para os impacientes e os apressados, desconcertados com o número de personagens, com a complexidade da trama e com o tamanho da narração, uma facilidade pode ser concedida: a da abreviação. Em uma época em que a edição multiplica os "extratos" e os "sumários" como os florilégios e as antologias, Diderot aceita, com desabusada ironia, tal tratamento para esse "homem de gênio que rompeu as barreiras que o uso e o tempo impuseram às produções artísticas e debilitam o protocolo e suas fórmulas":

> Todavia sejamos justos. Para o público acostumado com mil distrações, em que o dia não tem tempo bastante em suas 24 horas para as diversões com as quais costuma preenchê-lo, os livros de Richardson devem parecer longos. É pela mesma razão que esse público não tem mais a ópera e, incessantemente, encenar-se-ão, nesses outros teatros, apenas cenas isoladas de comédia ou tragédia. Meus caros concidadãos, se os romances de Richardson vos parecem longos, porque não os abreviam?

De fato, na segunda metade do século XVIII, os copiosos romances de Richardson são objeto de abreviações, em que a forma epistolar é substituída por uma narração contínua e impessoal, ou de antologias, em que excertos das obras são apresentados em ordem alfabética. Diversamente do que pensava Diderot, tais recursos não são somente obra de editores preocupados com a impaciência do público. Eles foram antecipados pelo próprio autor. É certo que Richardson, depois de ter evocado e recusado essa possibilidade no prefácio de *Clarissa*, condena as versões abreviadas de seus romances, como *The Path of Virtue Delineated: or, the History in Miniatures of the Celebrated Pamela, Clarissa Harlowe, and Sir Charles Grandisson, Falimiarised and Adapted to the Capacities of Youth*, publicada em Londres em 1756, e muitas vezes reeditadas em sua integralidade ou em volumes separados.

Em contrapartida, ele mesmo apresenta antologias que reúnem as lições morais sugeridas pelas histórias contadas. Depois de ter acrescido, em 1749, à segunda edição de *Clarissa*, um índice que oferece ao leitor um resumo de cada carta, ele publica em 1751 uma *Collection of such of the Moral and Instructive Sentiments, Cautions, Aphorisms, Reflections and Observations contained in the History* [Clarissa], *as presumed to be of general Use and Service, Digested under Proper Heads* e, em 1755, uma *Collections of the Moral and Instructive Sentiments, Maxims, Cautions, and Reflections, Contained in the Histories of Pamela, Clarissa, and Sir Charles Grandisson*. Cinco anos mais tarde, as máximas reunidas em uma coletânea são apresentadas sob a forma de um jogo de cartas, gravadas em cobre, *Consisting of moral and diverting Sentiments, extracted wholly from the much admired Histories of Pamela, Clarissa, and Sir Charles Grandisson*.[13] Como nas antigas coleções de lugares-comuns,

---

[13] PRICE, Leah. *The anthology and the rise of the novel. From Richardson to George Eliot*. Cambridge. Cambridge University Press, 2000, p.3-42.

eles também *digested under proper heads*, "ordenados em rubricas adequadas", os ensinamentos dos romances estão separados da trama narrativa e formulados sob a forma de sentenças e aforismos, facilmente recuperáveis graças ao seu ordenamento, de *Absence* a *Zeal*. Para Diderot, todavia, as peripécias particulares da intriga e a universalidade dos sentimentos que revelam são indissociáveis. Somente a frivolidade do tempo pode fazer parecer muito longos os livros de Richardson e separar – de modo infrutífero – os leitores que têm prazer ao ler suas histórias daqueles que sabem compreender suas instruções morais.

Solitária ou comum, a leitura de Richardson atinge a sensibilidade inteira, agita o coração e o corpo, suscita gritos e lágrimas. No *Elogio*, Diderot atribui a Damilaville os comportamentos que descrevia como seus na carta enviada a Sophie Volland, em 17 de setembro de 1761. Ele descreve os efeitos provocados no leitor pelas passagens mais emocionantes de *Clarissa*:

> Estava com um amigo, no momento em que me entregaram o enterro e o testamento de Clarissa, dois pedaços que o tradutor francês tinha suprimido, sem que se saiba bem o porquê. Esse amigo é um dos homens mais sensíveis que conheço e um dos mais ardentes fanáticos de Richardson: falta pouco para que o seja tanto quanto eu. E eis que se apodera dos cadernos, se retira para um canto e começa a ler. Eu o examinava. Primeiro, vejo que nele se estampa a cor do pranto; logo ele interrompe a leitura e soluça; levanta-se de uma vez, anda sem saber para onde vai, emite gritos como um homem desolado e profere as reprovações mais amargas a toda a família dos Harloves.

Os movimentos do corpo e da alma, sempre mais violentos, traduzem a irreprimível revolução que invade o leitor: as lágrimas, os soluços, a agitação, os gritos e, finalmente, as imprecações. Mais adiante no *Elogio*, a emoção provocada pela leitura (nesse caso, de uma cena de *Pamela*) culmina na "mais violenta das comoções".

Último traço: a leitura dos romances de Richardson abole toda distinção entre o mundo do livro e o mundo do leitor. Esse leitor, que é comumente uma leitora, está projetado na narrativa e, ao contrário, os heróis da ficção tornam-se seus semelhantes:

> Ouvi debater sobre a conduta de seus personagens, como se fossem acontecimentos reais: elogiar, censurar Pâmela, Clarissa, Grandisson, como se fossem personagens vivos que conhecêssemos e pelos quais nos interessássemos muito.

Para alguns, o efeito de realidade vai mais longe ainda, produzindo a crença na verdadeira existência dos protagonistas:

> Um dia, uma mulher com um gosto e uma sensibilidade incomuns, fortemente preocupada com a história de Grandisson que acabara de ler, diz a um de seus amigos de partida para Londres: "Peço-vos para visitar, de minha parte, Miss Emilie, Mr. Berfolt e sobretudo Miss Howe, se ainda estiver viva".

O que dá ao romance o peso de uma tal realidade é sua universalidade. Como o explica Diderot, ao contrário da narrativa histórica, que "engloba apenas uma porção da duração, um ponto da superfície do globo", as obras de Richardson, porque mostram a humanidade em sua própria essência, revelam uma verdade superior, válida em todos os lugares e para todos os tempos:

> O coração humano que foi, é e sempre será o mesmo, é o modelo a partir do qual tu copias.

Daí a inversão da distinção ordinária entre a verdade universal da história e as narrativas singulares dos romances.[14] Daí, igualmente, a resolução da contradição entre a infinita variedade dos caracteres pintados por Richardson e seu desnudar das constantes do coração humano, que permitem o jogo da identificação entre os leitores de carne e osso e os heróis da ficção.[15] A comunidade constituída pelos leitores de Richardson é assim fundada em gestos, emoções, compromissos compartilhados. Ela é uma figura admirável do que há de melhor no homem.

Uma revolução da leitura?

A retomada das maneiras de ler o romance, como Diderot as apresenta, permite retornar à questão da "revolução da leitura" no século XVIII. A interrogação tem dupla dimensão. A primeira, histórica, remete aos diagnósticos do tempo que designam os efeitos moralmente benéficos ou fisicamente desastrosos da captura do leitor pela ficção. Eles enunciam de modo novo, apoiando-se em categorias da psicologia sensorialista, as antigas denúncias dos perigos que ameaçam o leitor das obras de imaginação. Na Castilha do Século de Ouro, por exemplo, uma forte ligação une três elementos: a referência reiterada ao tema platônico da expulsão dos poetas da República, o emprego de um léxico do arrebatamento (*embelesar, maravillar, encantar*) para caracterizar o esquecimento do mundo real pelo leitor de fábulas, e a consciência de que o progresso da

---

[14] Cf. GOLDBERG, Rita. *Sex and enlightenment. Women in Richardson and Diderot.* Cambridge: Cambridge University Press, 1984, p.137-45.

[15] Essa tensão é analisada por WARNER, William Beatty. *Reading Clarissa. The struggles of interpretation.* New Haven/Londres: Yale University Press, 1979, p.221-32.

leitura silenciosa e solitária, muito mais do que as leituras feitas em voz alta, para os outros ou para si mesmo, privilegiam a confusão entre o mundo do texto e o do leitor.[16]

No século XVIII, o discurso se medicaliza, construindo, então, uma patologia do excesso de leitura, considerado uma doença individual ou uma epidemia coletiva. A leitura sem controle é tida como perigosa porque associa a imobilidade do corpo à excitação da imaginação. Ela acarreta, desse modo, os piores males: obstrução do estômago e dos intestinos, desequilíbrio dos nervos, esgotamento físico. Os profissionais da leitura, a saber, os homens de letras, são os mais expostos a tais distúrbios e fontes da doença que é sua por excelência: a hipocondria.[17] Aliás, o exercício solitário da leitura conduz a um exacerbamento da imaginação, à recusa da realidade em favor da quimera. Daí, a proximidade entre o excesso de leitura e os prazeres solitários. As duas práticas acarretam os mesmo sintomas: palidez, inquietude, prostração. O perigo é máximo quando se trata da leitura de um romance e quem o lê é uma mulher, no retiro da solidão. Não há nada em comum, pode-se dizer, entre a generosa emoção provocada pela leitura de Richardson e os abandonos lascivos denunciados pelos médicos. Sem dúvida. Mas tanto em um caso quanto em outro, a leitura é vista sob a ótica de seus efeitos corporais. Tal somatização de uma prática tradicionalmente descrita por meio de categorias intelectuais ou morais é, talvez, o primeiro sinal de uma forma de mutação, senão dos comportamentos, ao menos das representações.

---

[16] IFE, B.W. *Reading and fiction in Golden-Age Spain. A Platonist critique and some picaresque replies*. Cambridge: Cambridge University Press, 1985, p.49-83.

[17] Cf. TISSOT, Samuel. *De la santé des gens de lettres* (1768), apresent. François Azouvi, Genebra/Paris: Slatkine, 1981, e CHARTIER, Roger, "L'homme de lettres". In: *L'Homme des Lumières*. VOVELLE, Michel (Org.). Paris: Le Seuil, 1996, p.159-209 (em particular p.196-99).

Uma segunda dimensão da questão da "revolução da leitura" do século XVIII é historiográfica. Ela se apoia na hipótese que opõe uma leitura tradicional, dita "intensiva", a uma leitura moderna, qualificada de "extensiva". Segundo essa dicotomia, proposta por Rolf Engelsing,[18] o leitor "intensivo" era confrontado por um corpo limitado de textos, lidos e relidos, memorizados e recitados, ouvidos e sabidos de cor, transmitidos de geração a geração. Tal maneira de ler era fortemente marcada pela sacralidade e submetia o leitor à autoridade do texto. O leitor "extensivo", que aparece na segunda metade do século XVIII, é totalmente diferente: ele lê numerosos impressos, novos, efêmeros, e os consome com avidez e rapidez. Seu olhar é distanciado e crítico. Sucederia, assim, a uma relação com a escrita comunitária e respeitosa, uma leitura desenvolta e irreverente.

Com base na afirmação de uma tese semelhante, os historiadores variaram em seus diagnósticos. O mais cético quanto à própria realidade de tal revolução é, sem dúvida nenhuma, Robert Darnton:

> Mesmo que as preferências tenham mudado e o público leitor tenha crescido, a experiência da leitura não foi transformada. Ela se tornou mais secular e diversa, mas não menos intensa. Ela não conheceu uma revolução. Os historiadores descobriram, e então repudiaram, tantas revoluções escondidas do passado que a "revolução da leitura" pode ser ignorada sem medo.[19]

---

[18] ENGELSING, Rolf. "Die Perioden der Lesergeschichte in der Neuzeit. Das statistische Ausmass und die soziokulturelle Bedeutung der Lektüre", Archiv für Geschichte des Buchwesens, X, 1970, p.944-1002.

[19] DARNTON, Robert. *The forbidden best-sellers of pre-Revolutionary France*, Nova York/Londres: W.W. Norton and Company, 1995, p.219: "Although tastes changed and the reading public expanded, the experience of reading was not transformed. It became more secular and more varied, but not less intense. It did not undergo a revolution. Historians have discovered and dismissed so many hidden revolutions of the past, that the 'reading revolution' might be safely ignored".

Reticente diante da expressão "revolução da leitura" e mais sensível às mutações das práticas, Hans Erich Bödeker faz um julgamento mais sutil:

> Mesmo se pudermos colocar em dúvida a hipótese de uma "revolução da leitura", uma transformação dos hábitos de leitura estabeleceu-se, com certeza, no final do século XVIII.[20]

Já Reinhart Wittmann é mais taxativo:

> Houve, então, de fato, uma revolução da leitura no século XVIII? ... Apesar de todas as objeções, pode-se responder afirmativamente a essa questão.[21]

Não é, portanto, inútil voltar uma vez mais a esse debate para esclarecê-lo e, talvez, deslocar alguns de seus termos.

A leitura de Richardson, como a praticam Diderot e os fiéis defensores do romancista inglês, desmente de modo radical a cronologia proposta por Engelsing. O romance do século XVIII arrebata seu leitor, captura-o, governa seus pensamentos e suas condutas. Ele é lido e relido, conhecido, citado, recitado. Seu leitor é invadido por um texto que o habita e, ao se identificar com os heróis da história, é sua própria existência que ele mesmo decifra no espelho da fic-

---

[20] BÖDEKER, Hans Erich. "D'une 'histoire littéraire' du lecteur à l''histoire du lecteur': bilan et perspectives". In: *Histoires de la lecture. Un bilan des recherches*, CHARTIER, Roger (Org.). Paris: IMEC Éditions/Éditions de la Maison des Sciences de l'Home, 1995, p.93-124 (cit. p.98).

[21] WITTMANN, Reinhart. "Une révolution de la lecture à la fin du XVIIIe siècle?". In: *Histoire de la lecture dans le monde occidental*. CAVALLO, Guglielmo; CHARTIER, Roger. (Orgs.). Paris: Le Seuil, 1997, p.331-64 (cit. p.364), trad. bras., Reinhart Wittmann. "Existe uma revolução da leitura no final do século XVIII?. In: *História da leitura no mundo ocidental II*. CAVALLO, Guglielmo; CHARTIER, Roger. (Orgs.). São Paulo: Ática, 1999, p.135-64.

ção. Nessa leitura particularmente intensa e "intensiva", toda sua sensibilidade encontra-se comprometida e o leitor, ou a leitora, não pode controlar nem sua emoção, nem suas lágrimas. A constatação vale para Richardson, mas também para *Nouvelle Héloïse*, romance lançado em 1761 e implicitamente presente no texto de Diderot. Essa constatação leva à revogação da validade de uma oposição entre dois estilos de leitura, tidos como sucessivos.

Isso basta, contudo, para invalidar a ideia de uma "revolução da leitura"? Talvez não. Em toda a Europa esclarecida, apesar da estabilidade das técnicas e do trabalho tipográfico, profundas mudanças transformam a produção impressa e as condições de acesso ao livro. Em todos os lugares, o crescimento e a laicização da oferta impressa, a circulação de livros interditos, a multiplicação dos periódicos, o triunfo dos pequenos formatos e a proliferação dos gabinetes literários e sociedades de leitura, onde é possível ler sem necessariamente comprar, permitem e impõem novas maneiras de ler. Para os leitores mais instruídos, as possibilidades de leitura parecem expandir-se, propondo práticas diferenciadas segundo os tempos, lugares e gêneros. Cada leitor é, assim, sucessivamente, um leitor "intensivo" e "extensivo", absorto ou desenvolto, estudioso ou distraído. Por que não pensar que a "revolução da leitura" do século XVIII reside justamente na capacidade de mobilizar múltiplas maneiras de ler? Daí seus limites, uma vez que tal possibilidade não é dada a todos, longe disso, e que ela ganha apenas leitores e mais especializados e mais abastados. Daí, igualmente, sua natureza complexa, já que é preciso reconhecê-la, não na generalização de um novo estilo, hegemônico e específico, mas em um estilo que recorre a uma pluralidade de práticas, tão antigas quanto novas.[22] Leitor "intensivo" de

---

[22] Esses temas são desenvolvidos em CHARTIER, Roger, "Livres, lecteurs, lectures". In: *Le Monde des Lumières*, FERRONE, Vincenzo; ROCHE, Daniel. (Org.). Paris: Fayard, 1999, p.285-93.

Richardson, Diderot é também um leitor culto, bulímico, irônico – e muitas outras coisas mais...

Essa diversidade sugere que toda abordagem plenamente histórica dos textos literários deve romper com a universalização de uma modalidade particular da leitura e, ao contrário, identificar as competências e as práticas próprias a cada comunidade de leitores, os códigos e as convenções próprios a cada gênero. Contra o pressuposto da invariância da leitura, seja lá qual for o texto com o qual ela se muna, ou das circunstâncias de seu exercício, é preciso lembrar com Pierre Bourdieu que

> Interrogar-se sobre as condições de possibilidade da leitura é se interrogar sobre as condições sociais de possibilidade das situações nas quais se lê ... e também sobre as condições sociais de produção dos *lectores* [no sentido medieval de leitor culto]. Uma das ilusões do *lector* é a que consiste em esquecer suas próprias condições sociais de produção, e universalizar inconscientemente as condições de possibilidade de sua leitura.[23]

Uma das tarefas principais do cruzamento entre crítica textual e história cultural consiste justamente em dissipar tal ilusão.

Converter a narrativa em quadro

O *Elogio a Richardson* não é somente uma encenação dos efeitos da leitura produzidos pelo romance. É também a elucidação dos dispositivos estéticos que os produzem. Por duas vezes retorna no texto a expressão "sem que eu perceba isso" que traduz, paradoxalmente,

---

[23] BOURDIEU, Pierre. "Lecture, lecteurs, lettrés, littérature". *Choses dites*. Paris: Éditions de Minuit, 1987, p.132-143 (cit. p.133).

a clara percepção da onipotência das armadilhas da narração.[24] A primeira ocorrência remete à imposição obrigatória do sentimento:

> Homens, venham aprender com ele a vos reconciliar com os males da vida. Venham. Choraremos juntos sobre personagens infelizes e suas ficções, e nos diremos, se a sorte nos sobrecarrega: "Ao menos as pessoas honestas chorarão por nós também". Se Richardson se propôs a interessar a alguém, o fez para os infelizes. Em sua obra, como neste mundo, os homens são divididos em duas classes: os que gozam e os que sofrem. É sempre a estes últimos que me associo; e, *sem que se o perceba*, o sentimento da comiseração estabelece-se e fortifica-se.

Mais adiante, são os julgamentos e as condutas que o texto, ao modo dos antigos conselheiros espirituais, dita com uma força absoluta e invisível:

> Ele me remete às pessoas honestas, ele me separa das más; ele me ensinou a reconhecer os sinais rápidos e delicados. Ele me guia algumas vezes, *sem que eu o perceba*.

Para Diderot, um duplo mecanismo assegura essa influência da narrativa sobre seu leitor. O primeiro consiste em transformar um fragmento do texto em um quadro de natureza pictórica ou teatral, o que, portanto, torna o leitor em espectador e a leitura em visão ou escuta. A eficácia dessa conversão nem sempre foi igual. Ela difere segundo os romances:

---

[24] A fórmula foi levantada por JOSEPHS, Herbert. "Diderot's *Éloge de Richardson*: a paradox on praising". In: *Essays on the age of Enlightenment in honor of Ora O. Wade*. MACARY, Jean. (Org.). Genebra: Librairie Droz, 1977, p.169-82 (em particular p.174).

Grandisson e *Pamela* são também duas belas obras, mas a elas prefiro *Clarissa*. Nesta, o autor não dá um passo que não seja de gênio.

Ela depende, igualmente, da língua. As traduções de Prévost não só mutilaram os romances como, ainda mais fundamentalmente, foram impotentes para produzir a *ekphrasis* invertida que não é uma restituição por palavras de uma cena ou uma imagem já dada, mas a produção pela linguagem de um quadro destinado à imaginação:

> Vós que não lestes as obras de Richardson a não ser em vossa elegante tradução francesa e acreditastes conhecê-las, vos enganastes.

A elegância do estilo é desnecessária quando a mutação da narrativa em quadro requer a violência do sentimento.

Assim, Diderot inscreve o romance nessa estética paradoxal e problemática que torna o efeito de uma obra dependente da

> constituição de uma nova espécie de espectador – um novo sujeito – cuja natureza mais profunda consistiria precisamente em ser convencida de sua própria ausência na cena da representação.[25]

A produção dessa ausência pela e na própria obra, seja ela qual for, é a condição de sua potência. Ela funda, conjuntamente, a es-

---

[25] FRIED, Michael. *Absorption and theatricality: painting and beholder in the age of Diderot*. Berkeley/Los Angeles/Londres: University of California Press, 1980, p.104: "The constitution of a new sort of beholder – a new 'subject' – whose innermost nature would consist precisely in the conviction of his absence from the scene of representation", trad. fr., *La Place du spectateur. Esthétique et origines de la peinture moderne*. Paris: Gallimard, 1990, p.110.

tética teatral de Diderot, sua concepção "dramática" da pintura e a preferência dada por numerosos pintores da época à representação de personagens que, por estado ou condição, são ignorantes em relação aos olhares que se voltam para eles, assim como os absortos, os adormecidos e os cegos.

O sucesso de vendas em livraria dos romances de Richardson é considerável. *Pamela*, por exemplo, conhece oito edições entre 1740 e a morte de Richardson, e o romance é lido até mesmo nas colônias norte-americanas, mesmo se a edição empreendida por Benjamim Franklin na Filadélfia, em 1742, garanta-lhe apenas um lucro medíocre – o que faz que os livreiros norte-americanos prefiram a importação de exemplares de edições inglesas, ou a publicação de narrativas abreviadas.[26] O romance é levado para o palco em numerosas adaptações, por exemplo, as de Voltaire (*Nanine ou le Préjugé vaincu*, 1749) e Goldoni (*La Pamela*, 1750, e *La Pamela maritata*, 1760, escrita em resposta a uma peça de Pietro Chiari que tinha o mesmo título e a qual fora representada em 1753).[27] Em Londres, no mesmo ano do lançamento do romance, o *Daily Advertiser* apresenta em seu número de 28 de abril de 1741,

> para a diversão das Damas e mais especialmente das que possuem o livro *Pamela*, foi lançado um novo leque representando as prin-

---

[26] Sobre a leitura de Richardson na América, cf. DAVIDSON, Cathy N. *Revolution and the word. The rise of the novel in America*. Nova York/Oxford: Oxford University Press, 1986, p.22 e 114, e REILLY, Elizabeth Carroll; HALL David D. "Customers and the Market for Book". In: *A history of the book in America*, v.1, *The colonial book in the Atlantic world*, AMORY, Hugh; HALL, David D. (Orgs.). Cambridge: Cambridge University Press, 2000, p.387-99. Sobre essa edição de *Pamela* de Benjamin Franklin, cf. GREEN, James N. "English books and printing in the age of Franklin". In: *A history of the book in America*. Op.cit., p.267-8.

[27] GOLDONI, Carlo, *Pamela fanciulla*, *Pamela maritata*, a cura di Ilaria Crotti, Veneza: Marsilio, "Carlo Goldoni. Le opere. Edizione Nazionale", 1995.

cipais aventuras de sua vida, na condição doméstica, no amor e no casamento.

Nesse mesmo ano, dois episódios da narrativa ("Pâmela ao revelar a Mr. B. seu desejo de voltar para a casa dela" e "Pâmela ao fugir da casa de Lady Davers") são pintados sobre os muros dos gazebos de jardim de Vauxhall, destinados às ceias íntimas de uma clientela abastada. Os quadros foram encomendados por Jonathan Tyers, responsável pelos jardins, ao pintor Francis Hayman, autor das ilustrações introduzidas na edição in-oitavo do romance, publicada em 1742. Para um público mais amplo, as cenas do romance foram representadas por bonecos de cera, instalados, segundo o *Daily Advertiser* em 8 de agosto de 1745, *"at the corner of Shoe Lane, facing Salisbury Court Fleet-Street"*.[28] O romance é, assim, transformado em imagens que apresentam para diversos públicos (as mulheres da sociedade, os transeuntes elegantes de Vauxhall, o povo pobre das ruas de Londres) várias interpretações de uma história compreendida como representação da virtude feminina, a distinção do coração, ou ainda as hierarquias sociais.[29] Os pintores se apropriam, eles também, do romance e mostram em suas telas as cenas sensíveis e sensuais da narrativa, transformando assim o espectador em *voyeur*, como John Highmore, em uma série de

---

[28] Sobre o teatro de cera, as pinturas de Vauxhall e o leque, cf. FYSH, Stephanie. *The work(s) of Samuel Richardson*. Newark/Londres: University of Delaware Press/Associated University Press, 1977, p.67-9: "For the entertainment of the Ladies, more especially for those who have the Book, Pamela, a new Fan; representing the principal adventures of her Life, in Servitude, de Ian Watt, *The rise of the novel. Studies in Defoe, Richardson and Fielding.* (1975), reed. Berkely/Los Angeles: University of California Press, 1984, p.151-73.

[29] Ibidem, p.78.

doze quadros pintados em 1743-44 ou, de uma forma mais vulgar, Philip Mercier, que apresenta várias versões de uma Pâmela em sua intimidade.[30]

As paródias eróticas do romance, como a *Apology for the Life of Mrs. Shamela Andrews* escrita por Fielding em 1742, ou suas condenações morais, como o anônimo e ambíguo *Pamela Censured*, que apresenta em cômoda antologia todas as passagens licenciosas (ou julgadas como tal) da narrativa, fazem bom uso da estética do quadro. O leitor torna-se um espectador *voyeur* que, mesmo sem a ajuda da imagem pintada ou gravada, é projetado na cena licenciosa que lhe é apresentada. Tal dispositivo desloca para um registro inesperado o que a própria escrita de Richardson exige.[31] O leitor que produz o romancista, o Richardson de *Clarissa* ou o Diderot de *La Religieuse*, só é anulado pela narrativa para melhor encontrar-se aí presente:[32]

> Oh Richardson! Tomamos, apesar do que tínhamos, um papel em tuas obras, misturamo-nos na conversa, aprovamos, censuramos, nos admiramos, nos irritamos, nos indignamos. Quantas vezes não me surpreendi, como acontece com as crianças que levamos ao teatro pela primeira vez, gritando: *Não acreditai nele, ele vos engana ... se fordes até lá, estareis perdido*. Minha alma era tomada por uma agitação perpétua.

---

[30] Sobre os quadros de Highmore e Mercier, cf. TURNER, James Grantham. "Novel panic: picture and performance in the reception of Richardson's *Pamela*", *Representations*, 48, Fall 1994, p.70-96 (em particular, p.83-90).

[31] Cf. TURNER, James Grantham., art. cit., p.82.

[32] ROSBOTTOM, Ronald C. "A matter of competence: the relationship between reading and novel-making in eighteenth-century France", *Studies in Eighteenth-Century Culture*, v.6, 1977, p.245-63 (em particular, p.254-5).

A realidade da ficção

O segundo dispositivo que deve produzir automaticamente o comprometimento do leitor com a narração consiste em abolir toda a distância entre a ficção e o mundo social ou, antes, impor a certeza de que a ficção literária é mais verdadeira do que a realidade empírica. Tal maquinação é apresentada desde o processo de composição das obras. Por um lado, Richardson não pretende ser senão um editor de cartas encontradas por acaso, recusando assim toda e qualquer alegação de autoria. Por outro, para o romance *Pamela* ao menos, ele solicita por carta as reações de seus leitores, às vezes enviando-lhes exemplares de seu romance com páginas em branco *interfoliées* (intercaladas). Conservadas em volumes encadernados, algumas dessas cartas são a seguir publicadas nas reedições da obra como se também participassem da ficção epistolar.[33] Tal procedimento, utilizado para os textos médicos no começo do século – por exemplo, a *Onania* do doutor Bekker, de 1710 – será aplicado, de certa maneira, ao texto de Diderot que figurará nas reedições da tradução de *Clarissa* por Prévost.

No *Elogio*, o tema das cartas encontradas ao acaso é deslocado do "autor-editor" para o próprio leitor, suposto inventor das cartas escritas pelas heroínas de Richardson:

> Uma ideia que me veio algumas vezes, ao sonhar com as obras de Richardson, é que havia comprado um velho castelo e, visitando

---

[33] EAVES, T.C. Duncan; KIMPEL, Ben D. "Richardson's Revisions of Pamela", *Studies in bibliography. Papers of the Bibliographical Society of the University of Virginia*, v.20, 1967, p.61-88, e GASKELL, Philip. "Richardson, *Pamela*, 1741". In: GALKELL, Philip. *From writer to reader. Studies in editorial method*, Winchester: St Paul's Bibliographies, 1984, p.63-79.

um dia seus cômodos, tinha percebido em um canto um armário que não abríamos há muito tempo, e abrindo-o, encontrara nele, no meio da bagunça, as cartas de Clarissa e de Pâmela. Depois de ter lido algumas, com que pressa não as arranjei por ordem de datas! Que tristeza não teria eu sentido, se houvesse tido alguma lacuna entre elas! Acreditas que eu teria sofrido com a possibilidade de que uma mão temerária (eu quase disse sacrílega) pudesse ter suprimido uma linha?

Dirigido contra os cortes operados por Prévost, tradutor infiel, o sonho diz mais. Ele faz que o leitor ocupe a posição de "autor" de um livro que, no entanto, o nega como tal e lhe dá a ilusão de que as páginas impressas do romance são, de fato, escritas à mão.[34] O sonho apresenta desse modo o papel extremo atribuído à atividade interpretativa do leitor em obras que associam, paradoxalmente mas de modo eficaz, a intenção moral e a indeterminação textual, o propósito didático e o recuo do escritor.[35] Melhor que qualquer outro, Diderot compreendeu o novo lugar que as ambiguidades e elipses da

---

[34] Na terceira edição de *Clarissa* (1751), Richardson, que era impressor, revoluciona as convenções tipográficas para dar ao leitor a impressão do manuscrito, cf. PRICE, Steven R. "The autograph manuscript in print: Samuel Richardson's type font manipulation in *Clarissa*". In: *Illuminating letters. Typography and literary interpretation*, GUTJAHR, Paul C.; BENTON, Megan L. (Orgs.). Amherst: University of Massachusetts Press, 2001, p.117-35.

[35] Ver sobre essa tensão a sutil análise de KEYNER, Tom. *Richardson's Clarissa and the eighteenth-century reader*. Cambridge: Cambridge University Press, 1992, em particular p.56-84, "Richardson's reader" onde ele anota: "É precisamente ao se retirar, e com isso permitir que o exercício da leitura se dê de modo mais livre, que Richardson desempenha, da maneira mais convincente, seu objetivo de educador" ["It is precisely by first absenting himself, thereby allowing the exercise of reading its fullest and freest rein, that Richardson most convincingly fulfils his claim to educate" (cit., p.82).

ficção richardsoniana representavam para o leitor. Esse é conduzido a julgar, aprovar ou reprovar os comportamentos dos heróis de papel, como o fazia com seus contemporâneos na existência cotidiana.

No entanto, essa liberdade criadora da interpretação não está livre de coerções. O texto opera "sem que eu o perceba". Nesse sentido, os romances de Richardson são exemplos perfeitos dessas maquinações textuais evocadas, a propósito de outro gênero – a narrativa histórica – por Louis Marin:

> O que não é representado na narrativa e pelo narrador o é na leitura pelo narrado, a título de efeito da narrativa.[36]

Mas como o sabia também Marin, o resultado não está sempre assegurado. Desmontar minuciosamente os mecanismos textuais que produzem o destinatário como efeito do texto, não obriga a supor que todos os leitores se identificam necessariamente com o "leitor--simulacro" do discurso. Muito ao contrário. A distância é sempre possível e temida. Está aí a própria razão das sutilezas empregadas na escrita que multiplicam as estratégias e as armadilhas para convencer o leitor de sua liberdade e de fazê-lo sentir ou imaginar como espontâneo aquilo a que a obra o sujeita.[37]

A leitora perversa

No *Elogio a Richardson*, a figura de uma leitora impaciente, renitente e rebelde à emoção, exemplifica o fracasso do texto quando o leitor é desprovido das disposições necessárias à sua justa compreensão.

---

[36] MARIN, Louis. *Le Portrait du roi*. Paris: Éditions de Minuit, 1981, p.95.
[37] MARIN, Louis. *Le récit est un piège*. Paris: Éditions de Minuit, 1978.

Diderot dedica-se a apresentar o retrato dessa leitora perversa mediante uma desavença fictícia entre duas amigas, "porque uma desprezava a história de Clarissa, diante da qual a outra se prosternava". Ele cita longamente uma carta que lhe teria sido enviada pela segunda leitora e a qual é uma resposta ultrajada às reações da primeira. A pequena ficção foi, talvez, construída partindo de uma carta autêntica, talvez de Sophie Volland evocando sua mãe, ou, mais seguramente, de Madame d'Épinay. Mas Diderot transforma a situação, ao atribuir à sua correspondência imaginada seus próprios sentimentos e atribuir, como em outras circunstâncias, a uma identidade feminina sua indignação em face da depreciação de Richardson.[38]

A leitora perversa é insensível e indiferente. Ela ri quando outras choram e manifesta apenas frieza quando os corações se partem. Cada parágrafo da carta pretensamente recebida por Diderot começa com o anúncio em itálico das reações dessa pessoa maldosa:

> A piedade de Clarissa a impacienta! ... Ela ri, quando vê essa criança desesperada com a maldição de seu pai! ... Ela acha extraordinário que essa leitura me arranque lágrimas" ... Segundo sua

---

[38] Quanto à identidade das duas amigas indispostas a propósito de Richardson, ver SIEGEL, June S. "Diderot and Richardson", art. cit., p.163-6, no qual se conclui que "a mãe de Sofia, a Morfeia tão temida da correspondência é, verdadeiramente, a monstruosa mãe-que-ri do segundo parágrafo" ["Sophie's mother, the dread Morphyse of the correspondence, is most likely the outrageous mère-qui-rit of the second paragraph"] e a carta original deve ser atribuída a Madame d'Épinay mas que "na carta real (ou o pastiche de várias cartas autênticas) Diderot parece ter enxertado seu próprio discurso apaixonado" ["onto the real letter (or a pastiche of several real letters), Diderot seems to have grafted his own passionate oratory"], enquanto Jean Sgard em sua edição do *Elogio* (DIDEROT. *Arts et lettres (1739-1766)*. Op.cit., p.204, nota 16) indica que "as passagens citadas retomavam os termos de uma carta de Diderot a Madame d'Épinay" mas declara que "a outra [amiga], que deve ser uma amiga de Diderot, mãe de família, nos é desconhecida".

opinião, o espírito de Clarissa consiste em fazer frases e, no momento em que ela as pôde fazer, ei-la, então, consolada.

A boa leitora não tem palavras muito duras para estigmatizar tal atitude. Ela nega sua amizade antiga ("Eu vos disse que essa mulher nunca poderia ter sido minha amiga: eu me envergonho de que ela o tenha sido"); rejeita aquela que possui um coração tão vil ("É, eu prefiro uma grande maldição a ter de sentir e pensar assim; mas tão grande, que preferiria mais que minha filha morresse em meus braços do que sabê-la louca. Minha filha! Sim, eu o pensei, e não volto atrás"), e sugere que Diderot leia para ela as passagens mais comoventes de *Clarissa* para moer a baixeza de sua alma:

> Leia, ele mesmo, esses dois fragmentos [o enterro e o testamento] e não deixe de me avisar se seus risos acompanharam Clarissa até sua última morada, para que minha aversão por ela seja perfeita.

O episódio indica, primeiro, que entrar na comunidade dos leitores de Richardson não é para todo mundo – ou para todas. Somente os seres sensíveis e bons, que reconhecem seus semelhantes nos personagens virtuosos dos romances, compõem essa sociedade harmoniosa na qual os corações estão em sintonia e em que cada um se torna melhor. Mas o episódio diz também outra coisa. Ele fala da possível inclinação da leitura, da apropriação selvagem e desregrada do texto. As coerções, explícitas ou implícitas, dos discursos não os preservam dos desvios indesejados. A história das leituras deve tirar proveito da constatação de tais distâncias e considerar que se o leitor é um efeito do texto, ele é também seu criador.[39]

---

[39] Os romancistas alemães da segunda metade do século XVIII (Johann Karl August Musäus, autor, em 1760, de *Grandisson der Zweite* e, em 1781, de *Der deutschen Grandison*, Johann Karl Wezel com *Lebensgeschite Tobias Kanuts*,

A mercadoria e o sagrado

Como sugere o *Elogio*, é em Richardson que se transforma a relação com o gênero romanesco. Sem dúvida, a linguagem de Diderot é totalmente tradicional, até mesmo conveniente e banal, no momento em que ele celebra a finalidade ética das obras do romancista inglês.[40] Por trás do apelo a uma redefinição dos gêneros, tem-se, de fato, classicamente, uma intriga de lições de moral que são louvadas:

> Por meio dos romances, até o presente dia, vimos uma teia de acontecimentos quiméricos e frívolos, cuja leitura era perigosa para o gosto e para os modos. Gostaria muito que encontrássemos um outro nome para as obras de Richardson, as quais elevam o espírito, tocam a alma, respiram o amor pelo bem em todos os lugares e às quais chamamos também de romances. Tudo o que Montaigne, Charron, La Rochefoucault e Nicole colocaram em máximas, Richardson colocou em ação.

---

em 1773-76, Friedrich Nicolai com *Das Leben und die Meinungen des Herrn Magisters Sebaldus Nothanker*, em 1773-76, também) fazem, muitas vezes, que seus personagens sejam leitores de Richardson, com reações indo do tédio à mais profunda e extrema emoção; cf. LE VOT, Valérie. *Des livres à la vie. Lecteurs et lectures, dans le roman allemand des Lumières*, Berna: Peter Lang, 1999, em particular p.233-7, 290, 318 e 322-3. Para um exemplo francês, cf. FERRAND, Nathalie. *Livre et lecture dans les romans français du XVIIIe siècle*. Paris: Presses Universitaires de France, 2002, p.122-3 (a propósito da leitura de *Clarisse Harlove* no romance de Sénac de Meilhan, *L'Émigré*, 1797).

[40] SGARD, Jean. Introduction à *l'Éloge de Richardson*. In: DIDEROT, *Arts et lettres (1739-1766)*. Op.cit., p.187: "Não nos apressemos em considerar Diderot um genial teórico do romance. Antes, o que nos impressiona no *Éloge de Richardson* é o arcaísmo dos argumentos e a influência dos preconceitos da época".

Mas, além dessa "problemática arcaica" do romance, como escreve Sgard, o que Diderot ressente e pressente é uma novidade radical, a saber, a presença da ficção literária estendida além do próprio texto. Esta é assegurada, em primeiro lugar, pela exploração comercial das obras e sua transformação em objetos de uso corrente. Tal entrada dos romances de Richardson, em particular *Pamela*, no mundo familiar dos leitores é, como vimos, assegurada de diversas maneiras: pela campanha publicitária que precede sua publicação e pelas numerosas adaptações, traduções, continuações e paródias, mas também pelas gravuras, bonecos de cera, leques, cartas de baralho que dão uma realidade cotidiana aos heróis da ficção.[41] Em seguida, também serão objeto de uma semelhante "comodificação" as heroínas e os heróis *Pâmela, Júlia, Paulo e Virgínia e o jovem Werther*.[*]

Essa nova concepção em relação à obra vem acompanhada, no texto de Diderot, por uma nova posição crítica, magnificamente analisada por Jean Starobinski.[42] Com o *Elogio*, o julgamento estético inverte os princípios que, na tradição clássica, provocam a condenação da comédia ou do romance. Enquanto a ilusão poética, a projeção do leitor (ou do espectador) na ficção e sua identificação

---

[41] TURNER James Grantham, art. cit., em particular p.70-8.

[*] Esses heróis referem-se, respectivamente, aos romances: Pamela de RICHARDSON, Samuel; Júlia ou A nova Heloísa – *Cartas de dois amantes habitantes de uma cidadezinha ao pé dos Alpes*, J-J. Rousseau. Trad. Fúlvia M. L. Moretto. São Paulo/Campinas: Hucitec/Unicamp, 1994; Paulo e Virgínia, SAINT-PIERRE, Bernardin de. Trad. Rosa Maria Boaventura, São Paulo: Ícone, 1986, col. "Clássicos e malditos"; e Os sofrimentos do jovem Werther, GOETHE, J.W. Trad. Erlon José Paschoal. São Paulo: Estação Liberdade, 1999. (N.T.)

[42] STAROBINSKI, Jean. "'Se mettre à la place'. (La mutation de la critique, de l'âge classique à Diderot)". *Cahiers Vilfredo Pareto*, 38-9, 1976, p.364-78. Esse estudo é retomado em uma versão profundamente modificada em Jean Starobinski, *L'oeil vivant. Corneille, Racine, La Bruyère, Rousseau, Stendhal*, Paris: Gallimard, 1961, p.93-128 (em particular p.117-28).

com os heróis imaginários eram denunciadas como terríveis perigos, a reflexão de Diderot as transforma em critérios de excelência estética, logo, moral, da obra de arte. A participação do leitor no texto, o reconhecimento do bem tanto quanto o ódio do mal constituem a mediação obrigatória para um melhor comportamento:

> A prova da beleza, da bondade, da verdade do romance não deve ser, portanto, dada por uma crítica (elogiosa) do próprio romance, mas pela afirmação da energia, da qual ela é a fonte, e a qual pode ser integralmente revertida sobre a vida real.[43]

A identificação do leitor com o texto não é, aliás, restrita ao momento da leitura: ela é "ilimitada". A ação e os heróis da ficção, porque são mais intensamente reais que a própria realidade, permitem um conhecimento pragmático e crítico das coisas e dos seres. Desse modo, o romance incorpora para seus leitores o mundo tal como ele é em sua verdade mais profunda, provocando sua interiorização por esses que podem perceber, na evidência dos sentimentos, a divisão entre o bem e o mal:

> Fiz uma imagem dos personagens que o autor colocou em cena; suas fisionomias estão aqui. Eu as reconheço nas ruas, nos lugares públicos, nas casas, elas me inspiram simpatia ou aversão. Uma das vantagens de seu trabalho é o de que, mesmo tendo abarcado um campo imenso, sob os meus olhos subsistem sem cessar alguns pedaços de seu quadro. É raro que tenha encontrado seis pessoas reunidas, sem lhes atribuir alguns de seus nomes. Ele me remete às pessoas nobres, ele me afasta das pessoas más; ele me ensinou a reconhecê-las partindo de sinais impetuosos e delicados.

---

[43] Ibidem, p.377.

A separação entre justos e maldosos funda a aproximação, frequentemente tão comentada, com o texto bíblico: "Então, eu comparava a obra de Richardson a um livro mais sagrado ainda". Como o Evangelho, o romance une os corações puros e os separa daqueles que são incapazes de ouvir o apelo da virtude e da bondade. Como o Evangelho, ele dá sentido e beleza ao universo e o transfigura em um grande livro aberto, habitado por sua palavra.[44]

O divino Richardson

O estatuto quase religioso dado à obra apresenta, enfim, uma nova imagem do autor. Ela se expressa, primeiro, pelo desejo reiterado do encontro com o escritor cuja pessoa é, então, garantia da autenticidade e autoridade de seu texto.[45] Por duas vezes, o *Elogio* enuncia o lamento dessa visita, daí em diante impossível:

> Quem leu as obras de Richardson sem desejar conhecer esse homem, tê-lo como irmão ou como amigo?

ou, mais adiante,

---

[44] "A identificação ressoa na relação com as coisas através do olhar que, abandonando o livro lido e relido, reporta-se ao mundo, para nele constatar a presença persistente do livro", escreve Jean Starobinski, ibidem, p.378.

[45] Sobre a visita ao escritor, cf. BONNET, Jean-Claude. *Naissance du Panthéon. Essai sur le culte des grands hommes*. Paris: Fayard, 1998, p.209-15 (Rousseau), p.226-32 (Voltaire) e p.246-48, e sobre seu sucedâneo, a carta endereçada ao autor, cf. GOULEMOT, Jean M.; MASSEAU, Didier. "Lettres au grand homme ou quand les lecteurs écrivent". In: *La lettre à la croisée de l'individuel et du social*. BOSSIS, Mireille. (Org.). Paris: Éditions Kimé, 1994, p.39-47.

Richardson não está mais aqui. Que perda para as letras e para a humanidade! Essa perda me tocou, como se fosse a de um irmão. Eu o tinha em meu coração sem tê-lo visto, sem o conhecer a não ser por suas obras. Nunca encontrei um de seus compatriotas, um dos meus que tenha viajado para a Inglaterra, sem lhes perguntar: "Vistes o poeta Richardson?". E, em seguida, "Vistes o filósofo Hume?".

O apagamento do autor, encoberto por seus personagens, conduz assim, paradoxalmente, à celebração de sua pessoa.

Para Diderot, a escrita de Richardson é, antes de tudo, um "trabalho". Tal definição permite assimilar as composições literárias aos outros produtos do trabalho humano e justificar o direito de propriedade a seu autor. Um ano depois da publicação do *Elogio a Richardson*, Diderot redigirá, segundo o pedido da comunidade de livreiros e impressores de Paris, a *Lettre sur le commerce de la librairie* [Carta sobre o comércio da livraria], na qual a defesa da perpetuidade dos privilégios da livraria instaura a afirmação do direito imprescritível que os autores têm sobre suas produções.[46] Tal preocupação faz eco à questão que é colocada pela própria forma das obras de Richardson, simples "editor" das cartas que constituem seus romances: "Como reivindicar a propriedade de textos, negando-lhes ser seu autor".[47] Não era tranquilo, de fato, conciliar a fábula da correspondência encontrada ao acaso, que faz dos personagens os verdadeiros autores do livro, com a afirmação convicta da propriedade do escritor – que, neste caso, é também o impressor e o editor

---

[46] A memória de Diderot foi editada *in* DIDEROT. *Œuvres complètes*, t.VIII, *Encyclopédie IV et Lettre sur le commerce de la librairie*, ed. crítica e notas apresentadas por John Lough e Jacques Proust, Paris: Hermann, 1976, p.465-567. Cf. neste livro o Epílogo, "Diderot e seus corsários".

[47] PRICE, Leah. *The anthology and the rise of the novel*. Op.cit., p.36: "How to claim ownership of texts while disclaiming authorship of their contents".

de sua obra. Desmentindo a ficção, Diderot atribui a Richardson o mérito de ter criado uma obra inteiramente sua e onde cada um pode e deve se reconhecer como em um espelho.

Para designar a força tão particular de tal escrita, ele a compara às criações que não são do homem:

> Nesse livro imortal, assim como na natureza no outono, não encontramos duas folhas com um mesmo verde. Que imensa variedade de nuances.

A obra saída "de uma mão onipotente e de uma inteligência infinitamente sábia" é animada por uma energia vital que contém uma inesgotável e cambiante capacidade de se expandir. Em 1759, Edward Young utilizava uma imagem idêntica em suas *Conjectures on Original Composition in a Letter to the Author of Sir Charles Grandison*, onde afirmava que uma obra original

> pode ser comparada com uma natureza vegetal: ela cresce de modo espontâneo a partir da raiz vital do Gênio, se desenvolve, não é fabricada.[48]

Daí, o último léxico manipulado por Diderot, o da invocação totalmente religiosa do "divino Richardson":

> Oh Richardson! Se não gozaste, quando vivo, de toda a reputação que merecias, quão grande serás para nossos sobrinhos, no

---

[48] Citado em ROSE, Mark. "The author as proprietor: *Donaldson v. Becket* and the genealogy of modern authorship". *Representations*, 23, 1988, p.51-85 (cit. p.62: "It may be said of a vegetable nature; it rises spontaneously from the vital root of Genius, it grows, it is no made"). Cf. também ROSE, Mark. *Authors and owners. The invention of copyright*, Cambridge (Mass.)/Londres: Harvard University Press, 1993, p.117-21.

momento em que te virem a distância, como dessa distância em que vemos Homero! Então quem ousará arrancar uma linha de tua obra sublime? Tiveste mais admiradores entre nós do que em tua pátria e fico feliz por isso. Séculos, apressem-se em correr e levar com vocês as honras devidas a Richardson! Eu as atesto a todos que me ouvem. Não esperei pelo exemplo de outros para te prestar homenagem. Imediatamente, hoje, me inclinei ao pé de tua estátua, te adorando e procurando no fundo de minha alma expressões que respondessem à extensão da admiração que eu tinha e nela não encontrava de modo algum.

A imortalidade pela posteridade, a veneração muda, a adoração. Nesse fragmento Diderot opera, por palavras e imagens, a transferência de sacralidade que inaugura o "sacerdócio" do escritor.[49] A literatura encontra-se daí em diante investida de uma expectativa religiosa, afastada de suas formas antigas. É nesse movimento que reside a novidade do *Elogio* e, talvez, o traço mais essencial da "revolução da leitura" do século XVIII.

---

[49] BÉNICHOU, Paul. *Le Sacre de l'écrivain, 1750-1830. Essai sur l'avènement d'un pouvoir spirituel laïque dans la France moderne* (1973). Paris: Gallimard, 1986, p.23-77.

Epílogo

Diderot e seus corsários

No outono de 1763, Diderot redige um memorial ao qual atribui vários títulos sucessivos. No manuscrito que passa a limpo nos primeiros meses de 1764, ele prefere *Lettre historique et politique adressée à un magistrat sur le commerce de la librairie, son état ancien et actuel, ses règlements, ses privilèges, les permissions tacites, les censeurs, les colporteurs, le passage des ponts et autres objets relatifs à la police littéraire* [Carta histórica e política endereçada a um magistrado sobre o comércio da livraria, seu estado antigo e atual, suas regras, seus privilégios, as permissões tácitas, os censores, os vendedores ambulantes, a travessia das pontes e outros objetos relativos à política literária]. Esse longo título, à maneira de um sumário, lembra que o destinatário desse memorial é um "magistrado", Antoine Gabriel de Sartine, que acumula então o cargo de tenente-geral de polícia da cidade de Paris, que lhe foi atribuído em 1759, e a direção da livraria, como sucessor de Malesherbes, desde outubro de 1763.[1] Alguns anos mais tarde, em carta endereçada a Mada-

---

[1] Sobre Sartine, ver ROCHE, Daniel. La police du livre. In: *Histoire de l'Édition française*, t.II, *Le livre triomphant. 1660-1830*. CHARTIER, Roger;

me de Meaux (sem dúvida em 1775), Diderot evoca o projeto de uma coletânea de obras, na qual publicaria sua *Carta*, designada como

> um fragmento sobre a liberdade da imprensa, no qual exponho a história das regulamentações do mercado livreiro, as circunstâncias que as fizeram nascer, o que delas é preciso conservar e o que é preciso suprimir.

"Liberdade de imprensa". Com essas palavras, Diderot indica qual é, para ele, a significação essencial de um texto apresentado, primeiro, como um simples memorial "histórico e político" destinado a examinar as regulamentações que organizam o comércio do livro.[2]

Permissões tácitas e liberdade de imprensa

A ocasião é, com efeito, excelente para submeter ao diretor do ofício dos livreiros uma crítica aguda da censura e de seus efeitos desastrosos. Quando aborda esse assunto "um pouco mais delicado" que os outros, Diderot pretende mostrar que as interdições são ineficazes, pois não impedem, de modo algum, a circulação das obras proibidas,

---

MARTIN, Henri-Jean (Orgs.). Paris: Fayard/Cercle de la Librairie, 1990. p.99-109.

[2] O memorial de Diderot foi reeditado parcialmente em *Diderot. Sur la liberté de la presse*. Texto parcial, organização, apresentação e notas de Jacques Proust. Paris: Éditions Sociales, 1964, e reeditado integralmente em Diderot. Lettre sur le commerce de la librairie. *Œuvres complètes*, t.VIII, *Encyclopédie IV (Lettres M-Z)*. Lettre sur le commerce de la librairie. Ed. crítica com notas e apresentação de John Lough e Jacques Proust. Paris: Hermann, 1976. p.465-567. Citaremos a *Lettre* de Diderot segundo essa edição. Sobre a história do texto, cf. o artigo de PROUST, Jacques. Pour servir à une édition de la *Lettre sur le commerce de la librairie*. *Diderot Studies*. III, 1961, p.321-45.

podendo até favorecer sua venda. A ironia apresenta-se de modo mordaz, por exemplo, com o "consequentemente" empregado para caracterizar as *Lettres persanes* [Cartas persas]:

> Qual livro é mais contrário aos bons modos, à religião, às ideias vindas da filosofia & da administração, em uma palavra, qual livro é mais contrário a todos os preconceitos vulgares &, consequentemente, mais perigosos, do que *Cartas Persas*? O que nos resta fazer de pior? Todavia, há cem edições das *Cartas Persas*, & não há um só estudante do colégio das Quatro nações que não encontre um exemplar no cais por doze sols. [p.549]

Além de inúteis, as interdições são ruinosas para as livrarias francesas, das quais tiram proveito apenas os editores estrangeiros que imprimem os títulos interditos e os introduzem clandestinamente no reino.[3] Os livros verdadeiramente perigosos não são, portanto, aqueles que a censura designa como tais:

> Eu vos direi, primeiro: Meu Senhor, Meu Senhor, os verdadeiros livros ilícitos, proibidos, perniciosos, para um magistrado com discernimento, que não esteja preocupado com ideiazinhas falsas & pusilânimes & que se apoia na experiência, são aqueles que são impressos fora, ao invés de o serem em nosso país, & os quais nós compramos no estrangeiro uma vez que poderíamos adquiri-los de nossos manufatureiros & não de outros. [p.546-7]

---

[3] Sobre o comércio clandestino do livro, cf. DARNTON, Robert. *Édition et Sédition. L'univers de la littérature clandestine au XVIIIe siècle*. Paris: Gallimard, 1991. Trad. bras. Robert Darton. *Edição e sedição. O universo da literatura clandestina no século XVIII*. São Paulo: Companhia das Letras, 1992; e *The forbidden best-sellers of pre-Revolutionary France*. Nova York/Londres: W.W. Norton & Company, 1995.

As necessidades do comércio e os progressos da verdade aliam-se para exigir a liberdade de imprimir. Para assegurá-la, não é preciso abolir toda censura prévia, mesmo se o exemplo da Inglaterra – onde, depois de 1695, foi revogada a *Licensing Act*, de 1662, que exigia a aprovação das autoridades para toda publicação impressa – pudesse inspirar tal decisão. Mas, como o escreve ironicamente Diderot, "ficaria muito irritado se essa política se estabelecesse aqui. Logo ela nos tornaria muito espertos". [p.59]

Para garantir a liberdade de imprensa, basta multiplicar as permissões tácitas ao infinito, portanto, utilizar um mecanismo que já existe e o qual foi inventado no seio da direção da livraria. No início, puramente verbais, em seguida, registradas como se fossem obras estrangeiras cuja circulação é autorizada no reino, as permissões tácitas não implicam, diferentemente das permissões "públicas", a aprovação do chanceler.[4] Foram instauradas para permitir a impressão na França de títulos que não podiam ser oficialmente aprovados, mas que, ainda assim, não eram perigosos o bastante para serem proibidos e abandonados aos livreiros estrangeiros. Sob a pena de Diderot, elas se tornam um instrumento para desmantelar a censura prévia. Com efeito, "é quase impossível imaginar um caso em que se deva recusar uma permissão tácita", já que os autores das "produções infames", certamente, não se aventuram a pedir uma autorização, mesmo que "tácita", para sua obra [p.547]. Estabelecer a liberdade para imprimir no interior do regime da censura monárquica e graças a esse regime: tal é o primeiro paradoxo do memorial de Diderot.

---

[4] Sobre as permissões tácitas, ver MALESHERBES. *Mémoires sur la librairie. Mémoires sur la liberté de la presse.* Apresentação de Roger Chartier. Paris: Imprimerie Nationale Éditions, 1994. p.203-9, e ESTIVALS, Robert. *La Statistique bibliographique de la France sous la monarchie au XVIIIe siècle.* Paris/Haia: Mouton, 1965. p.107-20 e 275-91.

Privilégio de livraria e propriedade literária

Ele não é o único. *A carta* é, de fato, uma obra encomendada, solicitada a Diderot, em nome da comunidade dos livreiros parisienses, por seu representante, Le Breton, o principal editor da *Enciclopédia*. Os livreiros parisienses estavam preocupados com a possibilidade da supressão dos privilégios editoriais que, segundo eles, deviam lhes assegurar o direito exclusivo e perpétuo de publicar as obras que tinham adquirido de seus autores. Em 1761, o Conselho do Rei tinha concedido aos descendentes de La Fontaine o privilégio de produzir as reedições de suas *Fábulas*. Essa decisão tinha inquietado muito os livreiros, uma vez que anulava os direitos previamente obtidos. A suspensão, de 14 de setembro de 1761, "que desestabilizava em seus fundamentos a situação dos livreiros, espalhou a mais viva inquietação entre todos os comerciantes [p.506]" já que afirmava a prioridade do direito sucessório sobre a obtenção de um privilégio e resguardava o direito de propriedade patrimonial sobre as obras, mesmo depois de sua cessão a um livreiro.[5] Por isso, a encomenda feita a Diderot de um memorial que legitimasse a "permanência inalterável" [p.503] dos privilégios editoriais.

Sua aceitação pode surpreender. Por um lado, suas relações com os livreiros parisienses estão longe de idílicas. A cada um dos contratos assinados com os editores da *Enciclopédia* (em 1747, 1754, 1758 e 1762), não é sem dificuldades que Diderot obtém condições menos medíocres daqueles por quem é pago e os quais ele lembra e denomina "meus corsários".[6] Em 1764, a situação era pior ainda.

---

[5] Para uma tensão similar na Inglaterra no final do século XVII, ver LINDENBAUM, Peter. Authors and publishers in the seventeenth century: new evidence on their relation. *The Library*. Sixth Series, n.3, setembro 1995. p.250-69.

[6] PROUST, Jacques. *Diderot et l'Encyclopédie*. Paris: Armand Colin, 1967. p.81-116.

É nesse momento que ele percebe que Le Breton mutilou alguns verbetes do dicionário sem seu conhecimento, depois da correção das provas. Por outro lado, ele não quer ser surpreendido ao ver o adversário resoluto das corporações e dos monopólios, que considera entraves incômodos ao comércio, apoiar a necessidade dos privilégios editoriais. O embaraço de Diderot diante de tal paradoxo (a palavra é de sua autoria) é perceptível ao longo do memorial, texto que abre dizendo:

> Eu lhes direi, então, primeiro, que não se trata aqui apenas dos interesses de uma comunidade. E que me importa que haja uma comunidade a mais ou a menos, a mim que sou um dos mais zelosos partidários da liberdade, aqui entendida na acepção mais larga do termo, e que sofre dolorosamente ao ver o último dos talentos incomodado em seu exercício; de ver uma indústria, cujos braços foram dados pela natureza & atados pelas convenções; a mim que estive desde sempre convencido de que as corporações são injustas & funestas, & que veria a sua abolição total & absoluta como um passo em direção a um governo mais sábio? [p.479-80].

Por que, então, nesse caso, defender as pretensões tradicionais da comunidade de livreiros, que pede não só a manutenção dos privilégios editoriais, mas sobretudo sua renovação automática e, finalmente, sua perpetuidade? A resposta sustenta-se em algumas palavras:

> Eu repito, o autor é o dono de sua obra, senão ninguém na sociedade é dono de seus próprios bens. O livreiro tem a posse da obra assim como ela era de posse do autor. O livreiro tem o direito incontestável de tirar dela o proveito que melhor lhe convém, por meio de repetidas edições. Seria tão insensato impedi-lo quanto condenar um agricultor a abandonar suas terras ou forçar o proprietário de uma casa a deixar seus cômodos vazios [p.510].

A imprescritibilidade do privilégio editorial é assim fundadora da propriedade literária. Demonstrá-la pressupõe vários momentos no raciocínio de Diderot. É preciso, primeiro, definir o privilégio, não como uma graça real, outorgada, recusada ou revogada pela vontade única do soberano, mas como a "garantia" ou a "salvaguarda" de uma transação consignada sob a marca da autenticação privada, pela qual o autor cede livremente seu manuscrito ao livreiro. A propriedade adquirida por este é semelhante à que se obtém no caso de compra de um terreno ou de uma casa. Ela é perpétua, imprescritível, transmissível; não pode ser transferida nem dividida sem o acordo de seu detentor. Tal propriedade, garantida pelo privilégio, não incomoda nem ao interesse geral nem ao progresso dos conhecimentos, uma vez que ela concerne somente a títulos específicos. Não estabelecendo nenhum monopólio sobre o direito inalienável de imprimir livros em geral ou livros sobre um assunto particular, como teologia, medicina, jurisprudência ou história; ou obras sobre um objeto determinado, como a história de um príncipe, um tratado sobre o olho, o fígado ou outra doença, a tradução de um autor específico, uma ciência, uma arte ...

os privilégios de livraria garantem a possibilidade "de compô-los & publicá-los ao infinito, sobre o mesmo objeto". [p.512].

A reclamação de Diderot em favor dos privilégios editoriais subverteu-os, de fato, em sua definição tradicional, reduzindo-os a não ser mais que a sanção oficial de um contrato que basta por si mesmo para garantir o direito de propriedade. Assim identificado a um título de posse, o privilégio deve ser respeitado pela autoridade, pois constitui um dos direitos fundamentais dos "cidadãos". Apenas os tiranos ousam espoliar os proprietários de seus bens, reduzindo-os, assim, à condição de "servos" e é uma constante para todo homem pensar que aquele que não tem nenhuma propriedade no Estado, ou que detenha apenas sua posse precária, não pode nunca ser um bom cidadão. Com efeito, o que o prenderia a uma gleba e não à outra? [p.509]

Consequentemente, é necessário que a proteção ligada ao privilégio seja estendida às obras publicadas com uma permissão tácita, as quais também devem ser defendidas das falsificações:

> Penso que, se um livro é adquirido por um livreiro, que pagou pelo manuscrito & o publicou com uma permissão tácita, esta permissão tácita equivale a um privilégio. O falsificador comete um roubo que o magistrado responsável pela polícia editorial deve punir severamente, na mesma proporção dos que são perseguidos pelas leis. A natureza da obra que impede uma ação jurídica não agride em nada a propriedade. [p.557]

Absorvendo o privilégio na lógica do contrato, Diderot dissocia implicitamente os títulos de posse dos livreiros, cuja legitimidade repousa inteiramente na convenção estabelecida entre dois sujeitos livres, dos dispositivos corporativos e estatais que regem o comércio livreiro. Esses dispositivos poderiam, então, desaparecer sem que, para tanto, fosse abolida a propriedade do livreiro:

> O preconceito parte desses que confundem a condição do livreiro, a comunidade dos livreiros, a corporação, com o privilégio, & o privilégio com o título de posse; todas estas sendo coisas que não têm nada em comum. Nada, Meu Senhor. E destrua todas as comunidades; leve a todos os cidadãos a liberdade de aplicar suas faculdades segundo seu gosto & seu interesse; sejam todos os privilégios abolidos, esses mesmos de livraria, eu consinto. Tudo estará

bem enquanto as leis sobre os contratos de venda & de aquisição subsistirem. [p.509]

Diderot mostra assim a perfeita inutilidade das instituições que seu memorial tem a função de defender vigorosamente...

História da tipografia e a política da livraria

Para sustentar sua demonstração, ele lembra a história da imprensa na França, pois "seria preciso considerar as coisas de longe". [p.481] A trama de sua narrativa é dada pela constante extensão dos privilégios exclusivos, estabelecidos no século XVI, para proteger os editores empreendedores das falsificações de seus colegas desonestos:

> Com efeito, os Estiennes, os Morels & outros hábeis impressores mal tinham publicado uma obra, cuja edição haviam preparado com altos custos, & cuja execução & a boa escolha lhes assegurariam o sucesso, e a mesma obra era reimpressa por impressores incapazes, que não dispunham dos talentos dos primeiros, que não haviam tido nenhuma despesa, que podiam vender a preço mais baixo & gozavam dos avanços & das vigílias dos primeiros, sem terem corrido nenhum de seus riscos. O que lhes acontecia? O que devia acontecer & o que acontecerá para sempre. A concorrência levou à ruína o mais belo empreendimento. [p.486-7].

Para conter tal ameaça, que levava os impressores audaciosos à falência e os distanciava de todo projeto ambicioso, o rei decidiu conceder-lhes alguns privilégios. No princípio, limitados no tempo, foram em seguida renovados de maneira a proteger a rotatividade das edições cuja tiragem não tinha sido esgotada na data de vencimento do privilégio original: "É assim que se promoviam, pouco a pouco, a perpetuidade e a imutabilidade do privilégio". [p.492-3] Porém, os privilégios que antes protegiam só "as obras antigas & os primeiros manuscritos, ou seja, os bens que não pertencem propriamente a nenhum adquirente, eram de direito comum, [p.494]" e foram, em seguida, estendidos às obras dos autores contemporâneos. Por isso:

> se a impressão do manuscrito era permitida, enviava-se ao livreiro um título que conservava sempre o nome do privilégio, autorizando-o a publicar a obra que tinha adquirido & garantindo, sob penas específicas contra impostores, usufruir tranquilamente de um bem cujo ato, sob a marca de uma autenticação privada, é assinado pelo autor & transmitia-lhe a posse perpétua. [p.497]

É assim que se estabelece, para uma mesma obra, a equivalência entre a propriedade perpétua do livreiro, adquirida em contrato assinado com o autor, e a perpetuidade do privilégio, possibilitada por suas renovações sucessivas. Reescrevendo à sua maneira a história dos privilégios reais,[7] submetendo a graça real ao regime dos contratos, Diderot apresenta como um resultado evidente do curso da história, o que é próprio da tese com a qual quer convencer o diretor do ofício dos livreiros:

---

[7] Sobre a história dos privilégios editoriais entre os séculos XVI e XVIII, ver ARMSTRONG, Elizabeth. *Before copyright*. The French book-privilege system, 1498-1526. Cambridge: Cambridge University Press, 1990; MARTIN, Henri Jean. *Livre, pouvoirs et société à Paris au XVIIe siècle (1598-1701)*. Genebra: Droz, 1969, t.I, p.440-60, e t.II, p.690-5; BIRN, Raymond. *Profit on ideas: Privilèges en librairie* in eighteenth-century France. *Eighteenth-Century Studies*, v.4, n.2, inverno 1970-1971. p.131-68; e PFISTER, Laurent. *L'auteur, propriétaire de son œuvre?* La formation du droit d'auteur du XVIe siècle à la loi de 1957. Tese, Université Robert Schumann (Estrasburgo III), 1999, dact., t.I, p.22-205.

Eis, então, o *status* dos privilégios tornado constante & os donos de manuscritos, que os adquiriram dos autores, obtêm permissão para publicar, permissão da qual solicitam a continuidade, tantas vezes quantas as que lhes convierem, de acordo com seu interesse, & transmitindo seus direitos a outros a título de venda, de hereditariedade ou de abandono. [p.503]

Passando da história à administração, Diderot sustenta que a manutenção de tal permanência dos privilégios é indispensável à imprensa, à livraria, ao mercado livreiro. Para dar provas disso enumera os efeitos desastrosos que decorreriam do estabelecimento de uma "concorrência geral" em matéria de edição, ou seja, a transformação dos privilégios em permissões simples, sem nenhuma cláusula de exclusividade. Além do que, tal subversão seria "tratar o privilégio do livreiro como uma graça que se é livre para lhe atribuir ou recusar & esquecer que essa não é senão a garantia de uma verdadeira propriedade à qual não se saberia tocar sem injustiça", [p.526] o que levaria às mais funestas consequências. De acordo com essa hipótese, os livreiros veriam seus lucros drasticamente diminuídos, já que várias edições do mesmo título dividiriam o mercado dos compradores. O que era uma "obra lucrativa ao proprietário exclusivo, passa, absolutamente, a não ter valor algum, nem para ele nem para os outros", [p.516], e nenhum livreiro desejaria empreender a publicação de obras importantes e caras, para manter o direito de publicação, incompatível com a concorrência de outras edições. A pesquisa do mais baixo custo possível para obras de grande circulação, únicas a subsistirem, arruinaria todas as artes editoriais, pois essas obras tornar-se-iam "muito comuns", "todas feitas com caracteres miseráveis, de papel & de correção como a da *Bibliothèque Bleu*". [p.516] As atividades ligadas à indústria do livro (fundidores de caracteres, papelarias) seriam muito abaladas e, o que há de pior é que, à medida que essas artes se degradam entre nós, elas se elevam no estrangeiro, & não tardarão a nos fornecer as únicas boas edições que serão feitas de nossos próprios autores. [p.517]

Em uma lógica estritamente mercantilista, é o próprio Estado que será, no final, a vítima de tal evolução, pois desviará os livreiros franceses dos empreendimentos editoriais, fazendo-os preferir o comércio de edições impressas no estrangeiro:

> Mais um momento de perseguição & desordem, & cada livreiro se abastecerá longe, conforme sua capacidade de venda a varejo. Não se expondo mais a perder os avanços da manufatura, o que ele pode fazer de mais prudente? Mas o Estado se empobrecerá pela perda dos operários & pela queda das matérias que vosso solo produz, & enviareis para fora de vossa região o ouro e a prata que vosso solo não produz. [p.542]

Com isso, para evitar tais desastres, anunciados como inevitáveis, sugere uma conclusão em forma de artigo de texto legislativo:

> Que os privilégios sejam vistos como puras & simples salvaguardas, as obras adquiridas, como propriedades inatacáveis, & suas impressões e contínuas reimpressões outorgadas àqueles que as adquiriram, exclusivamente, a menos que não haja na própria obra uma cláusula derrogatória. [p.545]

A condição dos literatos

Depois de ter examinado os efeitos deletérios que a abolição dos privilégios causaria à imprensa e às livrarias, Diderot volta-se ao que mais lhe toca: os efeitos dessa abolição sobre "a condição dos literatos &, como consequência, sobre a das letras". [p.529] Os escritores são necessariamente ligados aos livreiros, pois é sem dúvida ilusório que um autor queira editar suas próprias obras. Diderot fala por experiência própria:

> Eu mais ou menos exerci a dupla profissão de autor & livreiro. Escrevi & várias vezes imprimi por minha conta. E posso vos assegurar, depois do caminho percorrido, que nada combina tão mal quanto a vida ativa do comerciante & a vida sedentária do homem de letras. Incapazes que somos de uma infinidade de pequenos cuidados, a cada cem autores que quiserem disponibilizar, no varejo, eles mesmos, suas obras, haverá noventa e oito que se dão mal & se desgostam disso. [p.513]

Ser editor de si mesmo supõe, de fato, fazer um acordo com os livreiros que venderão a obra que o autor fez imprimir por sua conta. A operação é inquietante e arriscada:

> Os correspondentes provincianos nos roubam impunemente. O comerciante da capital não é muito interessado na rotatividade de nossa obra, em desenvolvê-la. Se o desconto que lhe atribuímos é grande, o lucro do autor desaparece. E depois, manter livros de receita & despesa, responder, trocar, receber, enviar, que ocupações para um discípulo de Homero ou de Platão! [p.513]

É preciso, portanto, passar pelos livreiros, como Diderot aprendeu por experiência própria. Obrigados a vender seus manuscritos a esses que os publicarão, os autores não podem esperar senão uma só coisa: que as cláusulas da transação sejam tão favoráveis a eles quanto possível. Para Diderot, somente o reconhecimento da propriedade dos escritores sobre suas "produções" e a segurança dada aos livreiros pela certeza da perpetuidade de seus privilégios podem garantir um pagamento, com preço justo, das obras cedidas por uns e adquiridas por outros.

Certamente, para os autores que não podem viver de seu bem ou de sua função, a atividade literária podia, idealmente, estar desvinculada de toda remuneração graças à liberalidade do soberano, traduzida em pensões, gratificações ou empregos.

Infelizmente, essas recompensas são forçosamente limitadas:

> Mas, quaisquer que sejam a bondade & a generosidade de um príncipe amigo das letras, elas eram extensivas quase somente aos talentos conhecidos. [p.530]

E elas nem sempre são bem orientadas:

> Há poucas regiões na Europa em que as letras são tão honrosas e recompensadas como na França. O número de vagas, nessa região, destinadas às pessoas de letras é muito grande. Bom seria se fosse o mérito que a isso conduzisse. Mas se eu não temesse ser satírico, diria que há aí, nesse número de vagas, aquelas em que se exige, mais escrupulosamente, uma roupa de veludo do que um bom livro. [p.532]

Para todos que ingressam na carreira das letras, só há um recurso: garantir sua subsistência com o valor de seus escritos, no momento de fechar os contratos com os livreiros. O começo é frequentemente difícil para quem não é conhecido, pois "é o sucesso que instrui o comerciante & o literato". Mas, se um primeiro livro vende bem, o autor será mais bem tratado:

> Nesse momento, seu talento muda de preço; & eu não o saberia dissimular, o crescimento em valor comercial de sua segunda

produção não tem nenhuma relação com a diminuição do acaso. Parece que o livreiro, com ciúmes e preocupado em conservar seu autor, calcula segundo outros elementos. No terceiro sucesso, tudo termina; o autor faz, talvez, ainda um acordo ruim, mas ele o faz mais ou menos tal como deseja. [p.531]

Sem dúvida idealizada pelas necessidades da causa, a transformação da relação de força entre o autor e seu editor desenha uma nova figura do homem de letras: a do escritor que tenta, bem ou mal, viver de sua pena.[8] Evocando o pagamento justo dos manuscritos, Diderot esboça a existência medíocre, mas aceitável, prometida a todos os literatos sem *status*, nem protetor. Graças a uma correta remuneração:

não nos enriqueceríamos, mas adquiriríamos tranquilidade, se essas somas não se dispersassem ao longo de vários anos, não se evaporassem à medida que o percebemos & não fossem dissipadas, quando aumentam as necessidades, os olhos se apagam & o espírito se torna gasto. Todavia é um encorajamento! E qual é o soberano suficientemente rico para substituir isso com suas liberalidades? [p.531]

Assim, a antiga representação que faz do príncipe o protetor das letras – e dos homens de letras – não é excluída da exigência de uma justa retribuição da escrita.

---

[8] Cf. ROCHE, Daniel. *Les Républicains des lettres. Gens de culture et Lumières au XVIIIe siècle*. Paris: Fayard, 1988; WALTER, Eric. Les auteurs et le champ littéraire. In: *Histoire de l'Édition française*, t.II. Op.cit., p.499-518; e CHARTIER, Roger. L'homme de lettres. In: VOVELLE, Michel (Org.). *L'Homme des Lumières*. Paris: Le Seuil, 1996. p.159-209. Trad. port.: Roger Chartier. O homem das letras. In: *O Homem do Iluminismo*. Lisboa: Ed. Presença, 1961.

Mas, para que ela seja efetivada, é preciso que o livreiro seja assegurado com a "posse tranquila & permanente das obras que adquire". [p.532]

Essa é a razão pela qual Diderot aceitou se colocar a serviço dos livreiros parisienses. Ele entendeu que, no antigo mercado livreiro e na sociedade de grupos, a independência (ao menos relativa) do escritor só pode resultar da existência dos privilégios perpétuos e imprescritíveis:

> Acabemos com essas leis. Tornemos a propriedade do adquirinte incerta & essa política mal concebida recairá, em parte, sobre o autor. Que partido tirarei de minha obra, sobretudo se minha reputação não está feita, como a suponho, quando o livreiro temerá que um concorrente, sem correr o risco da aposta no meu talento, sem arriscar os investimentos de uma primeira edição, sem combinar comigo nenhum honorário, não usufruísse incessantemente, ao final de seis anos ou mais cedo, se o ousar, de sua aquisição? [p.532]

Seis anos sendo aqui entendidos como a duração média de um privilégio não prorrogado. Os comanditários de Diderot ainda não estão satisfeitos com seu memorial. Eles se dirigirão a Sartine em março de 1764, apenas depois de o terem reformulado profundamente e dado a ele um novo título, *Représentations et observations en forme de mémoire sur l'état ancien et actuel de la Librairie et particulièrement sur la propriété des privilèges* [Representações e observações em forma de memorial sobre o antigo e o atual estado da livraria e particularmente sobre a propriedade dos privilégios].[9] Esse novo

---

[9] Esse memorial foi publicado em LABOULAYE, Edouard; GUIFFREY, Georges. *La Propriété littéraire au XVIIIe siècle. Recueil de documents*. Paris: L. Hachette, 1859. p.55-120.

título vinha para afirmar a distância entre as intenções mais fundamentais de Diderot – reclamar a liberdade de imprensa e assegurar a propriedade dos autores sobre suas obras – e a única preocupação da comunidade, a saber, manter o regime dos privilégios e fazer reconhecer a perpetuidade, a imprescritibilidade e a transmissibilidade de um título que consideravam sua propriedade. Para tal projeto, a forma oratória e dialogal do memorial era inútil, assim como o eram as passagens consagradas à possível abolição das comunidades, à evocação das desigualdades sociais ou, sob o pretexto da discussão das permissões tácitas, à liberdade de imprimir. Mutilada por seus editores, assim como tinham sido alguns verbetes da *Enciclopédia*, *A carta* seria publicada apenas em 1861.[10]

Condorcet: o interesse público contra o privilégio

Treze anos depois do memorial de Diderot, em 1776, Condorcet redige, sem dúvida para sustentar a política de Turgot, que em fevereiro abolira todas as comunidades de artes e profissões,[11] um panfleto intitulado *Fragments sur la liberté de la presse* [Fragmentos sobre a liberdade de imprensa].[12] Se o título é comum ao que Diderot,

---

[10] DIDEROT, Denis. *La Propriété littéraire au XVIIIe siècle*. Lettre sur le commerce de la librairie par Diderot, publicado pela primeira vez, com uma introdução de M.G. Guiffrey. Paris: L. Hachette, 1861. Trad. bras.: DIDEROT, Denis. *Carta sobre o comércio do livro*. Prefácio de Roger Chartier. Trad. bras. Bruno Feitler. Rio de Janeiro: Casa da Palavra, 2002.
[11] Sobre essa abolição, cf. KAPLAN, Steven L. *La Fin des corporations*. Paris: Fayard, 2001.
[12] O texto é publicado em Marie-Jean-Antoine Caritat, marquês de Condorcet. *Œuvres complètes*. Paris: 1847, t.XI, p.257-314. Sobre esses *Fragments*, cf. o artigo de HESSE, Carla. Enlightenment epistemology and the laws of authorship in Revolutionary France, 1777-1793. *Representations*, 30, Spring

finalmente, deu a seu *Fragmento*, o texto desestrutura um após outro os princípios sobre os quais estava fundamentado o memorial de 1763. Primeiro, em Condorcet, os privilégios editoriais não escapam à condenação que denuncia *todos* os privilégios e exclusividades, quaisquer que eles sejam:

> Os privilégios desse seu gênero têm como qualquer outro os inconvenientes de diminuir a atividade, de concentrá-la em um pequeno número de mãos, de sobrecarregá-la com um imposto considerável, de tornar as manufaturas nacionais inferiores às estrangeiras. Eles não são, portanto, nem necessários nem mesmo úteis, e vimos, ainda, que são injustos.

A estratégia de Diderot, que conservava os privilégios do mercado livreiro mas para fazer deles somente a garantia dos contratos livremente assinados entre autores e livreiros, não é mais colocada na perspectiva liberal de Condorcet. Mas há mais.

No momento em que Diderot baseava sua argumentação na identidade entre a propriedade literária e as outras propriedades imobiliárias, Condorcet recusa radicalmente tal assimilação:

> Sentimos que não pode haver aí nenhuma relação entre a propriedade de uma obra e a de um campo, que pode ser cultivado apenas por um homem; de um móvel, que pode servir apenas a um homem, e cuja propriedade exclusiva é, consequentemente, fundada sobre a natureza do bem.

1990, p.109-38; e sobre Condorcet, BAKER, Keith Michael. *Condorcet. From natural philosophy to social mathematics.* Chicago: University of Chicago Press, 1975; e BADINTER, Robert; BADINTER, Elisabeth. *Condorcet (1734-1794). Un intellectuel en politique.* Paris: Fayard, 1988.

A propriedade literária é de outra ordem: "o que não é um verdadeiro direito, é um privilégio" e, como todos os privilégios, é incômodo ao "interesse público", pois é "um entrave imposto à liberdade, uma restrição aos direitos dos outros cidadãos". Não mais do que possa ser protegida por um privilégio exclusivo, uma obra não pode ser considerada propriedade pessoal. O necessário progresso das Luzes exige que cada um possa livremente compor, melhorar, reproduzir, difundir as verdades úteis para todos. De nenhuma maneira elas podem ser objeto de apropriação individual.

Para Diderot, é porque cada obra, de certa maneira irredutivelmente singular, exprime os pensamentos ou sentimentos de seu autor, de quem ela é propriedade legítima. Ele escreve em seu memorial:

> Qual é o bem que pode pertencer a um homem se sua obra de espírito, o único fruto de sua educação, de seus estudos, de suas insônias, de seu tempo, de suas pesquisas, de suas observações, já que as mais belas horas, os mais belos momentos de sua vida, já que seus próprios pensamentos, os sentimentos de seu coração, a própria porção que lhe é mais preciosa, a que não perece; a que se imortaliza, não lhe pertence? [p.509-10]

Para Condorcet, totalmente contrário a isso, o que funda de modo ilegítimo a propriedade e o privilégio, a saber, as "expressões", "frases", "apresentações agradáveis", é sem importância em relação às ideias e aos princípios que pertencem ao registro das verdades universais: "Suponhamos um livro útil; é pelas verdades que neles são encontradas que ele é útil".

Condorcet percebe bem o perigo de tal posição para todos aqueles cuja existência depende dos ganhos que podem auferir da venda de suas obras:

Um homem de gênio não faz livros por dinheiro; mas se ele não é rico, e se seus livros não lhe rendem nada, ele será obrigado a ter uma ocupação para viver, e o público perderá com isso.

A resposta à objeção baseia-se em dois argumentos. De um lado, a liberdade de imprimir, baixando os preços dos livros, assegurará a melhor rotatividade da edição original, "feita sob os olhos do autor" e desencorajará toda intenção de publicar edições concorrentes do próprio texto. Os escritores receberão então um preço justo por obras cujo lucro não será mais ameaçado pelas falsificações "que são comuns apenas pelo preço exorbitante de edições originais, preço que, ele mesmo, é obra dos privilégios". De outro, a condição dos autores até poderá melhorar, se forem generalizadas as assinaturas que permitam ao livreiro reunir o capital necessário para uma futura edição e os autores forem remunerados antes mesmo da publicação de suas obras.[13]

Entre os dois textos, o memorial de Diderot e o panfleto de Condorcet, são grandes as diferenças. Elas se baseiam, primeiro, nos contextos e nas razões de sua composição. O primeiro defende ou aceita as instituições tais como são (comunidades profissionais, privilégios do mercado livreiro, permissões tácitas), mesmo a contragosto, não somente por ser esta a tarefa que lhe foi atribuída, mas também porque ele pensa que é possível investi-las de conteúdos novos: o privilégio do mercado livreiro é transformado em propriedade literária; as permissões tácitas, em liberdade de imprensa. No tempo do triunfo do liberalismo, Condorcet recusa tais precauções ou compromissos: todos os privilégios devem ser abolidos, já que o progresso das Luzes requer a livre exposição e a partilha universal das verdades.

---

[13] Sobre a moda das assinaturas na Europa do século XVIII, cf. KIRSOP, Wallace. Les mécanismes éditoriaux. In: *Histoire de l'Édition française*, t.II. Op.cit., p.15-34 (em particular p.30-1).

Daí, no que concerne à propriedade dos autores sobre suas obras, as reações radicalmente opostas. Para Diderot, ela é um direito legítimo e inalienável, salvo por eles mesmos; para Condorcet, é uma pretensão nociva e contrária ao interesse geral. Remetendo a duas definições incompatíveis do que é uma obra – expressão de um gênio singular, para o primeiro, veículo de verdades universais, para o segundo –, a oposição traduz também as relações muito diferentes estabelecidas por Diderot e Condorcet com o mundo editorial. Entre o escritor que vivia de sua pena e o marquês que gozava de suas rendas, há, com efeito, poucos traços comuns. A legislação revolucionária tentará reconciliar suas teses, apesar de incompatíveis, reconhecendo, conjuntamente, a propriedade dos autores (e seus herdeiros) sobre suas obras e o interesse da nação, que exige que o direito dos autores seja severamente limitado no tempo – primeiro a cinco anos, com o decreto de 13 de janeiro de 1791, depois a dez, com a lei de julho de 1793.[14]

A coisa imaterial

O memorial de Diderot, comentado no final desta obra, permite retornar a uma de nossas interrogações iniciais. Esse memorial participa, com efeito, do processo de abstração dos textos, que é o contraponto ou o corolário da atenção voltada para as múltiplas materialidades da escrita. Os autores antigos, com quem caminhamos neste livro, percebiam essas materialidades com acuidade e, com

---

[14] Cf. HESSE, Carla. Enlightenment epistemology and the laws of authorship in Revolutionary France, 1777-1793. Op.cit.; PFISTER, Laurent. *L'auteur, propriétaire de son œuvre?* Op.cit. t.I, p.404-90; e EDELMAN, Bernard. *Le Sacre de l'auteur.* Paris: Le Seuil, 2004. p.356-78.

frequência, as transformavam em objetos literários. As tabuletas de cera, os *librillos de memoria*, as notícias escritas à mão, os manuscritos filosóficos e poéticos, as obras impressas, as escritas tecidas, literal ou metaforicamente, foram trabalhadas pela graça de Baudri de Bourgueil, Cervantes, Ben Jonson, Cyrano de Bergerac ou Goldoni em tantos temas mobilizados por uma invenção estética destinada a divertir, fazer chorar ou fazer sonhar. A ficção literária lembrou, assim, constantemente, sua dependência em relação às operações e aos objetos que dão às obras não só o corpo que permite aos leitores apreendê-las, mas também constituem uma parte de sua alma.

Diderot, leitor de Richardson e defensor dos privilégios da livraria, indica que há também outra história, a que considera toda obra, independentemente de cada uma de suas encarnações, uma "coisa imaterial".[15] Antes dele, os processos adotados na Inglaterra depois da adoção do Estatuto da rainha Anne, em 1710, tinham levado a uma primeira formulação dessa questão paradoxal. A defesa dos direitos tradicionais dos livreiros e impressores londrinos,[16] violada pela nova legislação que limitava a duração do direito autoral a catorze anos, supunha que fora reconhecido o caráter patrimonial e perpétuo da propriedade do manuscrito adquirido pelo editor junto ao autor. Assim, este era considerado o detentor de um direito imprescritível, mas transmissível, sobre suas composições. O objeto dessa propriedade primária não era um manuscrito particular, nem mesmo o manuscrito autografado, mas a obra em sua existência

---

[15] Sobre a passagem decisiva da propriedade do manuscrito à propriedade do texto, Diderot tem predecessores, como Louis d'Héricourt, em 1725, e sucessores, como Linguet ou o abade Pluquet, cf. PFISTER, Laurent. *L'auteur, propriétaire de son œuvre?* Op.cit. t.I, p.212-24.

[16] Sobre o regime dos *rights in copy* e das *patents*, na Inglaterra, antes de 1710, ver JOHNS, Adrian.*The nature of the book*. Print and knowledge in the making. Chicago: Chicago University Press, 1998, p.213-62.

imaterial, invisível e incorporal, *invisible and intangible*, como escreve William Enfield.[17]

Assim, definida em sua identidade fundamental e perpétua, a obra transcende todas as suas possíveis materializações. Segundo Blackstone, outro advogado da causa dos livreiros londrinos:

> A identidade de uma composição literária reside inteiramente no *sentimento* e na *linguagem*; as mesmas concepções, vestidas com as mesmas palavras, constituem necessariamente uma mesma composição: e qualquer que seja a modalidade escolhida para transmitir tal composição ao ouvido ou ao olho, por recitação, escrita manual ou impressa, seja qual for o número de seus exemplares ou qualquer momento que seja, é sempre a mesma obra do autor que é assim transmitida; e ninguém pode ter o direito de transmiti-la ou transferi-la sem seu consentimento, seja tácita ou expressamente dado.[18]

Depois de Diderot, no momento do debate sobre a falsificação dos livros na Alemanha, onde ela estava particularmente desenvolvida

---

[17] ENFIELD, William. *Observations on literary property*. Londres, 1774, citado por EDELMAN, Bernard. Op.cit. p.221.

[18] BLACKSTONE, William. *Commentaries on the laws of England*, Oxford, 1765-1769, citado por ROSE, Mark. *Authors and owners*. The invention of copyright. Cambridge (Mass.)/Londres: Harvard University Press, 1993. p.89-90: "The identity of a literary compositions consists entirely in the *sentiment* and the *language*; the same conceptions, clothed in the same words, must necessarily be the same composition: and whatever method be taken of conveying that composition to the ear or the eye of another, by recital, by writing, or by printing, in any number of copies or at any period of time, it is always the identical work of the author which is so conveyed; and no other man can have a right to convey or transfer it without his consent, either tacitly or expressly given".

graças ao esfacelamento das soberanias estatais, Fichte enuncia de maneira nova esse paradoxo aparente. À clássica dicotomia entre as duas naturezas, corporal e espiritual do livro, que separa o texto do objeto, ele acrescenta uma segunda, que distingue para cada obra as ideias que ela expressa e a forma que lhe é dada pela escrita. As ideias são universais por natureza, destinação e utilidade; elas não podem, portanto, justificar nenhuma apropriação pessoal. Essa apropriação é legítima somente porque

> cada um tem sua própria maneira de organizar as ideias, seu modo particular de produzir conceitos e de ligá-los uns aos outros. Como as ideias puras, sem imagens sensíveis, não se podem nem mesmo pensar, ainda menos apresentar aos outros, é preciso que todo escritor dê a seus pensamentos alguma forma que não pode ser nenhuma outra senão a sua própria, pois não há, para ele, outras ...

Daí decorre que "ninguém pode se apropriar de seus pensamentos sem mudar a forma desses pensamentos. Essa forma também continua para sempre sua propriedade exclusiva".

A forma textual é a única e mais forte justificativa da apropriação singular das ideias comuns, como as transmitem os objetos impressos.[19]

---

[19] FICHTE, Johann Gottlieb. *Beweis der Unrechtmässigkeit der Büchernadrucks. Ein Räsonnement und eine Parabel*, 1791; trad. franc.: FICHTE. Preuve de l'illégitimité de la reproduction des livres, un raisonnement et une parabole. In: KANT, Emmanuel. *Qu'est-ce qu'un livre?* Textes de Kant et de Fichte. Traduzidos e apresentados por Jocelyn Benoist. Paris: Presses Universitaires de France, 1995. p.139-70. Op.cit. p.145-6. Esse texto é comentado por WOODMANSEE, Martha. *The author, art, and the market*. Rereading the history of aesthetics. Nova York: Columbia University Press, 1994. p.51-3, e por EDELMAN, V. Op.cit. p.324-36.

Tal propriedade tem um caráter muito particular, já que, sendo inalienável, continua indisponível, intransmissível, e aquele que a adquire (por exemplo, o livreiro) pode ser dela apenas um usufruidor ou representante, submetido a uma série de coerções – como a limitação da tiragem de cada edição ou o pagamento de um direito sobre cada reedição. As distinções conceituais construídas por Fichte devem, então, permitir a proteção dos editores contra os falsificadores sem ferir em nada a propriedade soberana e permanente dos autores sobre suas obras.

Paradoxalmente, para que os textos pudessem ser submetidos ao mesmo regime de propriedade das coisas era preciso que fossem conceitualmente separados de toda materialidade particular. Mas a composição, a cópia e a impressão exigem o estilete ou a pena, a cera ou o papel, a mão ou a prensa. E as obras não atingem seus leitores ou ouvintes senão graças aos objetos e às práticas que os apresentam à leitura ou à audição. Mais que outros, melhor que outros, alguns escritores antigos se apossaram dos gestos, das técnicas, dos lugares que dão existência às produções literárias e, além dessas, a todas às formas de escrita.

A seu modo, propuseram as questões que inspiraram os modernos: o que é um livro? O que é a literatura? As respostas foram numerosas. Uma delas, muito particularmente, inspirou as leituras propostas nesta obra:

> Um livro é mais que uma estrutura verbal ou uma série de estruturas verbais; ele é o diálogo estabelecido com o leitor e a entonação que impõe à voz do seu leitor; são as imagens mutantes e duráveis que deixa em sua memória. Esse é um diálogo sem fim. As palavras *amica silentia lunae* significam, hoje, lua íntima, silenciosa e brilhante, e elas significaram, na *Eneida*, o interlúnio, a obscuridade que permitiu aos gregos entrarem na

cidadela de Troia ... A literatura é coisa inesgotável, pela simples e suficiente razão de que um único livro não é único. O livro não é uma entidade fechada: é uma relação, é um centro de inumeráveis relações.[20]

---

[20] BORGES, Jorge Luis. Nota sobre (hacia) Bernard Shaw. In: *Otras inquisiciones* [1952]. Madri: Alianza Editorial, 1997. p.237-42: "Un libro es más que una estructura verbal, o que una serie de estructuras verbales; es el diálogo que entabla con su lector y la entonación que impone a su voz y las cambiantes y durables imágenes que dejan en su memoria. Ese diálogo es infinito; las palabras *amica silentia lunae* significan ahora la luna íntima, silenciosa y luciente, y en la *Eneida* significaron el interlunio, la oscuridad que permitió a los griegos entrar en la ciudadela de Troya... La literatura no es agotable, por la suficiente y simple razón de que un solo libro no lo es. El libro no es un ente incomunicado: es una relación, es un eje de innumerables relaciones". (p.238); trad. fro.: Borges, Jorge Luis. Note sur (à la recherche de) Bernard Shaw. *Enquêtes*. Traduzido do espanhol por Paul e Sylvia Bénichou. Paris: Gallimard, 1986. p.187-91 (cit. p.187-8).

Índice onomástico

A

Abel, irmão de Cyrano de Bergerac, 187, 196-197
Academia francesa, *Dictionnaire*, 77
Adams, Frank, 74-80
Adão, 43, 192
Agnès, 28
Agustin, Sior, 208
Alcover, Madeleine, 169, 183, 189, 194, 201
Alemán, Mateo
  Vie de Guzman d'Afarache, 120-121, 173
Alemanha 144, 252, 307
Alessio, Franco, 40
Altisidora, 119
Amadis, 54, 59, 64, 121
América, 153
Amiens, 246

Amsterdã, 161, 135, 152, 252
Ana da Áustria, 78
Ana, Dona, 127
Anabatistas, 152
Andaluz, 52
André, 79
Angélica, 54
Anticristo, 173, 193
Antigos, 20, 23, 55-56, 164, 213, 252, 305
Anzoletto, 207, 209-213, 219-225, 230
Aquiles, 187
Aracne, 236-238
Arioste, L' (Lodovico Ariosto), 101
Aristóteles, 243
Arlequim, 216, 218
Arnaud, Abade, 251
Arpajon, Duque de, 183, 187

Arras, 134, 183
Atenas, 236
Atreo, 242
Auerbach, Erich, 14-15
   Mímesis, 16
Autolycus, 140, 150, 233-234, 235
Avellaneda, Alonso Fernández de, 112
   Segunda Parta del Ingenioso Don Quixote de la Mancha, 85, 110
Avit, 35, 197

B
B. Mr, 271
Baal, 152, 161
Bacantes, 239
Bagatela, A, 101, 103
Baldwin, William
   Beware the cat, 86
Baquílides, 232
Barcelona, 17, 85, 116, 118, 174
Baschi, Conde de, 205
Bastina, Sior, 224
Baudri de Bourgueil, 19, 23, 25, 46, 182, 306
Beauvais, 26
Bekker, Balthazar, Doutor
   Onania, 273
Bernard, 28
Bernard, Jean-Frédéric, 254
Bernardin de Saint-Pierre, Jacques-Henri,
   Paulo e Virgínia, 279

Bettinelli, 227-228
Bíblia, 245
Biblioteca do Vaticano, 24, 31
Biblioteca Nacional da França, 197
Bibliothèque bleue, 295
Biron, 99
Blackfriars, 129
Blackstone, William, 307
Blois, Louis de (Bloso, Lodovico), 109
Bödeker, Hans Erich, 265
Bodin, Jean,
   Colloquium heptaplomeres, 189
Bohemia, 234
Borges, Jorge Luis
   Le livre, 14
   Magies partielles du Quichotte, 87, 115, 121
   Note sur (à la recherche de) Bernard Shaw, 310
   William Shakespeare: Macbeth, 21
Bourdieu, Pierre, 267
Bourne, Nicholas, 136-137, 142, 146, 157
Bouza, Fernando, 21, 103
Braithwait, Richard,
   Whimzies, or, a New Cast of Characters, 145
Branca Lua, Cavaleiro da, 123
Bréda, 148
Briguela, 216
Bruno, Giordano, 172

Burton, Robert,
    Anatomy of Melancholy, The,
    144
Butter, Nathaniel, 132, 136, 139,
    142-143, 149
Buz, Hans, 133

C
Cabrera, Melchor Nuñez de
    Guzman de,
    *Discurso legal, histórico y
    político en prueba del
    origen, progresos, utilidad,
    nobleza y excelencias del
    Arte de la Imprenta*, 90,
    94, 127
Cade, Jack, 58, 179
Calíope, 237
Campanella, Tommaso,
    Cité du Soleil, La, 182
    De sensu rerum, 182
Canibais, 153
Carbon de Castel-Jaloux,
    183-184
Cardan, Jérôme,
    *De la subtilité et subtiles
    inventions*, 170-171, 179,
    181
Cardênio, 19, 49, 52-58, 66, 97
Carrasco, Sansão, 83, 113-114,
    122, 124
Carruthers, Mary, 33
Castelhano, 88, 92, 101, 102, 105
Castilha, 121, 262

Catherine, 46
Cavallo, Guglielmo, 40
Cérès, 237
Cervantes, Miguel de 15, 23, 50,
    86, 173, 306
    Dom Quixote, 15, 23, 49,
    85, 173, 224
    Nouvelles exemplaires, 107
Ceticismos, 183
Céu, 50, 53, 67, 242
Chamberlain, Lorde, 75
Champagne, 27
Chanceler, 288
Chapelain, Jean, 188
Chapman, George, 138
Charles I, Rei da Inglaterra, 151
Charron, Pierre, 278
Chatham, 58
Chaucer, Geoffrey, 152
Chiari, Pietro, Abade, 230
    Pamela maritata, 270
Cícero, 42
Cid Hamet Benengeli, 82, 113,
    118-119, 124
Clarissa, 252, 254, 259, 269, 272,
    276
Clericus, 148
Codulmer, Antonio, 221
Colignac, 173-181
Comediantes italianos, 205, 213,
    215
Commedia dell'Arte, 206, 216
Comunidade de livreiros e
    impressores, 138, 228, 290

Condorcet, Marie Jean Antoine
  Nicolas de Carita,
  Marquês de, 301
  *Fragmentos sobre a liberdade
  da imprensa,* 286, 301
Conselho do Rei, 90, 289
Constance 32, 38-39
Convenção, 208, 292
Cormellas, Sebastián de, 112
Corte da França, 229
Cotgrave, Randle,
  *Dictionarie of the French and
  English Tongue,* 77
Covarrubias, Sebastián de,
  Tesoro de la lengua castellana,
  43, 71-72, 105
Cristandade, 148
Cristo, 211, 232
Cuesta, Juan de la, 85, 95, 97, 104,
  109, 112-113
Curtius, Ernst Robert, 25
Cussan, Marquês de, 177
Cymbal, 129, 133, 152, 157, 160
Cyrano de Bergerac, Savinien, 18,
  149, 162, 164, 187, 306
  Estados e Impérios da Lua, Os,
  172, 174, 181, 183, 188, 192,
  195-197
  Estados e Impérios do Sol, Os,
  173, 179, 181, 187, 194, 196
  Faísca, A, 195
  Novas obras, 126
  Obras diversas, 164, 169, 172
  Pédant joué, Le, 197

D
Dahl, Folke, 146
Damilaville, 251, 254, 260,
Darnton, Robert, 262
Davers, Lady, 271
Davis, Natalie Zemon, 31
Davity, Pierre,
  *Estados, Impérios, Reinos e
  Principados do Mundo,
  Os,* 173
  Monde, Le, 173
Demetrius, 242
Demônio de Sócrates, 163, 165,
  168, 171, 181, 197, 200, 202
Deus, 67, 93, 169, 171, 180, 184,
  192, 199, 202, 224
Deuses, 236-237
Di Giovanni, Thomas, 15
Diabo(s), 58, 119, 130, 173
Diderot, Denis, 20-22, 251,
  262, 309
  Éloge de Richardson, 251
  *Lettre sur le commrce de la
  livrairie,* 282
  Religieuse, La, 272
  Salões, 252-253
Dinamarca, 74
Dodone, 186
Dol, 24
Dom Quixote, (Alonso Quijano),
  123-124
Domênica, 224
Dominis, Antonio de, 153
Doroteia, 97

Drebbel, Cornelius, 149
Duchesne, Viúva, 206
Dulcineia del Toboso, 52, 54, 59, 64, 66, 80, 82, 116
Dumaine, 99
Dunquerque, 149, 151
Dyrcona, 163, 169, 173-178, 180, 185, 192, 197, 202

E
École des filles, L', 192
Elias, 192
Elseneur, 115
Emilie, Miss, 261
Emma, 38
Encyclopédie, 282, 286
Enfield, William, 307
Engelsing, Rolf, 264-265
English Stock, 74
Enoque, 192
Épinay, Madame de, 255
Espanha, 64, 77, 85, 103, 150, 153, 190
Espanha, Rei da, 148-149
Estatuto da Rainha Anne, 306
Estiennes, 293
Étienne, 45
Eudes, 28
Eugênio, 217
Eurípedes, 257
Europa, 103, 246, 266, 298
Euríalos, 187
Eva, 192

Evangelho, 281
Ezequiel, 201

F
Felipe III, Rei da Espanha, 127
Fernando, Rei da Boêmia, 150
Fiacre, 178
Fichte, Johann Gottlieb,
 Preuve de l'illégitimité de la reproduction des livres, 308-309
Fielding, Henry,
 Apology for the Life of Mrs Shamela Andrews, 272
Filadélfia, 270
Filhas da Cruz, 182
Filomela, 205, 236, 238-241, 243, 247
Filósofos, 172, 181
Fitton, 133, 135, 138-139, 141-143, 149-151
Flaubert, Gustave, 196
Florença, 149
Florio, John,
 Queen's Anna New World of Words, 77
Foucault, Michel, 20-21
França, 64, 99, 144, 197, 205, 288
Francês, 213
Franklin, Benjamin, 270
Frederico, Eleitor palatinado, 150

G

Gainsford, Capitão, 139, 160
Galiani, Abade, 254
García, Carlos,
   Anthipathie des Français et des Espagnols, 186
Garnier, 15
Gassendi, Pierre, 182, 188
Gatteau, Madame, 209-210
Gautier, 30
Gérard de Loudun, 29, 36
Géraud, 37-38
Gigantes, 237
Ginês de Pasamonte, 96
Godefroid de Reims, 34, 36, 44
Godwin, Francis,
   Homme dans la Lune, L', 166
Goldoni, Carlo, 206, 214, 227, 229, 270
   Amore paterno, L', 216
   Baruffe Chiozzotte, Le, (Baroufe à Chioggia), 218-219
   Campiello, Il, 218-219
   Donna di garbo, La, 206
   Locandiera, La, 248
   Mémoires, 206, 208, 213, 215, 221, 226, 228-229
   Momolo cortesano, 213
   Padre rivale del figlio, Il, 214
   Pamela, La, 270
   Pamela maritata, 270
   Putta onorata, La, 209
   Teatro comico, Il, (Théâtre comique Le), 214-217
   Teatro, 205-206, 220-221, 230
   Una delle ultime sre di Carnovale (Une des dernières soirées de Carnaval), 206-209, 214, 219, 231
Gondomar, Diego Sarmiento, Conde de, 153-154
Gozzi, Carlo, 230
   Amore delle tre melarance, L', 230
   Corvo, Il, 230
   Re cervo, Il, 230
   Tartara degl'infussi, La, 230
Gradenigo, Cavaleiro de, 229
Grand œuvre des philosophes, 172
Grande Turco, 153, 161
Grandison, Charles, 283
Grandval, 254
Grécia, 232-233
Greenblatt, Stephen, 100
Grego, 72, 102
Grimani, Michele, 220
Grimm, Friedrich Melchior
   Correspondance littéraire, 255
Guillén, Diego, 109
Guiternus, 28
Gutenberg, Johann, 18
Gutiérrez, Mari (Juana), 117

H

Hamburgo, 252

Hamlet, 33, 73-77, 80, 82, 115, 235
Harlove, 252
Harvard, 196
Harwich, 150
Hayman, Francis, 271
Helena, 244
Henriette-Marie de France, 151
Hércules, 187
Herder, Johann Gottfried von, 252
Hermafrodita, 186
Hermia, 245
Highmore, John, 271
Holanda, 50, 150
Holbach, Paul Hanry Thiry, Barão de, 254
Homero, 138, 232, 257, 284, 297
Horácio, 37
Hornschuch, Jérôme,
    Orthotypographia, 88
Hortensius, 199
Hotel de Borgonha, 205
Howe, Miss, 261
Hugues, 31
Hume, David, 282

I
Imer, 220
Inglaterra, 24, 63, 74, 80, 131, 137, 150, 153, 158, 190, 235, 243, 254, 282, 288, 306
Inquisição, 89, 181, 185
Invídia (Inveja), 236

Itália, 209, 218, 226, 229
Italiano, 101, 189, 205, 208, 213, 216, 229
Itys, 239

J
Jacques I, Rei da Inglaterra, 149-150, 153
Jael, 235
Jean, Messire, 281
Jerônimo, Dom, 112, 116
Jesuítas, 148
João Evangelista, São, 192
    Apocalipse, 201
Jones, Ann Rosalind, 243
Jonson, Ben,
    Bartholomew Fair, 130
    Devil is an Ass, The, 130
    Folio, 130, 156
    News from the New World, 131, 140, 143, 158
    Staple of News, The, 18, 129-130, 132
Journal étranger, 251, 253
Juan, Dom, 112-113, 116, 192, 196
Juvénal, 37

K
Kant, Emmanuel, 308
Kastan, David Scott, 13
King's Men, 153
Könisgbergsche gelehrte und politische Zeitung, 252

L

La Bruyère, Jean de, 167
La Fontaine, Jean de, 289
   Fables, 70
La Mothe le Vayer, François de, 182
La Rochefoucauld, François de, 278
Lalou, Élizabeth, 27, 44
Latim, 72, 88, 92, 102
Lavínia, 63, 240-242
Lazarillo de Tormes, 125
Lázaro, Sior, 210
Le Bret, Henri, 175, 183-184, 187, 194-196
Le Breton, André François, 289-290
Le Royer de Prades, Jean, 175
Legislativo, 208, 296
Leipzig, 88, 152
Léman, 257
Lemos, Conde de, 106
Lerma, Duque de, 127
Libertinagem, Libertinos, 189, 194
Licensing Act, 288
Liesse, 109
Lisieux, Colégio de, 182
Livraria, Direção da, 285, 288
Loader, Rachel, 244
London Prodigal, The, 132
Londres, 62, 73, 76, 86, 129, 135, 138, 145, 150, 152, 156, 158, 259, 270-271

Lope de Vega, Felix Carpio,
   Amar, servir y esperar, 79
   Ay, verdades, que en amor, 79
   El príncipe perfecto, 79
   Nouvel art de faire des comédies en ce temps, 164
Lope Ruiz, 69
Luís XIII, Rei da França, 127
Luís XV, Rei da França, 208, 229
Luís XVI, Rei da França, 208, 229
Louvre, 127
Love, Harold, 158, 175
Lovelace, 257
Lua, Lunares, 162, 164, 167-171, 173, 198-199, 202-203
Lucano, 37
Lucius, 241
Luscinda, 53-54, 72
Luz del alma, 109
Luzes, 110, 303-304
Lyon, 107

M

Madri, 21, 88, 112
Maison de la Renommée (Casa da Fama), 104
Malesherbes, Guillaume-Chrétien de Lamoignon de, 285
Malo, Pedro, 112
Mancha, 162
Mancha, 51, 11, 162

Maquiavel, Nicolas,
    O Príncipe, 189
Marcus Andronicus, 240
Margarida de Jesus, 184
Marin, Louis, 252, 256, 275
Marta, 210, 221-222
Martello, Pier Jacopo, 216
Martí, Juan José (Mateo Luján de
    Sayavedra), 120
McKenzie, D.F., 10, 156
Meaus, Madame de, 286
Medebach, Girolamo, 221,
    226-227
Meneses, Felipe de, 109
Mercier, Philip, 272
Mercurius Britannicus, 142, 150
Meung-sur-Loire, 24
Mexía, Pedro,
    Silva de varia lección, 24, 56,
    61, 65
Middleton, Thomas,
    A Game at Chess, 153
Milão, 214
Minot, 247
Minotauro, 186
Mirandolina, 248-249
Modernos, 24, 213
Moisés, 257
Molière, 64, 213, 216
    Dom Juan, 112-113, 116,
    192, 196
    Impromptu de Versailles, L', 214
Momolo, Sior, 210, 213, 222-223,
    230-231

Montaigne, Michel Eyquem de,
    278
Montesquieu, Charles de
    Secondat, Barão de,
    Lettres persanes, 287
Mopsa, 140
Morden, 252
Morels, 293
Moreno, Dom Antonio, 85
Moscóvia, Moscovitas, 207,
    212-213, 219, 224, 230,
Moxon, Joseph, 89, 91-92
    *Mechanick Exercises in the
    Whole Art of Printing*,
    89, 167
Mundo, 93, 163, 165, 198-199,
    202
Munique, 188
Muriel, 45
Musas, 237

N

Nagasaki, 148
Nápoles, 106
Narciso, 186
Nathaniel, 138-139, 149
Natureza, 51, 92, 145, 167, 211,
    266, 290
Navarra, 99
Neoplatonismo, 16
Nesles, Porta de, 183
Netuno, 236
Nicole, Pierre, 278
Ninfas, 237

Nisus, 187
Noé, Jorge, 78
Noël (abade), 42
Noite de Reis, 137
Nova Espanha, 78
Novo historicismo, 13

O
Ocidente, 16
Ópera-cômica, 205
Orazio, 214, 216
Oreste, 186-187
Oriane, 54
Orlando, 65
Oslo, 26
Ovídio, 37, 152, 236-237, 240, 242
    Metamorfoses, 169, 236-238, 241
Oxford, 100, 138

P
Padres da Igreja, 93
Pallas, 236-238
Pamela censored, 272
Pâmela, 261, 271, 272, 274, 279
Pança, Sancho, 66, 96, 117, 120
Pança, Teresa (Juana), 117
Pandião, 241
Pantaleão, 214, 216
Papado, Papa, 24, 148-149
Paperini, 214, 227
Paraíso, 192
Paredes, Alonso Víctor de,
    Institución y Origen de la
    Imprenta, 88, 93-94, 104

Paris, 168, 205, 252, 285
Parlamento de Toulouse, 176-177
Parma, Duque de, 229
Pasífae, 229
Pasquali, 206, 218, 228,
Pátrocles, 187
Pecúnia, 132, 134, 146, 151, 154
Pennyboy Júnior, 131, 134,
    138-139, 141, 143, 146, 149, 152
Pennyboy Senior, 154
Pennyboy, Canter, 132,134
Périsse, 252
Petrucci, Armando, 10, 27, 40-41
Picklock, 134, 144
Piérides, 237
Piéros, 237
Pierre, 24, 37, 173, 194, 232, 246, 267
Pigmalião, 186
Píndaro, 232
Pintard, Raymond, 169
Plácida, 217
Platonismo, 15
Plauto, 164
Polônia, 144, 222
Pory, Joh, 160
Pragmatismo, 15
Prévost, Antoine François (abade),
    Obras selecionadas, 252, 254
Princeton, 80
Progne, 238-239, 242-243
Protestantismo, Protestantes, 149-151, 158, 254, 257
Provença, 173

ÍNDICE ONOMÁSTICO

Psicanálise, 19
Purgatório, 200
Pylade, 186-187

Q
Quatro nações, Colégio das, 287
Quirão, 240, 242

R
Racine, Jean, 167
Rainaud du Mans (abade), 43
Raoul de Mans, 28
Real Academia,
   Diccionario de Autoridades, 70
Reforma do Teatro Italiano, 229
Renascença, 236
Repertório de Contas, 175
Revolução francesa, 208
Richardson, Samuel, 20, 22, 40,
   251-262, 265-279, 284, 306
   *Clarissa (Supplément aux
   Lettres anglaises ou Histoire
   de Mrs Clarissa Harlove)*,
   252, 254
   *Collection of the Moral and
   Instructive Sentiments*, 259
   Pamela, 24, 25, 254, 259, 261,
   269-273, 279
   *Path of Virtue delineated,
   The*, 259
   Sir Charles Grandisson, 259,
   254, 283
Rico, Francisco, 97, 100, 109
Roberto, Felipe, 112

Robineau, Madeleine, 184
Roblés, Francisco de, 85, 109
Rocinante, 54-55, 95, 97
Roland, 54, 64
Roma, 31, 148, 153, 181, 194, 233, 240
Romeu, 99
Ronsard, Pierre de, 166
Roque Guinart, 85, 118
Rosa-Cruz, 152
Rosalina, 99
Rosalinda, 65
Rostand, Edmond, 183
Rouse, Mary, 25, 29-30
Rouse, Richard, 25, 29-30
Rousseau, Jean-Jacques, 226
   Nova Heloísa, A, 279
Roxane, 184
Royal Exchange, 133, 139

S
Sabá, Rainha de, 235
Sacchi, Antonio, 213
Saenger, Paul, 41
Saint-Pierre de Bourgueil, 24
Salamanca, 109
Salmacis, 186
San Juan de Ulúa, 78
San Luca, Teatro, 207, 209, 218, 221
San Samuele, Teatro, 220, 230
Sancha, Teresa, 117
Sankey, Margaret, 189
Sannois, 194

Sant'Angelo, Teatro, 220, 221
São Paulo, Catedral, 133
Saragoça, 85, 111, 116, 120
Sartine, Antoine Gabriel de, 285, 300
Saturnino, 240
Scarron, Paul, 196
Scheid, Joh, 232, 237
Sées, 28
Sêneca,
    Thyeste, 242
Senhoras da França, 99, 208
Sercy, Charles de, 168, 187
Serra Morena, 23, 49, 52-53, 55, 58, 70, 73, 82, 97
Sevilha, 78, 88
Shakespeare, William, 21, 58, 65, 73
    Como você quiser (As you like it), 65
    Conto de Inverno, O, (The Winter's Tale), 140, 233, 234
    Folio, 130
    Hamlet, 73, 74-77, 80, 82, 115, 235
    Henrique VI, 58, 179
    Homicídio de Gonzaga, 115
    Rei Lear, O, (King Lear), 138
    Sonho de uma noite de verão, O (A Midsummer Night's Dream), 243
    Titus Andronicus, 65, 240-242

Trabalhos de Amor perdido (Love's Labour's Lost), 99-100
Shorleyker, Richard,
    A schole-house for the Needle, 245
Sibila, 38
Sidney, 188, 202
Sófocles, 243-257
    Tereu, 238-240, 244
Sol, solares, 18, 169, 172-174, 179, 181, 186-187, 194, 195, 196, 202, 203
Sorel, Charles,
    Histoire comique de Francion, 199
Spinola, 148-151
Stallybrass, Peter, 243
Star Chamber, 136
Starobinski, Jean, 279
Stationer's Company, 76
Suard, Jean-Batiste-Antoine, 251-252
Svenbro, Jesper, 232, 237

T

Taleporter, senhorita, 141
Tamora, 240, 243
Tanneguy Reanult des Boisclairs, 184, 196
Tarfe, Dom Álvaro, 120-121
Tarragona, 112
Taylor, John,
    The Needles Excellency, 245

Teatro francês, 213
Tebas, 187
Terêncio, 164
Tereu, 238-240, 244
Terra, Terráqueos, 93, 162, 170-172, 193, 202, 221, 223
Terra firme, 221, 223
Teseu, 187
Thomas, 15, 132-134, 138-139, 148, 153-154
Tilliette, Jean-Yves, 24, 25, 31
Tilly, 148
Toledo, 106, 120
Tomás (*O licenciado de vidro*), 107
Tordesilhas, 110, 116, 119-120
Torralba, 69
Toscano, 27, 101-102, 210
Toulouse, 116-120
Triplet, Robert, 74-76, 78, 80
Tristão o Hermita, François, 182
Troia, 310
Turgot, Anne-Robert-Jacques, 251, 301
Turim, 216
Tyers, Jonathan, 271

U
Unterhaltungen, 250

V
Vanini, Lucílio, 177
Variedades literárias, 282
Vauxhall, 271
Vecellio, Cesare,
  Corona delle nobili e virtuose Donne, La, 246
Velpius, Roger, 97
Vendramin, Antonio, 221, 226
Veneza, 205-209, 216, 219-221, 223, 229-231, 246
Veneziano, 208-210, 224, 227, 235
Vênus, 186
Veracruz, 78
Verdier, Yvonne, 246
Vernant, Jean-Pierre, 232
Versalhes, 229
Vesúvio, 173
Virgem, 79, 236
Virgílio, 37, 152
  Eneida, 309
Vittelesco, 148
Volland, 254
Volland, Sophie, 254, 260, 276
Voltaire, François Marie Arouet, 226
  Nanine ou le Préjugé vaincu, 270

W
Weekly News, 142
Westminster Hall, 134, 144
Whistler, James, 21
Williamson, Sir Joseph, 159, 161
Wittmann, Reinhart, 265

Y

Young, Edward,
Conjectures on Original Composition, 283

Z

Zamaria, Sior, 210, 220, 222, 223
Zanuzzi, Antonio, 205

Índice temático

A
Abreviadas, 259, 270
Academia, 70, 167
Acentos, 91
Acessórios, 205
Acidentes, *Accidentals*, 12
Administração, 138, 287, 295
Admiração, 102, 284
Aforismos, 260
Agulha, 163, 233, 236, 242-244, 246-247, 249
Alegoria, 147, 206-207, 214, 219, 222, 231, 235, 248
Alfabeto, 93, 163, 244
Alfândegas, 76
Alma, 53, 79, 109, 169, 193, 253, 260, 272, 277, 284
Almanaque, 77
Alquimia, 152

Ambulante (vendedor), 140, 233, 235
Amigo, Amizade, 15, 21, 28, 30-32, 44, 46, 177, 183-185, 211, 256, 260, 281, 298
Analfabetos, 61
Antologia, 252, 272
Anúncio, 154, 161, 238, 276
Apagamento/Esquecimento, 9-10, 19, 66, 82, 113, 164, 262, 282
Apócrifo, 118
Apropriação, 13, 38, 169, 213, 233, 277, 303, 308
Areia, 64-65, 242
Armadilha, 145
Arquiescritura, 12
Arquivo, 71, 79
Arte, 21, 88, 152, 164, 224, 280
Artesão, 32, 232

Assinante, Assinatura (edição),
   Autor, 11, 13, 15, 25, 52, 55,
   88-89, 95, 97, 129, 147,
   158-159, 161, 165, 169,
   205-206, 227, 252-253,
   290-291, 293
Assinatura, 59-60, 62, 162
Ator, 74, 213
Ausência, 53, 139, 172, 219, 269
Autenticidade, 62, 139, 141, 150
Autobiografia, 15
Autocensura, 192, 197
Autoridade, 151, 155, 156, 190,
   198, 281, 291

B
Balada, 161, 234,
Banquete, 46
Barqueiros, 135, 219
Baús, 235
Bem, 17, 56, 86, 131, 164-166,
   212, 257, 293
Betún, 72
Bibliófilos, 14
Bibliografia, 11
Biblioteca, 9, 24, 31, 36, 71, 73,
   170, 177, 197, 229, 256
Bilhetes, 53
Boneco de cera, 271, 279
Bordado, Bordadeira, 209-211,
   233, 235, 246-248,
Brachigraphy, 63
Bronze, 79, 239
Bruxaria, 58, 177, 179

C
Caderno, 50, 56-57, 59, 174, 187,
   196, 234
Caixa, 127-128
Calandrista, 210
Calendário, 74, 137, 208
Caligrafia, 30, 89, 91
Camarote de teatro, 217, 221, 226
Canções, 53, 233-235
Canevas, canovaccio, 206, 221
Canto gregoriano/Cantochão,
   180
Canto, 41, 237-238, 260, 274
Cantor, 144
Caracteres tipográficos (tipos), 56,
   70, 97, 137, 203?
Caráteres miseráveis, 295
Carnaval, 129, 206, 208, 218
Carnê, 50, 52, 60-61, 66, 74
Carta de câmbio, 200
Carta em verso, 52
Carta, 19, 23, 52, 158, 180, 205,
   255, 285
Cartas de baralho, 279
Cartella, 77
Cartonada, 196
Cascas de árvore, 56, 64-65
Cédula, 200
Censura, 117, 159, 168, 192-193,
   195, 286-288
Chancelaria, 58, 62
Characterie, 63
Choro/Lágrima, 54-55, 208, 251,
   256, 260, 266, 276

Chumbo, 56
Cidadão, 292, 303, 178
Circulação dos textos, 191
Citação, 172
Clérigo, 58
Clientela, 160, 219, 222, 271
Cola, 72, 74
Colaboração, 95, 211
Colloquium, 45, 189
Comanditários, 233, 300
Comedia, 164
Comédia, 20, 99, 129, 164, 205, 258
Comediante, 154, 213-214, 227
Comércio de notícias, 18, 129, 130, 132, 154,
Comércio, 18, 78, 108, 129, 180, 223, 251, 285
Comodificação, 279
Compiladores, 200
Componedor (compositor tipográfico), 127
Composição de textos, 18
Compositor, composição tipográfica, 13, 89-91, 127
Comunhão, 201
Concorrência, 295
Conhecimento, 91, 110, 210, 280, 290
Consentimento, 63, 307
Contas, 27, 69, 76, 199-200, 249
Conto, 69, 141, 233
Contrato, 31, 58, 205, 220-221, 226-227, 291-292, 292

Conversação, Conversas, 31, 101, 180
Cópia, Copista, 18, 31, 76, 89, 159, 161-162, 188, 309
Copyright, 11, 283, 294, 307
Cor, 60, 81, 193, 215, 260, 264
Coração, 35, 39, 45, 231, 260, 271, 277, 282, 303
Coranto, Corrente, 136, 145, 161, 279
Corpo, 18, 39-40, 89, 92, 106, 168, 180-192, 260, 263, 306
Corporação, 292
Correção/revisão na prensa, 99, 108, 197, 290, 295
Corrente, 279
Costureira, Costura, 233, 235, 247
Court hand, 58, 62
Cozinha, 153, 248
Crédito, Credibilidade, 135, 142-156, 176, 199
Credulidade, 154,179
Crença, 137, 140-141, 261
Crítica, 13, 97, 117, 150, 155, 160, 253, 267, 279, 286
Cultura escrita, 10-11, 16, 19, 42, 93, 158, 164
Cultura gráfica, 10-11

D

De imediato, 87
Declamação, 33, 35, 217
Decoração, 86, 222
Delegação da escrita, 60

Demonologia, 177
Desconstrucionista, 12
Desenhista, Desenho, 19-20, 207, 212, 220, 222-224
Desinteresse, 105, 225
Diálogo, 101, 102, 113, 192, 230, 309
Diary, 51
Direito, 11, 69, 88, 282, 291
Discurso, 9, 91, 232, 263, 275
Dizer, 26, 63, 101, 180-182, 211, 263
Dogmas, 193, 197
Dom, 15, 23, 49, 85, 148, 173, 224
Dominação masculina, 243

E
Eclética, 170
Economia da escrita, 104
Editor, Edição, 15, 25, 55, 95, 109, 129, 138, 165, 168, 206, 252-253, 273, 289-300
Educação, 256, 303
Ekphrasis, 269
Eloqüência, 91, 209
Emoção, 40, 255-256, 261, 263, 266
Empreendedor, 220
Emprestado, 28, 37, 75
Encadernação, 51, 191
Energia, 280, 283
Enterro, 252, 255, 260, 277
Enxoval, 247

Epistolar, 32, 66, 259, 273
Epitáfio, 25
Erratas, 15
Escolástica, 42
Escriba, 28-29, 32, 60, 80, 159, 188
Escrita mortuária, 42
Escrita, Escritura, 9-12, 24, 49, 58, 89, 101, 132, 164, 209, 253, 299
Escritor, 19, 27, 105, 183, 281-282, 284, 299-300, 305, 308
Escrivão, 57, 188
Espectador, 115, 132, 268-269, 271-272, 279
Espelhamento/Metalinguagem, 19, 174
Espírito, 17, 56, 93, 139, 180, 253, 299
Esponja, 75
Esquecimento/Esquecido, 9-10, 19, 66, 82, 113, 262
Essência, 12, 232, 261
Estado, 145, 174, 270, 285,
Estados do texto, 98
Estátua, 225
Estenografia, 63
Estética, 11, 35, 99, 269, 306
Estilete, 19, 24-25, 28, 32-33, 44-45, 56, 71, 75, 77-78, 309
Etimologia, 91, 233
Examinador, 134, 154
Exemplar, 93
Exemplum, 93
Extratos, 258

ÍNDICE TEMÁTICO 329

F
Fabricante de tecidos, 207, 210
Fábula, 123, 186, 240, 282
Factor, 130, 158
Fala/Palavra, 15, 34, 56, 63, 101,
    116, 133, 167, 180, 210, 281,
    287, 297
Falsidade, 139, 150
Falsificação, 107, 137,
    142, 307
Falsificação, Falsificador, 292
Farsa, 215
Feiras, 27, 74, 76
Ficção, 87, 100, 115, 120, 174,
    256, 261, 265, 273, 275, 279,
    283, 306
Figura, 20, 59
Figurino, 222
Filologia, Filólogo, 17
Filosofia, 46, 172, 182-183, 245,
    287
Fio, 20, 36, 236, 247
Florilégio, 258
Folha de impressão, 88
Folhas, 23, 55-56, 87, 159, 163,
    233
Forma, 10-11, 74, 89, 145, 168,
    206, 257, 296
Formato, 71, 74, 99, 129, 136,
    156
Fragilidade, 19, 71, 79, 82
Frivolidade, 260
Função/"Papel", 208, 229, 282,
    293, 298

G
Gabinetes literários,
    266
Galicismo, 210
Gazetas impressas, 18, 129, 131,
    139, 144, 150, 159-160
Gazeteiro, 130-131
Gênero, 30, 42, 109, 123, 132,
    147, 205, 246, 267, 275,
    278, 302
Gênio, 89, 92, 199, 258, 269, 283,
    303
Geometria, 167
Gesto, 12, 123, 127
Gosto, 20, 205, 253, 292
Graça, 67, 69, 291, 294-295,
    306
Graduados, 88, 91, 138
Gramática, 88, 91-92, 101
Gravura, 241, 246
Grito, 260-261

H
Harmonia, 162
Hermenêutica, 10
Hipocondria, 263
História, 10, 52, 95, 132, 228, 261,
    286
Homem de letras, 226, 299
Homossexual, 183, 185
Honorário, 300
Honra, 156, 176, 224-225, 230,
    231
Humanidade, 261, 282

I

Ideia, 13, 77, 130, 167, 256,
Identidade, 13, 52, 112, 174, 246, 276, 307
Identificação, 262, 279-280
Ilusão, 123, 267, 274, 279
Imagem, 20, 79, 93, 175, 242, 253
Imaginação, 253, 262-263, 269
Imaterialidade, 14
Imortalidade, 193, 284
Imposto, 302-303
Imprensa, 148, 286
Impressa, arte, 90
Impressão dos moldes, 87
Impressão, oficina de (Ateliê tipográfico) 17, 85-87, 101, 157, 190
Impresso, 17, 63, 88, 131, 166
Impressor, 88, 130-131, 195, 228, 282
Improviso, 206
Imunidade, 90
Indulgência, 43
Informações, 74, 133, 142, 148, 151, 152, 157-159
Inscrição, 10-12, 19, 43, 168,
Inspiração, 109, 323-233
Integralidade dos textos, 108
Interesse (vontade), 27, 64, 185-186, 190, 237, 291
Interiorização, 280

Interpretação, 10, 71, 147, 275
Intriga, 121, 132, 134, 206, 260, 278
Itálico, 276

J

Jardim, 35, 271
Joias, 78
Jornalista, 145, 158, 162

L

Lã, 236, 240
Lágrimas, 54-55, 208, 251, 256, 260, 266, 276
Lápis, 71, 77, 257
Leitor, leitora, 15, 38, 41, 62, 87, 132, 168, 232, 253, 261, 306
Lenço, 50
Lençóis, 248
Leque, 270
Letra de chicanice, 57-58
Letra procesada, 58, 62
Libelo, 190
Liber, 30, 35-36, 39
Liberalidade, 298
Liberdade, 184, 221, 275, 286
Libranza, 55, 67
Librillo de memoria, 50, 56, 60, 62, 67, 70-72, 76
Língua perfeita, 167
Linguagem, 12, 39, 162, 209, 253, 307
Literatura, 11, 100, 126, 191, 284, 309-310

Livreiro, Livraria, 85, 102, 168, 227-228, 270, 285-286
Livro de cavalaria, 122
Livro de emblemas, 245
Livro de retratos, 246
Livro manuscrito, 191
Livro mudo, 164
Livro proibido, 287
Livro sonoro, 165
Livro, 9, 25, 50, 86, 144, 165, 236, 261, 286
Loja, 107, 161, 222, 224
Loucura, 60 97
Lucro, 104, 156, 224, 226, 270, 297, 304
Lugar-comum, 76, 104, 106

M

Magia, 152, 176, 178
Maiúsculas, 30, 90, 244
Maldosos, 281
Maléfica, 177
Manual, 88, 90, 307
Manufatura, 235, 296
Manuscrito clandestino, 7, 18, 163
Manuscrito, 18, 24, 30-31, 37, 42, 88, 105, 126, 131, 160, 174-175, 188-192, 195, 285, 292, 294, 306
Manutenção de privilégio, 290
Marca de autenticação privada, 291
Marca, 123, 130, 133, 258, 291, 294,

Matéria, 11, 33, 121, 169
Materialidade da escrita, 25
Mecenato, 227
Meditatio, 41
Memorandum book, 51
Memória, 9, 33-35, 49, 95, 257
Mercador de seda, 210
Mercantilista, 196
Mercearia, 78, 234-235
Mestre de escola, 57
Metáfora, 46, 73, 92, 164, 199, 212
Metamorfose, 237
Mise en page, 94
Mistério estético, 9, 21
Moda, 100, 231, 247
Modelo, 40, 98, 207, 258
Moeda, 198-199
Monismo, 169
Monopólio, 143, 291
Moral, 155, 190, 257
Morality play, 155
Morfologia, 10
Música, 91, 162, 166-167, 202

N

Narração, 53, 86, 169, 238, 252
Narrativa, 18, 113, 169, 238, 260-261, 293
Naveta, 236-237, 243
Negócio da tecelagem, 212, 236, 238
Newsbook, 136, 138-139, 142, 145, 147, 160-161

Newsletter, 162
Nobres, 113, 190, 199, 218, 280
Nome, 28, 56, 123, 137-138, 180, 216, 278, 289
Notebook, 51
Notícias impressas, 136-137, 142
Notícias manuscritas, 143, 150, 158
Notícias, 18, 129, 162, 190, 230, 251, 306
Número, 17, 26, 88, 136, 189, 217, 252, 298

O

Obra teatral, 129, 211
Obra, 11-14, 25, 63, 89, 132, 168, 211, 253, 288
Occasionnels, 130, 141-143, 157, 159, 161-162
Olho, 163, 291, 307
Ópera, 205, 258
Operário, 88, 115, 128, 210, 212, 220, 222, 296
Orador, 63
Oralidade, 12, 63, 68, 100
Otium, 180
Ouvintes, 13, 36, 201, 232-233, 309

P

Pacto com o diabo, 58, 176, 178
Pacto de amor, 32, 38
Página, 25, 63, 89, 132, 170, 242, 257

Palavras, 16, 27, 64, 101, 162, 165, 209, 252, 286
Palco, 63, 130, 209, 270
Palimpsesto, 72
Palmeira, 56
Pamphlet of news, 141, 143
Papel, 10, 23, 55, 103, 154, 177, 207, 274, 295
Papiro, 56 ,233
Parágrafo, 276
Parênteses, 69, 91, 101
Paródia, 123, 125, 200-201
Patologia, 263
Pecadores, 110
Peças de teatro, 63, 138
Pedra, 9, 25, 42, 178, 234
Pena, 19, 24, 54, 105, 158, 217, 256, 288
Pensão, 208, 229
Perfume, 31, 234
Pergaminho, 9, 19, 23, 25, 27, 30, 32, 36, 39, 42-43, 45, 93
Periódico, 251-251
Período, 137, 167, 177, 229
Permissão simples, 295
Permissão tácita, 288, 292
Perseguição, 296
Pintor, Pintura, 31, 253, 270-271
Plágio, 120
Plateia, 218, 226
Pocket book, 51
Poema, Poesia, 25, 35, 52, 162, 199, 232

Poesia métrica, 35, 42
Poeta, 19, 24, 52, 232, 282
Poético, 186, 198, 238
Polícia, 192, 285, 292
Polidez, 211
Pontuação, 89-91, 94, 99, 166, 188
Posteridade, 124, 171, 284
Povo, 141-142, 167, 218, 271
Pragmática, 15, 280
Prata, 198, 223, 296
Prática, 13, 29, 60, 143, 167, 225, 263
Preço, 30, 78, 107, 161, 199, 218, 293,
Preconceito, 292
Prensa para impressão, Impressores, 12, 88, 136, 282, 293
Privilégios de livraria, 291
Prodigal plays, 132
Produção textual, 222
Produção textual, 222
Proliferação textual, 9
Propaganda, 245
Propriedade literária, 16, 291, 302-303
Propriedade, Proprietário, 16, 51-52, 220, 282, 292
Prosa, 24, 52, 100, 214
Provas, 87, 89, 141, 295
Provérbios, 61, 68
Publicação, 12, 88, 136, 282, 293
Publicidade, 175

Público, 34, 67, 104, 129, 195, 205, 258, 303
Pugilare, 72

Q
Quadro, 74, 253, 268-269, 272, 280
Querela, 16, 176, 193, 255
Quitação, 199-200

R
Rasura, 30, 72
Razão de Estado, 155
Realidade, 95, 158, 164, 261
Receita, 221, 226, 297
Recitação, 33-35, 41, 69, 307
Reescrita, 188
Registrador, 134, 154
Registro, 80, 93, 133
Registros nobiliários, 191
Relato de viagem, 245
Religião, 137, 287
Rememoração, 33, 69
Renda, 234, 305
Renome, 31, 104
Repetição, 35
Representação, 20, 115, 220, 253, 299
Representações teatrais, 137
República, 195, 227, 262
Reputação, 104, 127, 158, 174, 251, 300
Rescribere, 44
Retiro, 164, 258, 263

Retórica, 101
Retrato, 175, 182, 253, 276
Revestimento, Cobertura, 70-71, 146
Revestimento/Massa, 70, 74, 178, 243
Revisão, 56, 87, 144
Revisor, Revisão, 56, 87, 88-90, 94. 97
Revolução da leitura, 265
Riso, 277
Rolo, 42-43
Romance, 101, 174, 202, 251
Rotuli, 42
Roupas brancas, 247,
Rubrica, 62

S
Sacerdócio, 284
Sacralidade, Sagrado, 257, 264, 281, 284
Sacristão, 56, 81
Salário, 31
Saliva, 79
Sampler, 244
Sátira, 25, 134, 145, 147, 150
Scriptorium, 157, 162
Segredo, 152, 238
Selo/Marca, 123, 130, 133, 143, 198, 258, 291, 294
Sensibilidade, 261
Sentença, 73, 260
Sentimento, 255, 268-269, 307
Sermões, 63, 76

Short hand, 63
Silêncio, 42, 164, 258
Sindicato, 136, 138-139
Sociabilidade, 191
Sociologia dos textos, 10
Solidão, 186, 263
Somatização, 263
Soneto, 51,198*Staple*, 18, 129-130
Sublime, 284
Subscrição (carta), 59, 68
Substância, *Substantive*, 13, 94
Superstições, 177, 179

T
Table-book, 76,78
Tables, 33, 62, 73-78
Tablet, 51
Tabuletas da memória, 41
Tabuletas de cera, 18-19, 23-24, 55, 306
Tabuletas, 18-19, 23-30, 55, 306
Tachigraphy, 41
Talismãs, 180
Tapeçarias, 102, 134, 235-236, 243, 245
Teatro, 63, 138, 205, 258
Tecer, Tecedor, 58, 211, 237, 245
Tecido, 9, 27, 50, 116, 180, 205
Tela, 232-233, 237-238, 242
Testamento, 252, 255, 260,
Texere, Textus, 211
Texto ideal, 12, 16
Texto, 11-13, 30, 52, 87, 148, 166, 205-206, 251-253, 286

ÍNDICE TEMÁTICO

Tinta, 19, 44, 72, 78, 80, 236
Tiragem, 75, 103-104, 192, 293
Tom, 34, 150, 186, 245
Toque, 77
Trabalho, 30, 87-89, 159, 193,
 215, 266
Tradução, Tradutor, 25, 50,
 62-63, 88, 103-105, 168, 252,
 260, 291
Tragédia, 242-243
Trama, 154, 219, 232-233, 258,
 260, 293
Transação, 291, 297
Transcrição, 25, 29, 32, 63-64,
 202
Transgressão, 32
Transmissão, 13, 33, 168

U
Universalidade, 21, 80, 138, 191
Utilidade, 76, 102, 127, 308
Utopia, 182

V
Variações, 13, 16, 95, 211
Variantes, 63, 97, 189, 196
Verba, 47
Verdade, 59, 117, 141, 164, 210,
 261, 288
Verniz, 72, 74, 79
Verossímil, 216-217
Verso, 25, 70,
 136, 214
Vida, 15, 24, 59, 100, 144, 172,
 228, 268, 297
Virtude, 132, 135, 271, 281
Viúva, 206
Voces paginarum, 164
Volumen, 39
Voyeur, 271-272
Voz, 30, 51, 89, 152, 164, 232,
 253, 309

W
Whiting Tables, 74-78

SOBRE O LIVRO

Formato: 14 x 21 cm
Mancha: 23,7 x 42,6 paicas
Tipologia: Horley Old Style 10,5/15
Papel: Offset 75 g/m^2 (miolo)
Cartão Supremo 250 g/m^2 (capa)
1ª *edição*: 2007

EQUIPE DE REALIZAÇÃO

Edição de textos
Maria Silvia Mourão Netto (Copidesque)
Cláudia do Espírito Santo (Preparação do original)
Adriana Oliveira (Revisão)

Editoração Eletrônica
Vicente Pimenta (Diagramação)

GRÁFICA PAYM
Tel. [11] 4392-3344
paym@graficapaym.com.br